127

Insights into Megillas Esther

Insights into Megillas Esther

compiled by
Mendel Weinbach

TARGUM / FELDHEIM

First published 1990

ISBN 0-944070-50-7

Phototypeset at Targum Press

Published by:
Targum Press Inc.
22700 W. Eleven Mile Rd.
Southfield, Mich. 48034

Distributed by:
Philipp Feldheim Inc.
200 Airport Executive Park
Spring Valley, N.Y. 10977

Distributed in Israel by:
Nof Books Ltd.
POB 23646
Jerusalem 91235

Printed in Israel

Table of Contents

General Introduction

A *gantze megillah*—an entire megillah—is the way Jews throughout the ages have referred to the art of elaboration. If Megillas Esther is the quintessential Divinely inspired elaboration on a single phase of Jewish history, it has also been the subject of scholarly elaboration throughout the centuries, from *Chazal* in the Gemara, Midrash, and Targum, to the Rishonim and Acharonim who have strove to interpret their insights.

In regard to Megillas Esther, as in regard to everything else, the Torah Jew wishes to know, "What does the Gemara say?" In this book we have therefore focused on those references to Megillas Esther contained in *masechta Megillah*. In the course of gathering these references, we were struck by the fact that their total—127—corresponds to the number of nations mentioned in the Megillah as constituting the empire of Achashveirosh. We have chosen this very number as the title of the book in order to reflect the blend of *Tanach* and Talmud—the written word and the Oral Law—which is the essence of this work.

The explanations of the Gemara references are based principally on the classic commentaries found in *Ein Yaakov*. In addition to Rashi and Tosafos, the list includes Maharsha (Rabbi Shmuel Eideles), Hareaf (Rabbi Yoshiya Pinto), *Iyun Yaakov* (Rabbi Yaakov Reisher), *Etz Yosef* (Rabbi Hanoch Zundel ben Yosef), and excerpts from scores of Rishonim and Acharonim quoted by *Gaon Yaakov* and *Chidushei Gaonim*. Other ideas presented herein come from recognized sources too numerous to list, while some points are based on the author's own understanding of these sources.

The section and chapter introductions, which bind together all 127 Talmudic references in an intricate historical pattern, are also rooted in this same synthesis of Talmudic commentaries and a wide range of classical *sifrei hashkafah*.

For the first time, the reader who wishes to enrich his understanding of Megillas Esther has an opportunity to gain a readily accessible perspective on the Purim story based entirely on the Talmud, with only rare reinforcement from the Targum and Midrash. The picture that emerges differs slightly—and sometimes radically—from the ones painted by those commentaries relying solely on *p'shat* or *drush*. Yet a sophisticated appreciation of the variety of approaches to *Tanach* allows for all of them to be respected as truth.

For the student of Talmud, this work will hopefully serve as a guide to the often puzzling explanations contained in *masechta Megillah*, as well as their historical context. To this end, we have included the exact text of each gemara quoted, so that students can utilize this book as a companion textbook in learning the *masechta*.

In addition to my boundless gratitude to Hashem for enabling me to complete this effort to increase our understanding of His Torah, I wish to acknowledge those people who made this publication possible:

My wife, Sheindel, whose steady encouragement and own impressive contributions to the Torah literature of our day have provided the inspiration for this project.

My colleagues at Ohr Somayach, particularly its guiding force, Rabbi Nota Schiller, and all the *talmidim* who have taught me the value of expressing timeless concepts in contemporary language.

The staff of Targum Press, whose patience and expertise have transformed a mere manuscript into a living *sefer*.

Mendel Weinbach
Kislev 5750
Jerusalem

Preface

When Mordechai and Esther recorded the history of their miraculous era in Megillas Esther, they wrote about the personalities and events with "all their power" (9:29). *Chazal* divide the Megillah into four such themes of power:

1. The power of Achashveirosh
2. The power of Mordechai
3. The power of Haman
4. The power of the miracle.

Corresponding to this breakdown are four positions expressed in the Gemara (*Megillah* 19a) as to how much we must read in order to fulfill our obligation of *krias hamegillah* on Purim:

1. Rabbi Meir requires that the entire Megillah be read, so that the power of Achashveirosh is included.

2. Rabbi Yehudah contends that it is sufficient to begin from the point where Mordechai is introduced, because the power of Mordechai and Esther is the key factor in the Megillah.

3. Rabbi Yose maintains that Haman's rise to power is the

starting point, because that power is the catalyst of the miracle.

4. Rabbi Shimon bar Yochai asserts that the reading should commence where the miracle commences—the king's sleepless night—because the power of the miracle is what Purim is all about.

As is familiar to every Jew who has ever heard the Megillah read on Purim, we follow the position of Rabbi Meir. We read the entire Megillah, because any understanding of the miracle is incomplete without an appreciation of all the events recorded, from beginning to end.

Custom does, however, recognize the aforementioned breakdown of the four powers. We celebrate the Megillah's introduction of the hero Mordechai by having the entire congregation read that *pasuk* before the reader does. Haman's rise to power is greeted with the abuse it deserves as noisemakers symbolically wipe out his memory for the first of many times in *krias hamegillah.* And when the reader reaches the fateful night when the tables begin to turn against Haman, he raises his voice to indicate that this is the miraculous turning point of the story.

In our compilation of the 127 Talmudic insights into Megillas Esther contained in *maseches Megillah*—paralleling the 127 states of Achashveirosh's kingdom—we shall follow the pattern that the Megillah and the *masechta* have suggested. The four powers and their inherent subdivisions serve as the seven sections of the book, which together contain twenty chapters. These in turn encompass 100 topics, in which the 127 insights are explained.

Section I

The Power of Achashveirosh: The Banquet

Overview

The history of the Jewish people in the close to three millennia since the destruction of the first *Beis Hamikdash* is divided into four phases. These are the *arba galuyos*—the four exiles—which, with only a brief respite in the days of the *Chashmonaim*, span all these years, to this very day.

In his prophetic dream, Yaakov Avinu saw a ladder with its base on the ground and its top in Heaven, and angels going up and down its rungs. These angels are identified by the Midrash as the *sarei ha'umos*, the patron angels of the four kingdoms that would oppress Yaakov's descendants in their exile. Yaakov saw the *sar* of Babylon ascend seventy rungs—representing the number of years that nation held power over Jewry—and then descend. Next came the *sar* of Medea, whose ascent of fifty-two rungs symbolized the length of the Persian-Medean exile. Then came the *sar* of Greece, who got as high as 180 rungs—the number of years Jews suffered under the Hellenist yoke until their liberation on Chanukah. It was only the ever-ascending *sar* of Edom that led Yaakov ask Hashem if this meant that the fourth exile would never end. He was reassured the even if Edom—Rome and it heirs—reached the stars, Hashem would bring it down.

This theme of the four kingdoms and the exiles they were to impose upon Jewry is not encountered for the first or last time in Yaakov's vision. There are at least half a dozen other references in Tanach. The first is in the story of Creation, when four terms are used to describe the world before the Creator said, "Let there be light." The second is in the account of the four rivers of Eden. Likewise, Avraham Avinu battles four mighty kings, representing the four kingdoms, and is granted a grim glimpse of the four exiles in the dread and darkness that overcome him in the *bris bein habisarim*.

As the first of the four exiles begins, the subtle hints in these Torah passages take on the more substantial form of prophetic dreams, which communicate the imminent reality of the kingdoms involved. The Babylonian ruler Nevuchadnetzar, the catalyst of the first exile, dreams about a statue made of gold, silver, copper, and iron, representing his own and future kingdoms. Daniel, who interprets this dream for Nevuchadnetzar, has a dream of his own during the reign of his grandson Belshatzar, in which four fearsome animals signify the four kingdoms that will rule over Israel until its final redemption.

Yaakov's dream is unique in pinpointing the length of each exile. But all the other symbols and visions are alike in offering an opportunity to analyze the nature of each kingdom. It is these concise yet profound insights into the personality of each nation that *Chazal* and Torah commentators throughout the generations have developed into a fascinating picture of Jewish history.

The events described in Megillas Esther transpired during the second of these four exiles, when Jews were ruled by the kingdom of the Persians and Medes, with a Persian on the throne. We shall therefore repeatedly refer to *Chazal*'s descriptions of these two nations in order to better understand their behavior as reflected in the Megillah.

Daniel's nocturnal vision offers us a perspective on the king whose power is the focal point of our first section. The second animal that arises from the storm-tossed sea is similar to a bear. It first stands aside, three ribs in its mouth and clenched between its teeth, while a voice urges it to indulge itself in the eating of meat.

This bear, say *Chazal*, represents the Persians, who eat and drink like bears, grow their hair long like bears, and are as corpulent and restless as bears. The standing aside is seen by our commentaries as a preview of the secondary position the Persians were to occupy when a Medean ruler, Daryavesh, became the first sovereign of the Persian-Medean kingdom. The three ribs correspond to the three Persian kings who were to follow—Koresh, Achashveirosh, and Daryavesh II. The position of the ribs, partially in the bear's mouth and partially outside it, symbolizes three provinces that were perpetually rebelling against Persia and then coming to terms with it; they were sometimes within the kingdom and sometimes outside of it. The invitation for the bear to indulge itself in meat is a reference to the carnage the Persians were to inflict on the Babylonians when Heaven condemned that sinful kingdom to destruction. It is also a harbinger of the fabulous wealth that Heaven was to bestow upon Koresh and his empire.

With this background we approach our first section. Analyzing the power of Achashveirosh, a self-made monarch who succeeded Koresh as the second of the three Persian rulers of a mighty kingdom, is indispensable to understanding the Megillah. It was his absolute control over the entire inhabited world that made the threat of Haman's genocide so menacing.

The magnificent banquet that occupies the first part of the Megillah was motivated by a combination of factors. From a political point of view it was an effort to achieve reconciliation with those provinces whose rebellion had been crushed. The opulence of the affair expresses the great wealth of king and empire while the orgiastic indulgence reflects the appetites of the bear.

But perhaps most important, it represents the second kingdom's hopes of succeeding where the first one failed. Belshatzar prematurely celebrated the end of Jewish hopes for redemption and was punished with the premature end of his Babylonian kingdom. Achashveirosh follows his example at this banquet, bringing forth the vessels of the *Beis Hamikdash* to show that there is no longer any need to fear that the Jews will ever have a second one. This Persian dream of succeeding where others failed will recur at the great trial at the end of days, as described by our Sages (*Avodah Zarah* 2b).

In the hereafter all the nations of the world will be summoned before Hashem, who will point to the *sefer Torah* in His lap and ask all those who studied that Torah to come forward and claim their reward. The Romans, as the mightiest of empires, will be first in line. They will claim to have established many marketplaces, built many bathhouses, and amassed great treasures of gold and silver for the sole purpose of enabling Jews to study Torah. But this contention will be rejected by the Divine Judge, who will point out their selfish motivation in all of these achievements.

As the crestfallen Romans depart, their place will be taken by the Persians, who—like them—will enjoy power until the Messianic era. The Persians will feel confident of succeeding where the Romans failed because it was one of their kings who granted permission to build the second *Beis Hamikdash*, whereas it was a Roman ruler who destroyed it. Their argument will be that they built many bridges, conquered many cities, and waged many wars only so Jews could study Torah. Once again, Hashem will shatter this defense by exposing its selfish and vainglorious nature.

It is difficult to imagine how nations standing before the omniscient Creator in the final hour of truth will dare to present such transparent claims of being motivated in all their worldly achievements only by the desire to promote Torah study among Jews!

The Brisker Rav, Rav Yitzchak Zev Soloveitchik, z"l, offers an explanation based on Rambam's famous *mashal* in his introduction to his Mishnaic commentary. Why should a fool enjoy great wealth and order his servants to build him a luxurious palace and plant a lush vineyard nearby? Because one day a righteous man dying of hunger and exhaustion will find comfort in the shade of the palace walls and sustenance in the fruits of the vineyard. Although the owner of the palace and vineyard had no intention of rescuing any righteous traveler, it is this salvation that justified all of his wealth and efforts.

Similarly, there is no doubt that Jews have been able to study Torah with greater ease because of the commerce, transportation, and other advances of civilization wrought by Romans, Persians, and all the other nations of the world. But this is merely the way the Creator arranged His world to ensure that those who study and live by the Torah will have their needs provided for by others. Credit and guilt, however, depend on one's intention. Each nation is therefore discredited in that ultimate trial for having other reasons in mind.

In a broader sense this idea can be applied to all of Jewish history. The Romans provided us not only with marketplaces and money but with the soul-searing lesson of destruction and exile. Persia provided not only bridges and conquests but the catalyst of *teshuvah*, in the form of Haman's plot. Each nation that has plagued Israel has served as the rod of Divine anger, so mercifully applied to awaken us before we destroy ourselves with our sins. But Rome and Persia, like Babylon and Greece before them, will be punished for their intention to harm a people they hated without justification.

This is the true perspective of the Purim story. The royal ring transferred from the hand of Achashveirosh was a blessing in disguise for a Jewish nation in need of a shock. But it was also the instrument of a monstrous plan for a "final solution," which inevitably resulted in the downfall of the planner and the triumph of his intended victims.

Chapter 1
ACHASHVEIROSH

Introduction

The enigmatic figure of Achashveirosh is the subject of scholarly controversy in regard to his intelligence, his qualifications for the throne, and his attitude towards the Jewish people.

Was he wise or foolish? Did he rise from commoner to king because of his talents or because of his wealth? Was he the innocent victim of Haman's incitement or did he share that villain's hatred of Jews?

While there are differences of opinion among the Sages in *maseches Megillah* regarding the first two points, there is a virtual consensus concerning Achashveirosh's abhorrence of the Jews. We therefore see him identified as the monarch who prevented the rebuilding of the *Beis Hamikdash*, the despot who imposed insufferable burdens upon his subjects, and Haman's partner in genocide.

Although his thirteen-year reign constituted but one-quarter of the fifty-two-year second exile, it is the period that dominates the Midrashic and Talmudic references to this era because it created the framework for the gravest threat to Jewish survival.

It is the ultimate irony that this Jew-hating obstacle to the rebuilding of the *Beis Hamikdash* fathered a Jewish son who succeeded him and granted permission to resume construction of the Holy Temple.

1. Days of Anguish

ויהי בימי אחשורוש....

And it happened in the days of Achashveirosh....
(1:1)

ויהי בימי אינו אלא לשון צער. (י:)

The power of Achashveirosh was a source of anguish for his Jewish subjects. "And it happened in the days of Achashveirosh" suggests that he, rather than the general situation, was the catalyst for the painful events of his epoch.

This same expression is found in Tanach regarding four earlier periods. "It happened in the days of Amrafel" (Bereishis 14:1) introduces the anguish of history's first war. Its catalyst was the wicked Nimrod, who gained the name Amrafel (אמרפל) because he said (אמר) to cast (פול) Avraham into the fiery furnace for refusing to worship his idols. This Amrafel, who leads three other kings into battle against five kingdoms and then against Avraham, also represents the Babylonian empire, which ruled in the first exile. His three allies symbolize the three kingdoms that followed, Kedorlaomer signifying the Persian-Medean empire.

"It happened in the days of the judging of the judges" (Ruth 1:1) introduces the anguish of a famine in Eretz Yisrael, which was Heavenly retribution for the corruption of the judges, who had grown vulnerable to the judgment of those whom they themselves were to judge.

"It happened in the days of Achaz" (Yeshayahu 7:1) introduces the anguish of an invasion of Yehudah by the armies of Aram and Yisrael, suggesting that the peace of the Jews in their Holy Land was endangered by the idolatrous ways of faithless kings. The climax of this anguish—*churban Beis Hamikdash* and *galus*—is signaled by "It happened in the days of Yehoyakim" (Yirmiyahu 1:3).

All the anguish of these earlier eras seems to be relived in the days of Achashveirosh. The word *vayehi*, which introduces all of them with a combination of two classic expressions of woe, *vay* and *hi*, was exceedingly appropriate to a period that was a composite of all its predecessors. The outcry of *vay* following invasion and *churban* in the days of Achaz and Yehoyakim is echoed in the *vay* the Jews cried when Achashveirosh halted the construction of the second *Beis Hamikdash* begun by Zerubavel under license from King Koresh. The *vay* of famine is heard once again in the three-day fast initiated by Esther, and the *vay* of war in the battle of the Jews against the enemies bent on their destruction.

Vay is an expression of pain but it is also a form of prayer. It is this prayer that ultimately puts an end to the anguish caused by the power of Achashveirosh.

2-3. The Same Old Enemy

ויהי בימי אחשורוש הוא אחשורוש....

And it happened in the days of Achashveirosh, that being Achashveirosh.... (1:1)

2.

הוא אחשורוש הוא ברשעו מתחילתו ועד סופו. (י״א.)

The symbol and fulfillment of the first two kingdoms blend together in the careers of Nevuchadnetzar and Achashveirosh. Just as Kedorlaomer is allied with Amrafel in the war against Avraham Avinu, these kings' political descendants, Nevuchadnetzar and Achashveirosh, are linked in their determination to deny the Jewish people its *Beis Hamikdash*.

Although Achashveirosh is not clearly identified as a villain in the Megillah and might be perceived as the foolish victim of Haman's political manipulations, something in the early days of his reign reveals his true wickedness and hatred of Jews. In Ezra (4:6), we learn of his decree to halt the construction of the *Beis Hamikdash*, which his predecessor Koresh had authorized.

This is the same Achashveirosh, our Sages point out, from beginning to end. Just as he prevented the *Beis Hamikdash* from coming into being at the beginning of his reign, he consistently reminded his beloved Queen Esther that he would grant her every wish save for rebuilding the Holy Temple. Just as his hatred of Jews motivated him to accept their enemies' arguments that the *Beis Hamikdash* threatened the security of his kingdom, that same hatred, years later, motivated him to accept Haman's argument that the very existence of the Jews was a danger.

3.

אחשורוש אמר רב...אחיו של ראש אחיו של נבוכדנצר הרשע
שנקרא ראש...בן גילו של ראש הוא הרג הוא ביקש להרוג הוא
החריב הוא ביקש להחריב...ושמואל אמר שהושחרו פניהם של
ישראל בימיו כשולי קדרה. רבי יוחנן אמר כל שזוכרו אמר
אח לראשו ורבי חנינא אמר שהכל נעשו רשין בימיו
שנאמר וישם המלך אחשורוש מס. (יא.)

In this consistent hostility to the *Beis Hamikdash*, Achashveirosh is a kindred spirit of Nevuchadnetzar, who destroyed the first Temple and emerged as the leader of the first kingdom to exile Jewry. In the dream Daniel interpreted for him, the Babylonian ruler is represented by a statue's head of gold, symbolizing his historical position as the "head" (first) of the four kingdoms. The name Achashveirosh contains the words *ach* (brother) and *rosh* (head), which communicate this historic kinship between these two enemies of Israel. Achashveirosh is a brother to Nevuchadnetzar not only in thwarting the restoration of the *Beis Hamikdash*, but in following the Babylonians' example in the mass murder of Jews.

This connection explains how the sin of Jews bowing to a statue in the days of Nevuchadnetzar could be atoned for decades later in the days of Achashveirosh by the *teshuvah* of the Jewish people in response to Haman's decree.

Achashveirosh's name defines his tyrannical reign in other ways as well. "*Ach* [woe] to *rosh* [the head]," cried his oppressed subjects as they lamented their condition and cursed the king. "*Ach*," they moaned as they reflected on the *reish* (poverty) they suffered as a result of his excessive taxes.

But perhaps the most dramatic description of Jewish suffering under Achashveirosh is indicated by an anagram of the letters in his name—*shachor* (black) and *eish* (fire). Just as the bottom of a kettle turns black from the oven's fire, so did the faces of the Jews turn black from suffering in the days of Achashveirosh.

4. A Self-Made King

...הוא אחשורוש המלך....

...that being Achashveirosh who ruled.... (1:1)

המולך אמר רב שמלך מעצמו...אמרי לה לשבח דלא הוה איניש דחשיב למלכא כוותיה ואמרי לה לגנאי דלא הוה חזי למלכותא וממונא יתירא הוא דיהב וקם. (יא.)

The similarity between Achashveirosh and Nevuchadnetzar may also be seen in the way each came to power. The man who established the first kingdom to exile Jewry did not inherit the throne. He led the army that crushed the Assyrian empire and crowned himself king of the Babylonian empire, which succeeded the Assyrians as the world's major power. Likewise, Achashveirosh did not build the Persian empire but he did make himself its king, despite his lack of royal blood.

Whether this initiative is to his credit or discredit is a matter of dispute. One perspective is that Achashveirosh was a man of such leadership that no one of royal blood was as suited as he to assume the throne after the death of Koresh. Another view is that he was totally unfit to be king but succeeded in attaining power through his great wealth.

Whatever it says about his qualifications, he was a self-made king sensitive to the public's disrespect for a commoner on the throne. This sensitivity affected his behavior, as we shall see in the course of the Megillah.

Chapter 2
THE POWER OF THE BEAR

Introduction

Although the Persians and Medes shared power, it was the Persians who dominated from the time of Koresh and throughout the period described in the Megillah. It is they who endow the second exile with its unique character by alternately granting and withholding permission to rebuild the *Beis Hamikdash*.

These Persians are compared in Daniel's vision to bears. This imagery proved so illustrative that when the Talmudic Sage Rabbi Ami saw a Persian riding on a horse, he referred to him as a "riding bear."

We have already noted Persia's animalistic appetite, appearance, and restlessness. But other, more complimentary features of the Persian personality are suggested by this comparison. "Ten measures of military prowess descended to this world," say our Sages, "and the Persians took nine of them." The Persians were indeed such mighty warriors that even the Sage Levi, the Talmudic giant of imagery, could find no one but the legendary heroes of David Hamelech to compare them with. It is their great capacity for war that enabled the Persians to conquer Babylon and establish a worldwide empire, and that will give them the confidence to boast of their battles in their trial before Hashem in the end of days.

Not only is the bear a symbol of prowess, but it bespeaks a dangerous resourcefulness as well. In that trial of the future, Persia will be summoned ahead of Babylon, just as Daniel saw the bear come up from the sea before the lion, which represents the Babylonians. The lion may indeed be king of the animals, explain the commentaries, but the bear is more resourceful and therefore more dangerous.

All these facets of the Persians find expression in Achashveirosh's banquet. Just as the opulence and indulgence reflect the great wealth and ravenous appetite conveyed in Daniel's prophetic vision, all the intricate plans for consolidating a global empire express military expertise and resourcefulness.

But the banquet also represents this bear's intoxication with his power to the point of assuming that Jewish hopes for the prophesied end of exile will never be realized. This banquet therefore takes on another dimension, celebrating the end of what Achashveirosh viewed as the Jewish threat to the power of the bear.

5. The Whole Wide World

...המלך מהדו ועד כוש....

...who ruled from Hodu to Kush.... (1:1)

רב ושמואל חד אמר הודו בסוף העולם וכוש בסוף העולם וחד אמר הודו וכוש גבי הדדי הוו קיימי כשם שמלך על הודו וכוש כך מלך מסוף העולם ועד סופו. (יא.)

Achashveirosh and Nevuchadnetzar were alike not only in the way they came to power but in the extent of their power. Both ruled over the entire inhabited world, a feat achieved by only one other king in history.

The Megillah describes this far-flung dominion as ranging from *Hodu* (India) to *Kush*. One view among the Sages is that these two countries are at opposite ends of the earth, indicating that Achashveirosh ruled over everything in between, which was all the inhabited world in those days. Another possibility is that the two lands adjoin each other (with *Kush* identified not as Ethiopia but, as Rav Yaakov Emden suggests, as some Arab state near India) and are mentioned to call attention to that area of the world where Achashveirosh's kingdom was most prominently recognized. That is, his sovereignty around the globe was as absolute as his dominion over *Hodu* and *Kush*, which was evident to everyone in the world.

Some commentaries reconcile the two views as two expressions of the same idea. Since the earth is round, a line drawn from *Hodu* around the globe in the opposite direction of neighboring *Kush* will inevitably come back to *Kush* and, indeed, encompass the entire world. The difference between these two ways of describing world dominion would then be reduced to a question of whether the area west of *Hodu* and east of *Kush* contained any of Achashveirosh's 127 states.

6. Age and Influence

...שבע ועשרים ומאה מדינה.

...seven and twenty and one hundred provinces.

(1:1)

בתחילה על שבע ולבסוף על עשרים ולבסוף על מאה. (יא.)

The recording of this number as seven, twenty, and one hundred communicates the idea that Achashveirosh's kingdom grew from the seven provinces of Vashti's period to another twenty under Esther and finally another one hundred, for a total of 127.

Drawing a parallel between the 127 years of Sarah's life and the 127 states under the dominion of her descendant Esther, our Sages conclude that Esther enjoyed this power by virtue of her ancestor. To understand the gradation from seven to twenty to one hundred, we must recall the interpretation of the years assigned to Sarah: "As beautiful at twenty as at seven and as free of sin at one hundred as at twenty."

Esther found favor in the eyes of all who beheld her, say our Sages, because she miraculously gave the impression that she was a member of every nation. This subjective beauty that made her so popular may well have served to attract more and more nations into joining her husband's empire in the hope of enjoying a special status with one of their own as queen. Thus were another twenty states added to the realm. But it was inevitably the righteousness of Sarah, still unblemished at one hundred, that gained her granddaughter another one hundred provinces.

7. The Elusive Prophecy

בימים ההם כשבת המלך אחשורוש על כסא מלכותו....

In those days, when King Achashveirosh sat upon the throne.... (1:2)

אחר שנתישבה דעתו. (יא:)

The impression that the banquet took place when Achashveirosh assumed the throne is shattered by the following *pasuk*, which places it in the third year of his reign. It is therefore not his settling upon his throne that is described here but rather the settling of his mind that the Jews would not escape his dominion upon the termination of their prophesied seventy-year exile.

Both Achashveirosh and the Babylonian ruler Belshatzar

before him miscalculated the seventy-year Babylonian exile prophesied by Yirmiyahu Hanavi (29:10). Belshatzar started counting once Nevuchadnetzar established the Babylonian empire, and concluded that the prophetic seventy years had come to an end after the second year of his reign. He therefore celebrated what he considered the discrediting of this prophecy by making a feast, using the vessels of the *Beis Hamikdash* to signify that there was no longer any hope of it being rebuilt. This feast marked the end of Belshatzar's reign and the fall of the Babylonian empire.

Achashveirosh recognized his predecessor's error and calculated from the time that Babylon took the Jews into exile during the reign of Yehoyachin Hamelech. These seventy years ended at the conclusion of the first two years of Achashveirosh's reign. When he saw that the Jews had not been redeemed, his doubts about continued control over them were resolved and he made a great feast, again using the vessels of the *Beis Hamikdash*. His punishment came in the form of the scandal and death of Vashti.

The elusive prophecy was properly interpreted only by Daniel, who understood it to mean seventy years from the actual destruction of Yerushalayim and the exile of Tzidkiyahu Hamelech (Yirmiyahu 29:2), ending in the second year of the reign of Daryavesh II, son of Achashveirosh and Esther, who gave permission to rebuild the *Beis Hamikdash*. The seventy-year period from Babylon to God remembering His people is properly defined as the seven decades stretching from the time Nevuchadnetzar subdued Yehoyakim Hamelech and established Babylonian control over Eretz Yisrael till the time King Koresh agreed to the reconstruction of the *Beis Hamikdash*.

The ironic conclusion is that while Achashveirosh ended the "first remembering" that signaled redemption and reconstruction, it was his son who ushered in the ultimate redemption from Babylonian captivity in the form of the second *Beis Hamikdash*.

8. The Royal Partnership

...חיל פרס ומדי הפרתמים....

...the army of Persia and Medea, the nobles.... (1:3)

אתנויי אתנו בהדדי אי מינן מלכי מינייכו איפרכי ואי מינייכו מלכי מינן איפרכי. (יב.)

A unique royal partnership existed between the two nations that displaced Babylon as the world's superpower. Born to be the destroyer of the Babylonian empire on the very day that its founder, Nevuchadnetzar, entered the *Beis Hamikdash* during the reign of Yehoyakim Hamelech, Daryavesh the Mede was the first king of the new empire.

The last word in the handwriting on the wall signaling Belshatzar's doom was *upharsin*, which Daniel explained as a prophecy that the Babylonian empire was to be broken up (*phrois*) and inherited by the Persians (*Paras*) (5:28). This was an indication that Persia would dominate the new empire. But when Daryavesh offered the throne to his son-in-law, Koresh the Persian, the latter declined, insisting that Daniel had prophesied that Belshatzar's power would be transferred first to the Medes and then to the Persians. The 62-year-old Daryavesh did not reign for long and within a year Koresh succeeded him, placing the power of the throne in Persian hands for the rest of that empire's history.

The special nature of this partnership becomes evident when we contrast this *pasuk*, which places Persia before Medea and couples Medea with the nobles, with the end of the Megillah (10:2), which speaks of "the book of the chronicles of the kings of Medea and Persia," placing Medea before Persia and coupling Medea with the kings. This suggests an arrangement in which power sharing consisted of one partner providing the king and the other the nobles.

Although this theory explains the apparent contradiction regarding seniority, Persia is generally mentioned before Medea in the Megillah because it was a Persian ruler who sat on the throne at the time. Only when reference is made to the empire's book of chronicles is Medea mentioned first, because historically Daryavesh the Mede was the original ruler.

9. Signs of Splendor

בהראותו את עשר כבוד מלכותו ואת יקר תפארת גדולתו....

As he displayed the riches of his glorious kingdom and the honor of his splendid majesty.... (1:4)

מלמד שלבש בגדי כהונה. (יב.)

The use in this *pasuk* of the word *tiferes* (beauty), used by the Torah in describing the attire worn by the *kohen gadol*, suggests that Achashveirosh dressed himself in the sacred garments Nevuchadnetzar had brought with him from the ruins of Yerushalayim.

Aside from reinforcing his celebration of the end of the Jewish nation's dreams of rebuilding its *Beis Hamikdash*, which he began with the use of the sacred vessels, the donning of the *kohen gadol*'s garments served a political purpose. To qualify for the post of *kohen gadol*, a *kohen* had to surpass his fellow *kohanim* in wisdom, appearance, and wealth. Painfully sensitive to the fact that he was a self-made king of common origin, Achashveirosh was anxious to thus reiterate that he had all of these superior qualities and was therefore more suited to the throne than anyone of royal blood.

Chapter 3
POWER THROUGH PARTY

Introduction

In his effort to effect reconciliation with his rebellious provinces, Achashveirosh carefully planned every detail of his sumptuous banquet. The sending of invitations, the seating arrangements, the furnishings, and even the floors were all engineered to achieve the twin political objectives of improving relations with his problematic subjects and asserting his role as the unchallenged head of a fabulously wealthy empire.

It is this theme of diplomacy through opulence that runs through all the Megillah's descriptions of Achashveirosh's banquet. The Persians were renowned for their great attention to etiquette. It is therefore not surprising that their king devoted so much effort to ensuring that every item at his banquet not only lived up to the highest Persian standard, but communicated some message.

10. The Politics of Partymaking

ובמלואת הימים האלה עשה...המלך לכל העם הנמצאים
בשושן הבירה למגדול ועד קטן משתה....

And when these days were fulfilled, the king made a feast for all the people present in Shushan the capital, for both great and small.... (1:5)

מאן דאמר מלך פיקח היה שפיר עבד דקריב רחיקא ברישא דבני
מאתיה כל אימת דבעי מפייס להו ומאן דאמר טיפש היה דאיבעי
ליה לקרובי בני מאתיה ברישא דאי מרדו ביה הנך הוו
קיימי בהדיה. (יב.)

When the crushing of a rebellion of distant provinces stirred resentment throughout the kingdom, a grand banquet was the diplomatic tool used to court the princes of these provinces and strengthen their loyalty to the throne. Achashveirosh realized, however, that his relationship with the nobles of the remoter parts of his kingdom was not the same as his relationship with those nearer to him. He therefore elected first to hold a banquet for the heads of the 127 provinces and only afterwards to invite those in the capital of Shushan to join him at a second affair. His reasoning was that it was more important to court his faraway subjects since the opportunity to win over those nearby would always be available to him.

Our Sages are therefore divided as to whether Achashveirosh's decision was wise or foolish, since he was more dependent on the loyalty of those nearby to rally to his aid in case the others rebelled. But one thing is clear—he set priorities in order to achieve a political goal.

11. The Strategy of Seating

...בחצר גנת ביתן המלך.

...in the courtyard of the garden of the king's palace.
(1:5)

רב ושמואל חד אמר הראוי לחצר לחצר הראוי לגינה לגינה הראוי לביתן לביתן וחד אמר הושיבן בחצר ולא החזיקתן בגינה ולא החזיקתן עד שהכניסן לביתן והחזיקתן במתניתא תנא הושיבן בחצר ופתח להם שני פתחים אחד לגינה ואחד לביתן. (יב.)

Just as the timing of the invitations was carefully calculated, so were the seating arrangements.

Every precaution had to be taken to avoid embarrassing any nobleman by seating him in a less prestigious place than any other. If all the guests were seated on couches of equal splendor, the area they were assigned to also had to be of equal stature. This seemed like an impossibility when different areas—the courtyard, the garden, and the palace—were involved.

Two of the three resolutions suggested by our Sages represent planned or improvised efforts to achieve this sense of equality. Either they all sat in the middle area of the courtyard and had access to both the garden and the palace, or they all started off in the courtyard and overflowed into the garden and the palace.

The third resolution demands a closer analysis. Each guest, says this view, was seated in the courtyard, garden, or palace, according to his station. The envy that such discrimination might arouse was avoided either by shutting off each area from the view of the others, or by seating people on the basis of situation rather than station, utilizing factors such as age and temperament, which might have made sitting indoors preferable.

12-15. Furnishings for a Feast

12.

חור כרפס...

There were white weaves, striped cushions.... (1:6)

מאי חור רב אמר חרי חרי ושמואל אמר מילת לבנה הציע להם כרפס
אמר רבי יוסי בר חנינא כרים של פסים. (יב.)

Elegance and diplomacy were the themes of the furnishings chosen for Achashveirosh's banquet. The drapes and spreads are identified in the Megillah (1:6) by the word חור, which can be read as *chur* (hole), a netted fabric, or as *chiveir* (pale), a pure white material. The diplomatic dimension is suggested by the standard of these furnishings, which befit the dignity of free (*chor*) citizens.

Amplifying this message of grandeur and reconciliation were the *karpas* (1:6), the striped cushions (*kar* = cushion, *pas* = stripe) upon which the guests reclined. Stripes symbolize variety within unity, an appropriate motif for guests from 127 diverse provinces.

13.

...מטות זהב וכסף....

...couches of gold and silver.... (1:6)

הם של כסף ורגליהן של זהב. (יב.)

The king's desire to avoid offending his guests by offering anyone inferior accommodations rules out the possibility that celebrants were seated on either gold or silver couches, depending on their stature. The two precious metals mentioned in the Megillah's description of the couches must therefore have coexisted in the palace furniture. The couches themselves were made of silver rather than gold because they were completely covered by the beautiful spreads and cushions. Only the visible legs were made of gold, serving as elegant bridges between the lavish furniture and the ornate floor.

14.

...על רצפת בהט ושש....

...upon a pavement of jewels and marble.... (1:6)

אמר רב אסי אבנים שמתחוטטות על בעליהן. (יב.)

The "jewel in the crown" of the banquet's opulent appointments was the jewel-studded floor upon which the guests and all the furnishings were set (1:6). The priceless value of the stones used for this precious pavement is expressed in terms of their rarity and the tremendous effort required to locate and acquire them (*bahat* = *bachat* = *mechatet,* to dig). The king thus demonstrated the immensity of his wealth by having his guests tread upon stones obtained at great expense.

15.

...ודר וסחרת.

...and gems in an array. (1:6)

רב אמר דרי דרי ושמואל אמר אבן טובה יש בכרכי הים ודרה שמה הושיבה באמצע סעודה ומאירה להם כצהרים דבי רבי ישמעאל תנא שקרא דרור לכל בעלי סחורה. (יב.)

The twin messages of opulence and opportunity were also communicated by the attractive pattern of the precious stones on the banquet floor. The phrase *dar v'sochares* (1:6) comes from the words *dar* (row) and *sachor* (around), suggesting a lavish tapestry of jewelry, while the rare and brilliant gem (*darah*) used as a luminous centerpiece conjures up an image of breathtaking beauty. The diplomatic dimension of announcing tax relief (*dror* = freedom) for merchants (*sechorah* = commerce) is also symbolized by allowing them to trample upon such royal riches.

There may have been even subtler implications of paving the banquet floors with gems more precious than gold and silver. Here Achashveirosh was simultaneously flaunting the fabulous wealth of the Persian-Medean empire and declaring that this wealth belonged to an absolute monarch who could do with it as he wished.

Chapter 4
A HIGHER POWER

Introduction

The banquet, which we have hitherto viewed as a setting for Achashveirosh's political designs, now begins to take on another dimension: that of a conflict between a Heavenly power and an earthly one.

Achashveirosh's arrogance in using the vessels of the *Beis Hamikdash* at his feast is a direct challenge to the power of Heaven. It is met with a Heavenly warning recalling the fate that befell the last king who issued such a challenge, followed by swift punishment.

Another clash of powers takes shape at the banquet, between the forces of good and evil. Achashveirosh and Haman attempt to use the affair to spiritually corrupt the Jews through forbidden food, wine, and women. Mordechai, on the other hand, urges his fellow Jews to resist these temptations offered by the temporal power of Persia and remain loyal to the Higher power, which will ultimately be their only hope of salvation.

16. A Heavenly Warning

והשקות בכלי זהב וכלים מכלים שונים....

They served drink in vessels of gold, the vessels differing from one another.... (1:7)

יצתה בת קול ואמרה להם ראשונים כלו מפני כלים ואתם שונים ושותים בהם.

A voice came forth from Heaven and said to them: "The first ones were destroyed because of these vessels and you repeat their sin by drinking from them!" (12a)

This Heavenly warning is subtly intimated by the use of the words *kelim*, which has the double meaning of "vessels" and "destruction" (*kliah*), and *shonim*, which means both "different" and "repeat." The first sinners referred to are Belshatzar and company, who were doomed for displaying an arrogance towards Heaven and using the vessels of the *Beis Hamikdash*. Once Daniel told them of their fate, that very night Belshatzar was slain and power passed to the Persians and Medes.

Just as Heavenly justice came swiftly to punish Belshatzar, it came that very night to punish Achashveirosh. This time, however, it took another form. "Satan came and danced in their midst," says the Gemara (11b), inciting the king to execute Vashti, thereby laying the groundwork for future salvation through Esther and poetic justice for the wicked woman who had persuaded her husband to halt the rebuilding of the *Beis Hamikdash*.

17-19. Staying Sober

...ויין מלכות רב....והשתיה כדת אין אונס....

...and royal wine was in abundance....The drinking was regulated, with no pressure.... (1:7-8)

Achashveirosh mistakenly assumed that Belshatzar's downfall came only as a punishment for getting drunk on wine imbibed from the *Beis Hamikdash* vessels. He therefore sought to avoid Heavenly retribution by ensuring that his guests remained sober. He took a number of precautions to this end:

17.

כדת של תורה מה דת של תורה אכילה מרובה משתיה. (יב.)

1) The drinking of wine followed the Torah regulation governing offerings on the *mizbeach,* which calls for more "eating" (the animal and flour) than "drinking" (the wine libation). By offering more food than drink, the king hoped to prevent intoxication.

18.

אין אונס...מלמד שכל אחד ואחד השקהו מיין מדינתו. (יב.)

2) No pressure, not even of the most indirect sort, was exerted on the guests in their drinking. Each guest was therefore served wine from his own country. This way, he would drink only what he enjoyed drinking and what was least likely to intoxicate him because of his familiarity with it.

19.

ויין מלכות רב...מלמד שכל אחד ואחד השקהו יין שגדול הימנו בשנים. (יב.)

3) The wine served to each guest was older than he, perhaps to remind each drinker to remember his age and the attendant responsibility incumbent on him to remain sober.

20. The Wine Masters

...לעשות כרצון איש ואיש.

> *...that they must do according to the wish of each man.* (1:8)

לעשות כרצון מרדכי והמן. (יב.)

The royal banquet served as a rehearsal for the eventual confrontation between Mordechai and Haman and the nations they represented. The two men assigned responsibility for serving the wine at the banquet were Mordechai, "the *man* of Yehudah" (2:5) and Haman, "this hostile, inimical *man*" (7:6).

Haman, who was later to seek the physical destruction of the Jewish people, first sought its spiritual destruction at this banquet. It was therefore in his interest that there be no coercion at this feast, lest the Jews subsequently claim that they indulged in forbidden food and drink only under duress. Mordechai, who was later to achieve the physical salvation of his people, sought their spiritual safety at this banquet by ensuring that no one would be made to eat and drink against his will.

The royal order not to pressure any guests to partake of the banquet was thus in accordance with the wishes of both the major protagonists in the Purim drama, albeit for opposite reasons.

Section II

The Power of Achashveirosh: Vashti

Overview

As a roaring lion and a ravenous bear, so is a wicked ruler over a poor people. (Mishlei 28:14)

The roaring lion, say *Chazal* (*Megillah* 11a), refers to the Babylonian Nevuchadnetzar, the ravenous bear to the Persian Achashveirosh, the wicked ruler to Haman, and the poor people to the Jews of that period, who were impoverished in mitzvos.

If it is a combination of the first two exiles—Babylon and Persia—that sets the stage for Haman to threaten a spiritually poor Jewish nation, then it is Vashti who serves as the bridge between them. As the granddaughter of Nevuchadnetzar, she continues his policy of mistreating Jews by forcing Jewish girls to work on Shabbos, and by perpetuating his destruction of the *Beis Hamikdash*. When Achashveirosh considered renewing the license granted by his predecessor, Koresh, to rebuild the *Beis Hamikdash*, she rebuked him: "You wish to rebuild what my fathers destroyed!"

There is a Midrashic account that the young Vashti was spared by the conquering Daryavesh the Mede the same night her father, Belshatzar, and his empire came to an end. She was subsequently presented to Achashveirosh as a wife. This gave wicked Babylon a new lease on life, which would expire only with Vashti's death.

Looming over Vashti was the sentence Heaven had passed on the nation that had destroyed Hashem's house in Jerusalem. The prophecy of Yeshayahu (55:13), "...the *hadas* will replace the brier...," refers to the righteous Hadassah succeeding the wicked granddaughter of the man who burned the *Beis Hamikdash*. The prophet envisions the obliteration of Nevuchadnetzar's nation as a time when Hashem will "...cut off from Babylon name and remnant, offshoot and offspring..." (14:22). The nation that had destroyed the *Beis Hamikdash* and initiated the first exile would become so extinct that there would be no trace of its language or script. Its kingdom would end with Belshatzar and its dying embers would be extinguished with the execution of Vashti.

As long as Vashti remained alive there was a memory of cursed Babylon. On the very night that Achashveirosh repeated the mistake of his father-in-law, Belshatzar, by celebrating what he thought was the end of Jewish hopes for redemption and the rebuilding of the *Beis Hamikdash*, he ended up serving as Heaven's executioner of the woman who urged him to prevent the reconstruction, and who represented the last vestige of a condemned empire.

Chapter 5
VASHTI THE QUEEN

Introduction

For a commoner turned king, Vashti's royal lineage was a mixed blessing. As a scion of the royal house of Babylon, she endowed Achashveirosh's reign with priceless legitimacy. But for Achashveirosh himself, she served as a painful reminder of his humble origins.

While they may differ in nationality and pedigree, this self-made Persian king and his highborn Babylonian queen share the moral depravity of the kingdoms selected by Heaven to impose the first two exiles. Exile is education, an opportunity for errant Jews to probe their own flaws, as magnified by the kingdom ruling them. The passions that incited idol worship, murder, and sexual immorality could only be subdued by destruction and exile in the cultures that idealized these vulgar drives. A seventy-year exposure to Babylonian ardor and a fifty-two-year experience with Persian lust would serve as a large-screen, slow-motion replay of the Jews' misdeeds in their own land, and a graphic illustration of the self-destruction they were headed for. The drunken orgy of a royal banquet, in which the arch representatives of both these cultures display their moral turpitude, serves as a powerful highlight of the lesson Jewry was to learn in its first two exiles.

The undercurrent of tension between Achashveirosh and Vashti explodes into violent confrontation when lustful ambitions collide. Resentful of the king's summons to appear in indecent fashion before his guests, Vashti lashes out at him with all the fury of a royal lady dressing down a commoner. Even more than her refusal to appear, this arrogance and insult to her husband's dignity prove her undoing and set the stage for an end to Babylon's role in the second exile.

21. The Immoral Queen

גם ושתי המלכה עשתה משתה נשים בית המלכות אשר למלך אחשורוש.

Vashti the queen, too, made a banquet for the women in the royal house that belonged to King Achashveirosh. (1:9)

שניהם לדבר עבירה נתכוונו. (יב.)

The king's command that Vashti make an immodest appearance before his guests, and her refusal to accommodate him, may give the impression that it was he alone who was guilty of immorality. But a closer look at the venue chosen by the queen for her own party clearly indicates that she entertained the same sinful thoughts as her husband. She hosted the ladies not in a separate palace area reserved for women but in a spot adjoining the main banquet, where she could exhibit her beauty to the king's guests.

This decision was part of the Heavenly orchestration of Vashti's downfall. Had she not so publicly flaunted her indecency, it would never have occurred to Achashveirosh to make such a vulgar request of her. Once she had shown her own disregard for modesty, however, her drunken husband dared to totally disregard the shame his request would cause her.

Another reason that Heaven prompted her to choose a site so close to the king was to seal her doom once she refused to appear. A very indecisive king, Achashveirosh could easily have changed his mind about his decision to execute his rebellious wife. Had she been entertaining in a distant part of the palace, he might have relented by the time she was brought before him. Her proximity to the outraged king was what succeeded in translating his rage into the death sentence so richly deserved by this wicked queen.

22. The Vulgar Command

ביום השביעי כטוב לב המלך ביין....

On the seventh day, when the king's heart was merry with wine.... (1:10)

יום השביעי שבת היה שישראל אוכלין ושותין מתחילין בדברי תורה ובדברי תשבחות אבל עובדי כוכבים שאוכלין ושותין אין מתחילין אלא בדברי תיפלות. (יב:)

The striking contrast between the festive demeanor of a Jew and a heathen is illustrated by the behavior of the king on the "seventh day," which means Shabbos. On this day, Jews eat and drink and then begin to say words of Torah and sing songs of praise to Heaven. Heathens, however, follow their eating and drinking with tasteless talk.

So it was at this banquet. The proximity of the ladies enabled the men to hear their wives' voices, whereupon they began to discuss women. The Medeans claimed that Medean women were the most attractive and the Persians countered that Persian women were more beautiful. Asserted the king: "My woman is neither Medean nor Persian but Chaldean, and she is the most beautiful of all."

To dispel any argument that Vashti owed her beauty to her royal attire, the king agreed to have her come before the guests without it.

23. Measure for Measure

...זכר את ושתי ואת אשר עשתה ואת אשר נגזר עליה.

...he remembered Vashti, what she had done, and what was decreed upon her. (2:1)

מלמד שהיתה ושתי הרשעה מביאה בנות ישראל ומפשיטן ערומות ועושה בהן מלאכה בשבת...כשם שעשתה כך נגזר עליה. (יב:)

The poetic justice of Divine retribution—punishing the sinner in the same manner in which he sinned—is so strikingly evident in the fate of Vashti.

This wicked queen had stripped Jewish girls of their clothes and forced them to work on Shabbos. Anyone who refused to comply was executed. Consequently, she herself was ordered to appear unclothed on Shabbos, and died for refusing to do so. As she had done, so it was decreed upon her.

Heavenly justice is dispensed "measure for measure" to educate the sinner and those around him as to the nature of his sin. Lest anyone dismiss Vashti's death as the simple result of an incident at a drunken ball, the strange circumstances of her ordeal point an instructive finger at her past and her tyrannical enslavement of Jewish girls.

24. The Queen's Rebellion

ותמאן המלכה ושתי.....

But Queen Vashti refused to come.... (1:12)

פריצתא הואי...מאי טעמא לא אתאי...מלמד שפרחה בה צרעת
במתניתא תנא בא גבריאל ועשה לה זנב. (יב:)

There is an air of mystery about the queen's rebellion. She certainly did not refuse to appear because of any sense of shame, for she had already made her party for the ladies right next to the men so that her beauty would be on display.

Why then was she unwilling to come?

One explanation is that she was suddenly struck with leprosy. The scriptural allusion to this miraculous retribution offers us an insight into its significance. The same word *nigzar* (decreed) appears in 2:1 and in the account of Uziyahu Hamelech (Divrei Hayamim II 26:21), who was afflicted with lep-rosy as a punishment for arrogating the right to offer incense in the *Beis Hamikdash*, a privilege reserved for the *kohanim*. Leprosy is the bitter fruit of arrogance, and nothing is more arrogant than showing disrespect for the House of God. Just as Uziyahu's arrogance in performing a sacred service forbidden to any non-*kohen* was punished by leprosy, so Achashveirosh's arrogance in using the vessels of the *Beis Hamikdash* and wearing the *kohen gadol*'s garments was punished by leprosy, which destroyed the beauty he was so proud of and led to Vashti's death.

Another interpretation is that the angel Gavriel added a tail to Vashti's anatomy. This may well have been a Divine comment on the nature of the discussion that preceded the royal command and the rebellion against it: When a queen exhibits herself like an animal, and her husband boasts of her in animalistic terms, she is given the appendage of an animal.

25. A Supreme Insult

...ויקצף המלך מאוד וחמתו בערה בו.

...and the king became incensed, and his anger burned within him. (1:12)

אמאי דלקה ביה כולי האי...שלחה ליה בר אה ורייר ה דאבא אבא לקבל אלפא חמרא שתי ולא רוי וההוא גברא אשתטי בחמריה. (יב:)

The queen's refusal to obey Achashveirosh's command to appear before his guests was certainly cause for becoming incensed, but what caused his anger to burn within him?

When the king's chamberlains came to Vashti to convey the royal command, she boldly expressed her opinion of her common husband and his inability to hold his liquor: "The stablekeeper of my father! My father drank wine like a thousand men and never became intoxicated, but this fellow loses his mind from his wine!"

This was the supreme insult as far as the king was concerned. Not only had Vashti shamed him by recalling his background as the guardian of Belshatzar's horses, but she referred to him as "this fellow" rather than as the king. "His anger burned within *him*" because her statement was such a personal attack.

The king's rage continued to burn within him for another reason as well. Anger usually abates when one relates its cause to others. This outlet was, however, unavailable to Achashveirosh because he dared not tell his ministers what the chamberlains had told him in secret about Vashti's scathing invective. He was therefore only incensed by Vashti's public rebellion, but as regards her insult his anger burned *within* him for he dared not repeat it to others.

Chapter 6
JUDGMENT AND AFTERMATH

Introduction

The tidy pattern of political planning that characterized the preparation of the banquet, and the predictable behavior of inebriated heathen nobles at such a feast, took an unexpected turn when Heaven prevented Vashti from obeying the king's command. Heavenly intervention now became more evident, from the choice of judges to the pleading of angels, and from foolish royal letters to an even more foolish search for a successor to Vashti.

As we conclude the section of the Megillah that deals with the power of Achashveirosh, this display of Divine intervention reminds us that each of the four kingdoms succeeded in oppressing Israel not by virtue of its power or merit but only because its national character would shock the Jews into mending their ways. Once the lesson was learned, Heaven set into motion the events that led to redemption from exile.

The aftermath of Vashti's execution was Haman's rise to

power and the ultimate shock of the second exile. But it was also the planting of the seeds of salvation in the form of Mordechai and Esther.

26-27. The Reluctant Judges

ויאמר המלך לחכמים יודעי העתים...כדת מה לעשות....

Then the king spoke to the wise men, who knew the times....About what should be done according to the law.... (1:13-15)

26.

מאן חכמים רבנן יודעי העתים שיודעין לעבר שנים ולקבוע חדשים. (יב:)

In his effort to judge Vashti for her rebellion, the king first turned to the Torah sages, who had that special knowledge of times necessary to determine new months and leap years, which the Tanach refers to as the hallmark of the Sanhedrin. Since the Sanhedrin judged capital crimes during the days of the *Beis Hamikdash,* he felt that it would be eminently capable of trying Vashti, whose crime seemed to merit the death penalty.

27.

אמר להו דיינוה לי אמרו היכי נעביד...ואין אנו יודעין לדון דיני נפשות. (יב:)

The sages, however, were reluctant to judge this case because there was no way they could avoid offending the king. Should they find Vashti guilty and condemn her to death, Achashveirosh would inevitably sober up, recall her fondly, and demand that she be restored to him. Should they acquit her, on the other hand, they would be accused of indifference to the king's honor, which she had violated.

They therefore explained that since the destruction of the *Beis Hamikdash* and the exile from their land, they'd lost their power of counsel and could no longer try capital cases. "Go to the Ammonites and Moabites," they suggested, "for they have not suffered any displacement from their lands and are therefore capable of rendering the judgment you seek."

28. An Angelic Plea

והקרב אליו כרשנא...ממוכן....

And those next to him were Carshna...Memuchan....
(1:14)

כל פסוק זה על שום קרבנות נאמר. (יב:)

A death sentence for Vashti would avenge her crimes against the Jewish people and clear the way for Esther to become queen. The angels therefore pleaded with God to influence these seven judges to condemn her. To strengthen their plea, they utilized the names of the judges to point out the merit of the Jews, the only nation that offered sacrifices in the *Beis Hamikdash*:

CARSHNA—Did the heathen nations offer one-year-old (*shanah*) sheep (*car*) as sacrifices?

SHEISAR (שתר)—Did they offer two (*sh[t]ei*) doves (*tor*)?

ADMASSA—Did they build a *mizbeach* of earth (*adamah*)?

TARSHISH—Did they have a *kohen gadol* whose priestly garments included the gem called *tarshish*?

MERES—Did they have *kohanim* stirring (*memareis*) the blood of the sacrifices to prevent its congealing and preserve its ability to be sprinkled on the *mizbeach*?

MARSNA—Did they have *kohanim* stirring (*memareis*) the oil with the flour in the *minchah* offerings?

MEMUCHAN—Did they see to it that a table was prepared (*muchan*) with the *lechem hapanim* every day?

The sacrifices mentioned here run the full range of offerings, from the daily animal *korban* offered by the community to the bird and flour offerings made by individuals who could afford no more. The types of service listed include those of both the *kohen gadol* and regular *kohanim*. The angelic plea thus presented a powerful case for the entire Jewish nation.

29. The Secret of Seven

...שבעת שרי פרס ומדי ראי פני המלך....

...the seven princes of Persia and Medea before the king.... (1:14)

שבעה כנגד מי...שבעה רואי פני המלך. (כג.)

Seven is a recurring number in Tanach and tradition, and some of the secrets of seven are revealed in this record of how many princes sat before the king. Based on the seven mentioned here, *Chazal* derived that seven people are called to the Torah on Shabbos and seven judges of the Sanhedrin are required to declare a leap year.

The choice of this particular setting for alluding to the Torah reading on Shabbos may be understood in light of what our Sages tell us about the day the Vashti incident occurred. On Shabbos, when a Jew says words of Torah and sings praises to Heaven at his meal, these heathens indulged in the sort of ribald talk that led to the Vashti scandal and her trial before seven princes. The seven Jews called each Shabbos to publicly say words of Torah and recite blessings of praise and thanks to Heaven serve as a striking counterpoint to the behavior of Achashveirosh, his princes, and the culture they represent.

Echoes of the king's initial request, that "the Sages who know the *times*" be the ones to judge Vashti, can be heard in the connection between the number of princely judges and the number of Jewish judges required to modify the calendar. In choosing men wise enough to adjust time to the needs of the public, Achashveirosh may have felt that the trial of his rebellious queen also demanded that same ability to "know the times" and to deal with them for the benefit of the kingdom. The fact that he chose seven judges indicates that this was the number he had learned was required in the leap-year judgment; therefore, he maintained that number even when the princes replaced the sages as judges.

30-31. The Mysterious Memuchan

ויאמר מומכן לפני המלך והשרים....

Memuchan replied before the king and the princes....
(1:16)

30.

זה המן...שמוכן לפורענות. (יב:)

Both the strange name and the rude behavior of Memuchan offer us a preview of his later career as Haman, enemy of the Jews. Haman was called Memuchan because he was preordained (*muchan*) for tragedy—the tragedy he brought upon Vashti with his counsel, the tragedy he attempted to bring upon the Jews, and finally the tragedy he brought upon himself on the gallows. His jumping up before all the other judges—whose superior status is indicated by their precedence over him in the *pasuk*—is typical of the commoner who cannot resist pushing himself ahead of his superiors.

Nine years passed between the Vashti incident and Haman's rise to power and the casual reader of the Megillah can easily fail to see any connection between the two. A deeper look, however, reveals the Divine preparation of Esther to replace Vashti and serve as the instrument of her people's triumph over Haman after they have been shocked into repentance by his genocidal threat. Haman is thus predestined both to threaten Jewry and to execute a queen and die because of her successor. The Divinely guided pattern of the Megillah is thus communicated by the name describing Haman nine years before he emerges as the villain.

31.

מכאן שההדיוט קופץ בראש. (יב:)

The lack of nobility so apparent in Memuchan's pushing himself ahead of his betters is also a preview of the vulgar aggressiveness that will characterize him even when he comes to power and earns himself the hatred of all those around him.

The Midrash states that Memuchan was really Daniel, who was married to a noblewoman who would not speak his language. He therefore exploited this opportunity to secure a royal decree giving men supreme power over their wives.

32. The Letters of Rescue

וישלח ספרים...כל איש שרר בביתו....

He sent letters to all the king's provinces...that every man should dominate in his home.... (1:22)

אלמלא אגרות הראשונות לא נשתייר משונאיהן של ישראל שריד ופליט. (יב:)

Once again the Divine pattern of the Megillah transcends the years between events. Nine years passed between Achashveirosh's early edicts—legislating husbandly dominion over wives—and his later ones, which decreed death for the Jewish people. The two events are, however, inextricably bound together.

One of the great mysteries of the Purim story is how all the Jew-haters throughout the world failed to take advantage of the license given to them by Achashveirosh's Haman-inspired authorization of genocide. Why did they wait?

The solution to this mystery lies in the reputation the king had gained in the eyes of his people with his pronouncements of male superiority. Why is he issuing such a decree, they all wondered, when even the lowliest man is the master of his own home? After this ludicrous piece of legislation, they naturally failed to take him seriously when he wrote about slaying Jews.

If not for these first letters, conclude our Sages, nothing would have remained of the Jewish people nine years later.

33. A Fool's Search

ויפקד המלך פקידים...ויקבצו את כל נערה בתולה טובת מראה....

Let the king appoint officers...that they may gather all the fair young virgins.... (2:3)

וכסיל יפרוש אולת זה אחשורוש...כל מאן דהוה ליה ברתא איטמרה מיניה. (יב:)

Achashveirosh's attempt to gather all the beautiful women in his kingdom seems especially foolish when contrasted with the search made for a maiden on behalf of the aging David Hamelech.

When David Hamelech's servants announced a search for a maiden to act as his attendant, everyone hoped that his daughter would earn the privilege. His subjects understood that only one maiden would be chosen and that those who were rejected would suffer no abuse. Therefore, every family with a candidate anxiously presented her for consideration.

Achashveirosh, on the other hand, ordered the gathering of all the fair young virgins in his entire kingdom. It was clear to all that he intended to try them all out before deciding on one. No parent was willing to have his daughter thus used and discarded, so everyone concealed his daughters when the king's officers came searching.

This foolishness on the king's part may have been a blessing in disguise for Mordechai, who had a religious reason for concealing Esther from Achashveirosh's henchmen. Had it not been the norm for other families to do the same, there might have been severe repercussions for Mordechai when Esther was finally found and forced to leave for the king's palace.

Section III

The Power of Mordechai

Overview

And yet for all that, when they are in the land of their enemies I shall not reject them nor will I abhor them, to destroy them and to break My covenant with them.... (Vayikra 26:44)

"I shall not reject them"—in the days of the Chaldeans [Babylonians], for I provided them with Daniel, Chananyah, Mishael, and Azariyah.

"Nor will I not abhor them"—in the days of the Medeans, for I provided them with Mordechai and Esther.

"To destroy them"—in the days of the Greeks, for I provided them with Shimon Hatzaddik, Mattisyahu ben Yochanan Kohen Gadol, and Chashmonai and his sons.

"To break My covenant with them"—in the days of the Romans, for I provided them with the House of Rebbi and the Sages of the generations.

(*Yalkut Shimoni*)

In each of the four exiles Heaven has mercifully provided the Torah leadership to sustain and inspire generations of oppressed Jews. Just as each exile was inflicted by a kingdom Divinely chosen to underscore Jewry's shortcoming in that particular era, the leadership provided by Heaven was particularly suited to guide the Jews in learning their lesson, thereby ensuring their survival.

The root sins of the four exiles can basically be broken down into two categories—passion and pride. Babylon and Persia were sent by Heaven to cure the Jews of the disease of passion, which led to the idolatry, licentiousness, and murder of the first *Beis Hamikdash* era. The pride in intellect and power that characterized the second *Beis Hamikdash* era brought on the Greeks and Romans, who built their respective cultures on those two forms of human vanity.

Who then is better suited to lead Jewry in the Babylonian exile of material gratification than those four spiritual giants who abstained from the king's food and who risked their entire material existence to remain loyal to their God? And who is better suited to warn Jewry against reveling in the material pleasures of Persian culture than the *tzaddik* who foresaw the dangers of participating in a royal banquet and who was prepared to lose all his prestige and even his very life to avoid bowing to a self-made deity?

Mordechai was Heaven's choice for leadership in this period, and as we read about his background, his wisdom, and his achievements, we shall learn to appreciate why the power of Mordechai is a pivotal element in Megillas Esther.

Chapter 7
MORDECHAI THE JEW

Introduction

Instead of the thorn shall come forth the cypress....
(Yeshayahu 55:13)

"Instead of the thorn"—this is the wicked Haman, who made himself an idol for others to worship. "Shall come forth the cypress"—this is the tzaddik Mordechai, who is called the choicest of spices.
(10b)

Mordechai was chosen to serve as the counterforce to Haman and their ongoing battle spans the entire Megillah. They meet on a foreign battlefield, where Haman sells himself to Mordechai as a slave. They compete at the king's banquet, where both are wine masters. Finally they are locked in a life-and-death struggle whose conclusion is symbolized by a humiliated Haman attending Mordechai in a parade through the streets of the capital.

Their most significant confrontation is in the prophetic description of Haman as a thorn who attempted to inflict pain on the Jewish people by forcing them to bow down to him as a self-made deity. Martyrdom was not required of the Jews in this situation, since the idol in question was worshipped by all only out of fear. Yet their bowing to Haman served as a reminder of their weakness in prostrating themselves before Nevuchadnetzar, and this triggered the retribution of a Hamanic decree of genocide. It took a Mordechai to stand up against Haman and save his people by refusing to bow down to this powerful enemy at risk to his life.

Mora d'chai is the Targum for *mor dror*, the chief spice in the anointing oil used in the Sanctuary. This translation alludes to Mordechai and his uniqueness. For in the sin of eating from the Tree of Knowledge, virtually all human senses were involved: sight was corrupted by focusing on the attraction of the forbidden fruit; hearing was demoralized by hearkening to the incitement of the serpent; touch was contaminated by contact with the fruit; and taste was spoiled by partaking of it. Only man's sense of smell was not involved and therefore retained its original capacity to perceive spirituality. Mordechai is the chief spice, the ultimate fragrance—uncorrupted by the sinfulness of all around him.

But most of all, Mordechai is a *Yehudi*. This was the title awarded to Chananyah, Mishael, and Azariyah for refusing to recognize Nevuchadnetzar's idol even if it meant risking the fate of the fiery furnace. And this was the title Mordechai earned for his courageous refusal to bow down to Haman, a courage that eventually saved his people.

34. Who is a Yehudi?

איש יהודי...איש ימיני.

A Yehudi...a Binyaminite. (2:5)

אביו מבנימין ואמו מיהודה. (יב:)

מבנימין קאתי ואמאי קרי ליה יהודי על שום שכפר בעבודה זרה. (יג.)

Who is a *Yehudi*?

One who denies any belief in idolatry.

The name Yehudah is not merely the name of a tribe of Israel. It is a badge of honor containing all four letters of God's Holy Name, and it is worn by those with the courage to defy idol worship in any form, despite any pressure.

This was the title given to Chananyah, Mishael, and Azariyah when they were reported to Hamelech Nevuchadnetzar for defying his order to bow to the statue of his likeness, although it meant being cast into a fiery furnace.

This title was also awarded to Mordechai, one of the tribe of Binyamin, because he, too, risked his life to defy the royal order to bow to Haman, who had declared himself a deity. Mentioning this noble trait in Mordechai at this stage of the Megillah solves the mystery of his refusal to bow to Haman, which seems to have sparked his genocidal plan.

Another perspective on the two tribes mentioned here is that Mordechai was descended from both Binyamin and Yehudah, thereby inheriting the talents necessary for overcoming the threat of Haman.

Haman's father was an Amalekite, notes Rav Yehonasan Eibeshitz in *Yaaros Devash*, and his mother was from another nation. This genealogy provided him with a dual capacity to harm Jewry. His nemesis, therefore, had to be someone whose own ancestral roots provided the power to overcome these forces.

Mordechai's father was from the tribe of Binyamin and

his mother from Yehudah. Just as Rachel's progeny was destined to destroy Esav's, the descendant of Binyamin was designated to vanquish the descendant of Amalek. But it is Yehudah who is blessed by his father with the power to overcome all the other enemies of Israel, and it is that power, inherited through his mother, that enables Mordechai to succeed against the power of Haman and his mother.

35. Prophetic Names

בן יאיר בן שמעי בן קיש....

...the son of Yair, the son of Shimi, the son of Kish.... (2:5)

כולן על שמו נקראו בן יאיר בן שהאיר עיניהם של ישראל בתפילתו בן שמעי בן ששמע א־ל לתפילתו בן קיש שהקיש על שערי רחמים ונפתחו לו. (יב:)

Mordechai is the hero of the Purim story. However, his heroism lay not in his political savvy, but in the power of his prayer. Hence, his origins are traced beyond his father and grandfather to a single ancestor, Kish, whose name bears a special relationship to this power.

The three names of Mordechai's forebears mentioned here are in a deeper sense a tribute to his success in pleading for his people.

1) "Son of Yair"—a son who brightened (*yair*) the eyes of his people through his prayer. The celebration after the miracle is described as one in which the Jews enjoyed light, thanks to the prayers of this luminous son.

2) "Son of Shimi"—a son whose prayer was heard (*shama*) by God.

3) "Son of Kish"—a son who pounded (*hikish*) on the doors of mercy until they opened for him.

This last name, taken from an ancestor separated from Mordechai's grandfather by six generations, refers to the desperate situation described in the Midrash when the Jewish people were about to be doomed for attending the banquet of Achashveirosh. When Eliyahu Hanavi came to urge the *tzaddikim* in Heaven to pray for Jewry, Moshe Rabbeinu told him to instruct the righteous Mordechai to pray below while he and the other *tzaddikim* would pray above. Mordechai promptly dressed all the Jewish schoolchildren in sackcloth and ordered them to fast. By praying day and night, they succeeded in opening the gates of Heavenly mercy.

36. A Voluntary Exile

אשר הגלה מירושלים....

Who had been exiled from Yerushalayim.... (2:6)

שגלה מעצמו. (יג.)

Eleven years before the destruction of the *Beis Hamikdash* and the Babylonian exile, a mini-exile took place. After deposing the rebellious Yehoyakim Hamelech and installing his son Yechonyah (Yehoyachin) on the throne, Nevuchadnetzar had some second thoughts. His advisors warned him against putting his faith in the son of a king who had betrayed him. Three months later, Nevuchadnetzar returned to Jerusalem and exiled the king, his family, and ten thousand Jews—including the Sanhedrin—to Babylon.

Yirmiyahu Hanavi was not compelled to join the group going into exile but he elected to do so, until he received a Divine command to return to Yerushalayim. Mordechai, too, chose to follow these exiles.

One of his motives was to accompany the Sanhedrin into exile. Another was to ensure the welfare of the exiled community, reminding them of their responsibilities and protecting them through his merit and prayers. With *ruach hakodesh*, he also anticipated the trouble Haman would bring, and realized that he alone was capable of countering this danger. When the Persians and Medes led by Daryavesh and Koresh besieged Babylon, Mordechai and Daniel joined most of Jewry in abandoning the city and following Koresh to his capital of Shushan.

Chapter 8
ESTHER

Introduction

The cypress will replace the brier....

(Yeshayahu 55:13)

"The cypress [hadas]"—this is the righteous Esther who is also called Hadassah.

"The brier"—this is the wicked Vashti, the granddaughter of the wicked Nevuchadnetzar, who burned the Beis Hamikdash. (10b)

Just as Mordechai is the counterforce to Haman, Esther is a counterpoint to Vashti. The granddaughter of the man who destroyed the *Beis Hamikdash* incited her husband to prevent the Jews from rebuilding it. The royal banquet was a celebration of what Achashveirosh misinterpreted as the passing of the date set by the prophet for Jewish redemption—a sign that the *Beis Hamikdash* would never be rebuilt. The participation of Jews in such a celebration was a grave sin of resignation to exile, which brought upon them the threat of Haman.

Esther was destined to undo the damage wrought by Vashti. It was she who called for a three-day fast to atone for the sin of enjoying the forbidden food and drink at Achashveirosh's feast. It was she who counteracted any compromises made by her people towards the king and Haman with her own courageous loyalty to her faith, even within the king's palace. And it was she who was prepared to sacrifice her honor, her marriage, and even her life in order to save her people. In this she serves as the perfect counterforce to her predecessor, who did everything possible to deny the Jews religious freedom and the hope of redemption.

The ultimate triumph, of course, comes when Esther's son finally authorizes the reconstruction of the *Beis Hamikdash*, which Vashti worked so hard to prevent.

37-38. The Secret of Esther

ויהי אמן את הדסה היא אסתר....

He raised Hadassah, who is Esther.... (2:7)

37.

אסתר שמה ולמה נקרא שמה הדסה על שם הצדיקים שנקראו הדסים...אסתר לא ארוכה ולא קצרה היתה אלא בינונית כהדס...אסתר ירקרוקת היתה וחוט של חסד משוך עליה.

(יג.)

Three aspects of Esther's uniqueness find expression in the title "Hadassah," given her because of her similarity to the beautiful and fragrant *hadas*:

1) The righteous are compared to *hadassim* (Zechariyah 1:8). Mankind in general is associated with trees. The unproductive

wicked are symbolized by barren trees while *tzaddikim* are likened to fruit-bearing trees or fragrant plants like the *hadas*.

2) Esther was of perfect size, neither too tall nor too short, just like the perfectly proportioned *hadas*. The importance of this physical property can be seen from the prayer of Chanah, who begged God for a child of proper size (*Berachos* 31b).

3) Although Esther's complexion was greenish like the *hadas*, God granted her a special charm, which enchanted the king and all who beheld her. She was indeed a great beauty when first taken to the palace, but her subsequent suffering caused her to acquire a sickly, greenish pallor. She nevertheless continued to find favor in the eyes of all because of this Heaven-sent charm.

38.

הדסה שמה ולמה נקראת שמה אסתר על שם שהיתה מסתרת דבריה...שהיו אומות העולם קורין אותה על שום אסתהר.

(יג.)

Hadassah's success in concealing her birthplace and nationality is expressed in the name "Esther" (as in *masteres*, concealer). Several considerations motivated Mordechai to instruct her to maintain a strict silence regarding her background:

1) By refusing to divulge her lineage, she would create the impression that her family was something to be ashamed of, which might lead the king to deem her unfit to be queen.

2) Since no one in the kingdom knew which nation the new queen belonged to, every ethnic group could assume that she was one of theirs. The universal popularity she thus achieved among the nations found expression in their referring to her as being as beautiful as the moon (*esthar*).

3) A king who put one queen to death might do the same

with another. Should the king know the identity of Esther's people, his murderous rage might be directed at them as well.

Hadassah's secrecy was so crucial to the Purim miracle that the Megillah is entitled "Esther" rather than her real name. "Esther" also alludes to the veil of secrecy that Heaven draped over the miracle, giving it the appearance of a natural event.

39. Daughter and Wife

...כי אין לה אב ואם...ובמות אביה ואמה לקחה מרדכי לו לבת.

...for she had neither father nor mother...and upon the death of her father and mother Mordechai adopted her as his daughter. (2:7)

עיברתה מת אביה ילדתה מתה אמה...מרדכי לו לבת...
אל תקרי לבת אלא לבית. (יג.)

Esther never enjoyed the care of her natural parents, for her father died right after his wife conceived and her mother died the day Esther was born. Hence, Mordechai became her surrogate father.

His deep concern for his orphaned cousin eventually moved him to marry her as well. The term בת, which is read both as *bas* (daughter) and as *bayis* (household, signifying wife), communicates the simultaneous nature of the two relationships. Mordechai's decision to take Esther as a wife before there was any evidence of her superior beauty makes it clear that his only motivation was his desire to protect his ward.

To understand why the Megillah reports Mordechai's marriage to Esther in such a veiled fashion, we must recall that it was written during the reign of Achashveirosh, who was not aware of his queen's double life as the wife of Mordechai. Had he known, all the honor and power the king had bestowed upon Mordechai as guardian and relative of his beloved queen would have been taken from him and he would have become Achashveirosh's hated rival.

40. The Secret Calendar

...ואת שבע הנערות הראיות לתת לה....

...and the seven maidens befitting her.... (2:9)

שהיתה מונה בהן ימי שבת. (יג.)

In the midst of all the heathen palace activity, Esther developed an ingenious strategy for remembering which day was Shabbos. She assigned each of her seven maids a different workday. Thus, when the Shabbos maid showed up for work, it was a reminder that the sacred day of rest had arrived.

This served as a perfect contrast to her predecessor: whereas Vashti had forced Jewish girls to desecrate Shabbos, Esther used Gentile maids to help her remember Shabbos and keep it holy.

Esther's secret calendar also ensured that no one would notice her abstinence from work on Shabbos and thus deduce that she was Jewish. For the maids who attended her during the six days of labor were certain that she worked on the seventh day as well, while the maid who attended her on Shabbos and saw her idle concluded that she indulged in the idleness of royalty all week long.

41. A Survival Diet

...וישנה את נערותיה לטוב....

...and he singled out her and her maids.... (2:9)

שהאכילה מאכל יהודי...שהאכילה קדלי דחזירי...זרעונים. (יג.)

Heigai, the guardian of the king's harem, showed Esther special consideration. One approach is that he provided her with food permissible for a Jew to eat—either something neutral like seeds, or genuinely Jewish fare. The other possibility is that he presumed Esther non-Jewish and favored her and her maids with the choicest cuts of forbidden flesh.

Whether Esther actually ate this treif meat is also a matter of dispute. One view is that she did so, but only under duress, and was therefore not held responsible. Another school of thought maintains that she did not contaminate herself this way. This latter approach may help us understand why the Megillah bothers to record that her maidens were also singled out for favor: since they, too, received this forbidden delicacy, Esther simply offered them her portion in exchange for the items on the menu that she could eat, without exposing her Jewish identity.

42. Preparations

ששה חדשים בשמן המר....

...six months with oil of myrrh.... (2:12)

ר' חייא בר אבא אמר סטכת. (יג.)

Each queenly candidate underwent extensive beauty treatments, employing every sort of ointment and beauty aid in order to satisfy the pleasure-hungry king. The oil referred to in this *pasuk* also served as the chief spice in the anointing oil used in the Sanctuary. The Targum translates it as *mora d'chai.* Esther's preparations in the palace and Mordechai's efforts at *teshuvah* and *tefillah* are thus aptly symbolized by a substance representing the anointment of Jewish leadership.

43. Royal Restraint

בערב היא באה ובבקר היא שבה....

In the evening she came and the next morning she returned.... (2:14)

מגנותו של אותו רשע למדנו שבחו שלא היה משמש מטתו ביום. (יג.)

Despite his obsession with women, Achashveirosh did not demean himself to indulge his passion during the day. This respectable trait, developed perhaps in the wake of his excess in the Vashti affair, is awarded recognition in the Megillah.

44-46. How Esther Won the Contest

44.

...ותהי אסתר נשאת חן בעיני כל ראיה.

...and Esther found favor in the eyes of all who beheld her. (2:15)

מלמד שלכל אחד ואחד נדמתה לו כאומתו. (יג.)

Heavenly intervention in this royal beauty contest endowed Esther with a miraculous gift: she gave every nation the impression that she was one of theirs. Not only did this gift win her the admiration of everyone in the kingdom, but it discredited any informers reporting to the king that she was Jewish, for every nation was making similar claims.

45.

ותלקח אסתר אל המלך...בחדש העשירי הוא חדש טבת....

Esther was taken to the king...[in] the month of Teves.... (2:16)

חדש טבת ירח שנהנה גוף מן הגוף. (יג.)

Even the timing of Esther's invitation to join the king was determined by Heaven: Teves is the coldest month of the year, when bodily warmth is most appreciated.

46.

ויאהב המלך את אסתר מכל הנשים...ומכל הבתולות....

The king loved Esther more than all the women... more than all the virgins.... (2:17)

ביקש לטעום טעם בתולה טעם טעם בעולה טעם. (יג.)

The culmination of Heavenly intervention came in the actual union, during which Esther was miraculously capable of satisfying Achashveirosh's desire for any sort of partner.

47. Keeping the Secret

ויעש המלך משתה גדול...והנחה למדינות עשה ויתן משאת....

Then the king made a great banquet...and he decreed a tax reduction for all the provinces.... (2:18)

עבד משתיא ולא גליא ליה דלי כרגא ולא גליא ליה שדר פרדישני ולא גליא ליה. (יג.)

Determined to coax his new queen into revealing her mysterious identity, the king employed a number of strategies.

First he made a great banquet for all his princes and servants in honor of Esther. When this failed to produce any result, he announced that in her honor he was abolishing his head tax on the citizenry. Once again Esther kept silent. Finally he sent all the princes gifts in Esther's name, but to no avail.

The king's strategy was based on his suspicion that Esther was withholding the identity of her people in order to avoid becoming the victim of an envious prince from another nation, just as Vashti had become a victim of Haman. He therefore attempted to reassure her that she enjoyed the affection of all the princes because of the banquet, the tax break, and the gifts they enjoyed in her honor.

He may also have intended to impress her with what he was prepared to do in her honor, thereby tempting her to reveal her people in the hope that he would do even greater favors for them.

But Esther insisted on keeping her secret.

48. Mordechai's Strange Advice

ובהקבץ בתולות שנית ומרדכי ישב בשער המלך.

When the virgins were gathered a second time, Mordechai sat in the king's gate. (2:19)

אזיל שקל עצה ממרדכי אמר אין אשה מתקנאה אלא בירך חבירתה. (יג.)

Following his failure to pry Esther's secret out of her, the king consulted Mordechai for advice on how to achieve his objective. Mordechai told him that the only thing that could move a woman was the fear of competition from another woman. This idea was immediately implemented in the form of a second gathering of virgins, whose purpose was to impress upon Esther that her continued silence might result in her losing the queenship to another candidate.

Mordechai's advice seems strange when we consider that it was he who had instructed her to keep her identity a secret. If he now felt that secrecy no longer served its purpose and was even counterproductive to retaining her position, he could have merely released Esther from his command of silence, or informed the king himself.

His counsel can be appreciated only if we view it as an extension of his initial plan to conceal Esther's identity. This secrecy was motivated both by the need to keep the king ignorant of Esther's royal blood (she was descended from Shaul Hamelech), and by the hope that he would presume her background shameful and therefore reject her. While Heavenly intervention worked in the background to assure her selection as queen, it was Mordechai and Esther's religious duty to spare her from relations with the king, which were forbidden by Torah law unless a danger to life was involved. It was Mordechai's hope that in a second gathering of virgins another candidate might be found and Esther released.

But although secrecy could no longer liberate her, Esther refused to divulge her noble background.

49. A Family Tradition

אין אסתר מגדת מולדתה ואת עמה....

Esther had not yet revealed her homeland or her people.... (2:20)

בשכר צניעות שהיתה בה ברחל זכתה ויצא ממנה שאול ובשכר צניעות שהיה בו בשאול זכה ויצאת ממנו אסתר. (יג.)

The impact of a righteous person's character transcends the generations. "He withdraws not His eyes from the righteous..." (Iyov 36:7) is how the prophet describes the reward that Heaven bestows, measure for measure, on a *tzaddik*'s descendants many generations later.

Rachel Imeinu distinguished herself as a paragon of *tzniyus* by relaying to her older sister, Leah, the secret signals that Yaakov Avinu had arranged with her to thwart any attempt by their conniving father to switch daughters on the wedding night. She was prepared to sacrifice the opportunity of marrying the man she loved in order to avoid embarrassing the sister who had been compelled to replace her in the deception of Yaakov, and to eliminate the shameful gossip that would have resulted from public knowledge of the secret signals.

As a reward for this *tzniyus*, Rachel was blessed with a descendant so modest that he neglected to tell his uncle he'd been anointed the first king of Israel. Shaul Hamelech's failure to flaunt his royal stature was rewarded generations later when his descendant Esther followed the family tradition of circumspection. Although there was no longer any purpose in maintaining her silence as a way of avoiding marriage to

Achashveirosh, she remained quiet because she did not wish to boast that she was the scion of kings.

50-51. A Double Life

...ואת מאמר מרדכי אסתר עשה כאשר היתה באמנה אתו.

...for Esther continued to do Mordechai's bidding, just as when she was raised by him. (2:20)

50.

שהיתה מראה דם נדה לחכמים. (יג:)

The spiritual contamination of the king's palace did not prevent Esther from living almost a full Jewish life according to the training she had received from Mordechai. She observed Shabbos and holidays, avoided treif food, and even faithfully adhered to the laws of *niddah*, bringing her emissions of blood before the sages, who ruled on her purity.

51.

שהיתה עומדת מחיקו של אחשורוש וטובלת ויושבת בחיקו של מרדכי. (יג:)

Esther was concerned with her state of purity because she maintained a double life, joining her husband Mordechai when she was permitted to him. Despite all the difficulty involved, she remained faithful to the laws of family purity, visiting the *mikvah* regularly, just as she had in Mordechai's home.

Chapter 9
THE POISON PLOT

Introduction

For we are servants, yet our God has not abandoned us in our bondage, but has extended mercy unto us before the kings of Persia, to give us life....

(Ezra 9:9)

When did Hashem extend mercy unto us before the kings of Persia? In the days of Mordechai. (11a)

In contrast to the manner with which the Jewish people shook off the bonds of Egyptian slavery, in Persia they were a nation in bondage to benevolent rulers. The Talmud asks why we do not say *Hallel* on Purim as on Pesach, despite the fact that the former celebrates an escape from death to life while the latter only an escape from bondage to freedom. One explanation is that the opening words of *Hallel*, which call upon us to "Sing praise, you servants of Hashem," are appropriate to Pesach, for after the exodus from Egypt we were able to celebrate our status as "servants of Hashem" and not servants of Pharaoh. They are inappropriate to Purim, however, for even after the miracle of salvation we could not proclaim ourselves servants of Hashem and not Achashveirosh.

The benevolence of Persian rulers did not begin with Achashveirosh. After all, it was his predecessor, Koresh, who first granted the Jews permission to return to Jerusalem and build the *Beis Hamikdash*. But this magnanimity peaked in the days of Achashveirosh, when the survival of Jewry was at stake. Had not Hashem granted us favor in the eyes of Achashveirosh, when he made his banquet he might have pressured Mordechai and the other righteous Jews into partaking of the food and drink along with their sinful brothers. Thus we would have forfeited the great merit that brought us redemption from Haman's plot. And had not Hashem granted Mordechai the opportunity to earn the king's gratitude by exposing the poison plot of Bigsan and Seresh, it would have been impossible for Achashveirosh to so quickly reappraise his favorite minister and order his execution.

52. Servants and Masters

בימים ההם ומרדכי יושב בשער המלך קצף בגתן ותרש....

In those days, while Mordechai sat within the king's gate, Bigsan and Seresh...became angry.... (2:21)

הקציף הקב"ה אדון על עבדיו לעשות רצון צדיק...
עבדים על אדוניהם לעשות נס לצדיק...והיו [בגתן ותרש]
מספרין...ואומרים זה לזה מיום שבאת זו לא ראינו שינה
בעינינו. (יג:)

With Esther miraculously established in a crucial position of influence, the stage was set for another miracle to put the king in debt to Mordechai for saving his life. The instruments for this miracle were two of Achashveirosh's attendants, Bigsan and Seresh, whom Heaven induced to become murderously angry at the king because of their added duties since Esther became his wife. Not only was this gripe too petty to serve as a logical motive for regicide, but it was completely contrary to the nature of servants to rebel against their master.

The power of Heaven to use completely opposite strategies in aiding a *tzaddik* is reflected in the contrast between the unnatural anger of these servants towards their master and the anger Heaven aroused in Pharaoh towards his servants, the chief butler and baker. The two incidents are diametrically opposed in terms of the direction of the anger but equally miraculous. When a king becomes so enraged at his servants simply for providing imperfect service, it must be part of a Heavenly plan—in this case, one designed to rescue Yosef from prison.

53-54. How the Plot Was Discovered

ויודע הדבר למרדכי....

The matter became known to Mordechai.... (2:22)

53.

בגתן ותרש שני טרסיים הוו והיו מספרים בלשון טורסי ואומרים...בא ונטיל ארס בספל כדי שימות והן לא היו יודעין כי מרדכי מיושבי לשכת הגזית היה והיה יודע בשבעים לשון. (יג:)

To complete the setting for the miracle that would enable Mordechai to save the king's life, Heaven placed this former member of the Sanhedrin Hagedolah at the exact spot in the palace where he could overhear the servants plotting to poison their king. Bigsan and Seresh spoke openly in front of Mordechai because of their confidence that no one comprehended their obscure foreign tongue. As a judge of his people's highest court, however, Mordechai had to be familiar with all seventy of the world's languages in order to be capable of hearing testimony from any witness. This secret talent of Mordechai's enabled him to discover the poison plot.

54.

ויבקש הדבר וימצא....

And the matter was investigated, and it was found out.... (2:23)

אמר לו והלא אין משמרתי ומשמרתך שוה אמר לו אני אשמור משמרתי ומשמרתך והיינו דכתיב ויבקש הדבר וימצא שלא נמצאו במשמרתן. (יג:)

Mordechai's discovery was corroborated by the circumstances surrounding the plot. To secure the poison, one of the plotters would have to abandon his post. It was therefore agreed that the other would work an extra shift to cover for him while he was away on his murderous errand. Alerted by Mordechai's disclosure, the king's security men made a spot check of the post and found the wrong man on duty, leading them to further investigation and eventual discovery of the scheme.

55. Credit Where Credit is Due

...ויגד לאסתר המלכה ותאמר אסתר למלך בשם מרדכי.

...and he related it to Esther the queen, and Esther told the king in Mordechai's name. (2:22)

כל האומר דבר בשם אומרו מביא גאולה לעולם. (טו.)

In the broad spectrum of events that paved the way for the Purim miracle, the least significant seems to be that word of the assassination attempt was conveyed not by Mordechai himself but by Esther in his name. However, this noble behavior by Esther, in giving credit where credit is due, is regarded as the very catalyst of the miracle. Relating something in the name of the original source is so meritorious that it brings redemption to the world.

Mordechai's decision to report his discovery to Esther rather than directly to the king can therefore be understood as a means of laying the groundwork for Esther's redemptive action. But what is the connection between crediting the source and redemption?

To be worthy of the role of redeemer, one must possess absolute humility. The final redeemer of Israel is portrayed by the *navi* as the personification of humility, "a poor man riding on a donkey" (Zechariyah 9:9). By resisting the temptation to take credit for saving the king's life, thereby endearing herself to him even more, Esther demonstrated this humility.

Another perspective is that Heaven deals with us according to the standards we set by our own conduct. Thus the shattering of the laws of nature required for redemption can only be merited by a person who shatters his own nature and overcomes the temptation to take credit for what he hears from others.

Section IV

The Power of Haman

Overview

If Israel does not repent, Hashem will raise up against it a ruler whose decrees will be as severe as Haman's.

(*Sanhedrin* 97b)

This Talmudic scenario of Jewry's universal return to Hashem, which will usher in the arrival of *Mashiach,* provides a penetrating insight into the classical role of Haman and powerful enemies like him. They are the Heaven-sent catalysts of Jewish repentance and their power comes to an end once their mission has been accomplished.

Laziness causes the rafters to collapse....

(Koheles 10:18)

The laziness of the Jews in studying Torah, say our Sages (11a), caused them to face a danger so great that Heaven itself seemed unable to save them. Hashem's apparent turning away from His people is the direct consequence of their failure to seek Him through His Torah. Haman's evil power was created when the Jews bowed to a graven image and attended a vulgar banquet, and it was nurtured in the spiritual vacuum formed by Jewish indolence regarding Torah study.

This power was potent indeed. Whereas the exhortations of forty-eight prophets and seven prophetesses failed to stir the Jews to *teshuvah,* the transfer of Achashveirosh's ring to Haman succeeded.

Chapter 10
HAMAN—SEED OF AMALEK

Introduction

> *But if you will not drive out the inhabitants of the land before you, then those who remain shall be as thorns in your eyes...and they shall harass you in the land wherein you dwell.* (Bemidbar 33:55)

The failure of Shaul Hamelech to eliminate the Amalekites, in accordance with the Divine command, brought a genocidal decree upon his people generations later (11a). The initiator of the decree was a descendant of Agog, the Amalekite king spared by Shaul and executed by Shmuel Hanavi only after fathering Haman's ancestor. Haman the Agagite is thus another link in the chain of Amalek's fanatical war against Israel and its God, which began with an attack on a weak nation leaving Egypt and has continued throughout history.

That initial attack and Haman's casting of lots are both expressions of the concept that Hashem inflicts upon His people an enemy who personifies their waywardness. When the Jews in the wilderness of Refidim began to question whether "Hashem is among us or not" (Shemos 17:7), they were guilty of misinterpreting Providence as mere coincidence. Amalek, whose entire ideology is a denial of Providence, therefore "happens upon them" on their way out of Egypt (Devarim 25:18). Haman perpetuates this tradition of coincidence by casting lots to determine the date for the destruction of a people whose sense of its history has become warped into a perverted perspective on exile as a mere happening with no message.

56. The Cure Before the Blow

אחר הדברים האלה גדל המלך אחשורוש את המן....

After these events King Achashveirosh promoted Haman.... (3:1)

אחר שברא הקב"ה רפואה למכה...אין הקב"ה מכה את ישראל
אא"כ בורא להם רפואה תחילה. (יג:)

Heaven allowed a Jew-hater like Haman to come to power not to pave the way for the destruction of the Jews, but to shock them into repentance. Since the survival of the Jewish people has been guaranteed by Hashem, the seeds of their salvation are always planted before they are subjected to any threat. By contrast, other nations' survival is not guaranteed and their cure is only created after the blow has produced the required results.

Mordechai saved the king's life just before Haman's rise to power, i.e., the cure preceded the blow. Had this rescue come afterwards, it would not have been as effective an instrument of redemption, just as a cure that comes after the blow has already struck may leave an ugly scar. With a death sentence hanging over his entire people, Mordechai would have been suspected of reporting the poison plot only to save his skin and would have succeeded at best in saving only himself but not his nation. Now that the incident took place before the genocidal decree, it had the power to earn a debt of royal gratitude, which would eventually provide the cure for the blow of Haman.

Going even farther back in time, we sense an even stronger expression of this Heavenly pattern of the cure before the blow. It was Memuchan, alias Haman, who had convinced Achashveirosh to issue a new law empowering the king to rule alone on any matter affecting his person, without consulting the judiciary. This law enabled him to successfully administer summary justice in the case of Vashti, despite her royal blood, and in the case of Bigsan and Seresh, despite their high positions. Out of appreciation for Haman's counsel in this matter, the king raised him to power and set the stage for the blow to Jewry. But it was this very law that boomeranged against Haman when his execution was ordered without deliberation because he had planned to harm Mordechai, the man who saved the king's life.

57. One Who Did Not Bow

...ומרדכי לא יכרע ולא ישתחוה.

...but Mordechai neither bowed nor prostrated himself. (3:12)

מה ראה מרדכי דאיקני בהמן על ככה דשוי נפשיה ע"ז. (יט.)

Intoxicated by his swift rise to power, Haman declared himself a deity and ordered everyone to bow down to him under penalty of death. This deification alone did not make such bowing forbidden to Mordechai and his fellow Jews, because martyrdom is not required when the idol in question is served by all only out of fear. But Mordechai had other reasons for refusing to bow.

In his determination to trap Mordechai into idol worship Haman carried on his person some icons. When his archenemy approached and bowed to him out of respect for the king's law, he would therefore simultaneously be bowing to the idols. Mordechai detected the trap and refused to compromise his faith, even if it meant death.

Even in regard to bowing to Haman himself, Mordechai had reasons for going beyond Jewish law and risking martyrdom. He felt that the situation required this sort of exemplary *kiddush Hashem,* especially since the Hamanic decree was brought on by the sin of the Jews bowing to the statue of Nevuchadnetzar.

A fascinating Midrashic dialogue sheds light on yet another dimension of Mordechai's obstinate refusal to submit:

"You are endangering all of us," said the Jews to Mordechai. "Why do you defy the king's decree?"

"Because I am a Jew!"

"But didn't your ancestor Yaakov bow down to his ancestor Esav seven times?"

"My grandfather Binyamin was still in his mother's womb at that time and did not bow to Esav. In the same manner I, his grandson, will neither bow down nor prostrate myself before Haman."

58. Escalation to Genocide

ויבז בעיניו לשלח יד במרדכי לבדו כי הגידו לו את עם מרדכי....

It was beneath his dignity to attack Mordechai alone, for they had revealed to him the people of Mordechai.... (3:6)

בתחילה במרדכי לבדו ולבסוף בעם מרדכי ומנו רבנן ולבסוף בכל היהודים. (יג:)

Mordechai's refusal to subjugate himself moved a vengeful Haman to plan his destruction. But this scheme soon escalated into a vendetta against Mordechai's rabbinical colleagues, and finally into a full-fledged campaign to annihilate all of Jewry.

When the king's servants challenged him for not bowing to Haman, Mordechai explained that such prostration was contrary to the Jewish religion, which the king respected, and that the royal decree therefore did not affect him. Haman, descendant of the Jew-hating Amalekite, then realized that he had to demonstrate that the king did not respect the Jewish faith, and the elimination of Mordechai alone would not prove this. He therefore turned his attention to Mordechai's fellow sages, the religious leadership of the people, hoping that their destruction would indicate that the king had lost sympathy for the Jews. Ultimately Haman recognized that as long as any one Jew remained, there was living testimony to a faith that defied his self-deification. Thus, he resolved to devise a final solution to the Jewish problem.

Ancestral hatred welled up in him when he recalled that Mordechai was descended from Yaakov, who had taken the birthright and blessings from his own grandfather, Esav. This led him to extend his bloody designs first to the sages, Yaakov's physical and ideological heirs, and inevitably to all of Yaakov's progeny.

59. Master and Slave

וכל זה איננו שוה לי בכל עת אשר אני ראה את מרדכי....

But all of this means nothing to me each time I see Mordechai the Jew.... (5:13)

זה בא בפרוזבולי וזה בא בפרוזבוטי. שכל גנזיו של
אותו רשע חקוקין על לבו ובשעה שרואה את מרדכי
יושב בשער המלך אמר כל זה איננו שוה לי. (טו:)

Haman's haughty pride in his great wealth moved him to have the accounts of his treasury etched near his heart. But each time he encountered Mordechai at the king's gate, he pointed to this record of his wealth and complained that it all meant nothing.

Why did Mordechai so disturb Haman and his pride?

Many years earlier, the king had entrusted Mordechai and Haman with large sums of money and ordered them to conquer a certain province. Haman squandered his half and had nothing left to spend on the soldiers under his command. He then approached Mordechai, who had retained his half, and asked to borrow some money. Mordechai extended the loan but only after Haman agreed to sell himself to him as a slave. He even signed a document that he had sold himself to Mordechai for a loaf of bread.

Each time they met Mordechai displayed the document, which indicated that Haman and all his wealth really belonged to him because Haman was his slave. When reminded of this chapter from the past, Haman experienced pangs of poverty, which rendered his present wealth meaningless.

When the tables began to turn and Haman found himself forced to lead Mordechai through the streets of the capital, he lamented to the Jew that the fistful of flour brought as the *minchah* offering in the *Beis Hamikdash* had overcome the ten thousand talents of silver he had offered the king for the destruction of the Jews. To this Mordechai replied: "Wicked fellow! If a slave acquires any wealth, to whom do he and his riches belong if not to his owner?!"

60. The Lucky Month

...הפיל פור הוא הגורל לפני המן...הוא חדש אדר.

...pur, that is, the lot, was cast before Haman...[and it fell in] the month of Adar. (3:7)

כיון שנפל פור בחודש אדר שמח שמחה גדולה אמר נפל לי פור בירח שמת בו משה ולא היה יודע שבשבעה באדר מת ובשבעה באדר נולד. (יג:)

Once Haman decided on destroying the Jewish people, he cast lots to determine which month was best suited for carrying out his plan. When the *pur* he used for this purpose pointed to the month of Adar, he was elated. Here was a month that already had a history of misfortune for the Jews. On the seventh day of that month, almost a thousand years earlier, their leader, Moshe, had died.

Even the day indicated by his lot seemed an auspicious one. The thirteenth day of Adar was within the seven-day period of intense mourning after Moshe passed away. It struck Haman as strange that Moshe's death did not occur at a fitting juncture, such as the beginning of the month. He therefore concluded that Moshe had prayed for seven days to be granted a reprieve, and that his death at the end of this period demonstrated that Jewish prayers were not accepted in Adar.

The date of Moshe's death could have been deduced by Haman from Sefer Yehoshua. But the date of Moshe's birth is nowhere recorded in Tanach and is known to us only from a Talmudic inference based on Moshe's final words, and from the Talmudic tradition that Hashem takes *tzaddikim* from the world on the same day they entered it. Haman could not have known this, and thus failed to realize that Adar was not an unlucky month for Jews.

61. The Master of Propaganda

ויאמר המן למלך אחשורוש ישנו עם אחד...ולמלך אין שוה להניחם.

Haman said to King Achashveirosh: "There is one people...and it's not worthwhile for the king to tolerate them." (3:8)

ליכא דידע לישנא בישא כהמן. (יג:)

Now that a date had been selected, Haman proceeded to gain the king's acquiescence to his genocidal plot. He resorted to his extraordinary propaganda skills to poison the mind of a reluctant king against an innocent people. The following dialogue ensued:

"Let us take action against them."

"But whoever starts up with them is punished by their God."

"By deviating from His commandments, they have forfeited His protection."

"But the rabbis among them remain pious and will pray on their behalf."

"They are all the same; they are *one people*."

Haman then went on to allay all the king's other fears regarding the implementation of his plan to wipe out an entire people. There was no need to be concerned that their elimination would create a vacuum in part of his kingdom, for they were *scattered abroad and dispersed among the peoples* in all the provinces of his kingdom. He went on to vilify them as a lazy and unproductive people who would not be missed, and as separatists who do not eat and drink together with other peoples, nor do they intermarry with them.

The master stroke of Haman's propaganda effort came in distorting the law forbidding the enjoyment of a non-Jew's wine: "If a fly falls into one of their goblets, they simply remove it and drink the wine. But if the king touches one of their goblets, they will refuse to drink the wine, pouring it out on the ground instead!"

62. A Shekel in Time

אם על המלך טוב יכתב לאבדם ועשרת אלפים ככר כסף אשקול....

If it please the king, let it be written that they be destroyed, and I will pay ten thousand talents of silver.... (3:9)

גלוי וידוע לפני מי שאמר והיה העולם שעתיד המן לשקול שקלים על ישראל לפיכך הקדים שקליהם לשקליו והיינו דתנן באחד באדר משמיעין על השקלים. (יג:)

To ward off the power of Haman's silver coins in purchasing their destruction, the Jews needed the special merit gained by contributing their own half-shekels of silver to the *Beis Hamikdash*. Each year Jews gave these coins in time to pay for the communal sacrifices brought from the month of Nissan onward. The annual proclamation urging the people to start bringing their coins was issued, however, a month beforehand—at the beginning of Adar.

Although it would seem that *Chazal* simply allowed for a month's collection, there was a deeper, Divinely ordained reason why this date was chosen to begin the shekalim season. It allowed a Jewish preoccupation with shekalim to precede and defeat Haman's shekalim offer.

But why were shekalim being collected if there was no *Beis Hamikdash*?

Sacrifices can be offered at the site of the *Beis Hamikdash*, say *Chazal*, even if the building itself has not yet been constructed. It may well be, then, that since their return to Yerushalayim in Koresh's days Jews were already offering sacrifices, and continued to do so secretly even after the royal ban on construction was announced. This attempt at secrecy would explain why, in one confrontation with Haman, Mordechai spoke of the *minchah* offering as something Jews "used to do" in the *Beis Hamikdash*.

Even if no sacrifices were offered in the year the Purim miracle took place, the Jews may have already been contributing their annual half-shekel in anticipation of the rebuilding of the *Beis Hamikdash*. It was Achashveirosh, after all, who had halted the construction authorized by his predecessor, Koresh, "...until a decree be issued by me" (Ezra 4:21). The expectation of such a decree at any moment is reflected in Achashveirosh's oft-expressed willingness to grant Esther anything but permission to rebuild the *Beis Hamikdash*.

Jews have always maintained some way of remembering the half-shekel gifts, even when no *Beis Hamikdash* existed. Today we give coins to charity before Purim in commemoration of these half-shekalim, and on the Shabbos before rosh chodesh Adar we read the chapter of the Torah regarding the mitzvah of *machatzis hashekel*. The timing of this reading corresponds to the proclamation initiating the collection in the *Beis Hamikdash*.

Proclaiming or reading in preparation for giving or remembering created the power of Jewish shekalim, which warded off the threat of Haman's shekalim.

This is remarkable not only because of the Divine timing involved but because of the sharp contrast between the amounts offered by both sides. The total amount of silver accumulated from the half-shekels of 600,000 Jews—the number age 20-60 who left Egypt, which remains the prototype for all calculations—is one hundred talents (Shemos 38:25). The half-shekel each Jew gave as a personal redemption represented only one percent of the value assigned by the Torah (fifty shekalim) to Jewish males of this age regarding Sanctuary donations. One percent is sufficient for such redemption because it is called *terumah* by the Torah and the *terumas maaser* given to the *kohanim* was only one-hundredth of the grain or fruit involved. In his attempt to outweigh this Jewish gift of silver, Haman offered Achashveirosh not merely one percent of the Jews' worth but their entire value, one hundred times as much—a total of ten thousand talents.

Thanks to Hashem's mercy Jews did not have to match Haman's financial power and were able to overcome it with a symbolic half-shekel in time.

Chapter 11
PARTNERS IN HATRED

Introduction

Amalek was the first nation to attack Israel, says Bilaam (Bemidbar 24:20) in an historical perspective on Amalek's central role in all the attacks launched against Israel. The Amalekites may thus be the great enemy of Jewry but they certainly have no monopoly on anti-Semitism. "Why is it called Mount Sinai?" Rav Kahana was asked by one of the Sages. "On this mountain," came the reply, "*sinah* [hatred] descended upon the nations of the world" (*Shabbos* 89a).

This was Heaven's way of communicating to the people who had accepted the challenge of being "a nation of *kohanim*" (Shemos 19:6) that there was no retreat from the role. They would always remain a unique nation, set apart from others and inspiring them with their example. This uniqueness and example could be achieved in one of two ways—*Sinai* or *sinah*.

The pleasant, ideal way was that of *Sinai*—following the

Torah guidelines for personal and national perfection, which would inspire the entire universe to follow suit. But if Jews balked at this responsibility and attempted to assimilate into universalistic mediocrity, there would always be some non-Jewish enemy around to remind them of their identity. That enemy's *sinah* would help the Jews fulfill their role as an example by showing what happens to a nation that abandons its God. Inevitably it would also arouse *teshuvah*, which would return Jews to *Sinai* and bring an end to *sinah*.

Amalek was the first to attack Israel and therefore he is destined to be destroyed by it (Bemidbar 24:20). Haman, the instigator of the genocidal plot against the Jewish people, was indeed destroyed, while his partner in hatred—Achash-veirosh—was permitted to continue his reign and grant power and pride to a nation returning to Sinai.

63. The Power of the Ring

ויסר המלך את טבעתו מעל ידו ויתנה להמן....

The king removed the ring from his hand and gave it to Haman.... (3:10)

גדולה הסרת טבעת יותר מארבעים ושמונה נביאים ושבע ואילו נביאות שנתנבאו להן לישראל שכולן לא החזירום למוטב הסרת טבעת החזירתן למוטב. (יד.)

All the exhortations of forty-eight prophets and seven prophetesses from the beginning of Jewish history were not as powerful in moving the Jews to *teshuvah* as the transfer of the king's ring to Haman. When news of this gesture reached them, they were inspired to fast and repent, which achieved the miracle of salvation.

But why did the transfer of the ring alarm the Jews so much more than Haman's decree itself?

Because it revealed Achashveirosh's hatred for his Jewish subjects, a hatred that may have surpassed even Haman's. Until now the Jews had reassured themselves that the king, who had never openly shown any antagonism towards them, would not be a party to Haman's genocide. The transfer of the signet, with which royal documents were sealed with irreversible finality, shattered this illusion.

The king was so anxious to sell out the Jews that not only did he demand no money of Haman, but he even gave him his ring. This brought home to them that they had a vicious enemy on the all-powerful throne. And even if the notoriously fickle Achashveirosh could be persuaded to sign and seal another decree rescinding the first, he had entrusted the signet to Haman, so no such document would be forthcoming. With their last natural hope gone, they turned to Heaven for help.

64. The Hill and the Hole

ויאמר המלך להמן הכסף נתון לך והעם לעשות בו כטוב בעיניך.

The king said to Haman: "The silver is given to you as well as the people, to do with them as you see fit." (3:11)

משל דאחשורוש והמן למה הדבר דומה לשני בני אדם לאחד היה לו תל בתוך שדהו ולאחד היה לו חריץ בתוך שדהו. בעל חריץ אמר מי יתן לי תל זה בדמים בעל התל אמר מי יתן לי חריץ זה בדמים לימים נזדווגו זה אצל זה אמר לו בעל חריץ לבעל התל מכור לי תילך אמר לו טול אותה בחנם והלואי.
(יד.)

Achashveirosh's hatred for the Jews, already signaled in the transfer of his ring to Haman, came to full expression when he informed Haman that he could keep all the money he offered and do as he wished with the people they both despised. This scene has been compared to a dialogue between a man who had a hill in his field, which obstructed his cultivation of it, and another who had the same problem with a hole in his field. Each of them longed for what was in the other's field as a solution to his own problem. One day the man with the hole offered to buy the hill from his neighbor and use it to fill his hole. The man with the hill graciously declined the offer of money and begged him to take away the hill for the sake of both of them.

Achashveirosh and Haman both hated the Jews, but for opposite reasons. To the haughty king, this wise and noble people represented a hill that threatened his own stature. To Haman they were lowly, contemptible creatures to look down upon as one would a hole in the ground.

In another sense, these two symbols represent the two classical approaches to overcoming anti-Semitism throughout the ages. The Jews who've believed that they are hated because they are different have discovered that assimilation only earns them the disrespect of those they try to imitate, who subsequently look down on them even more than before—the hole. Other efforts to win the affection of non-Jews by reminding them how much they owe the Jews, who've enriched their commerce, science, and arts, only produce an irritating hill of debts our enemies are glad to be rid of. The inevitable conclusion is that *teshuvah* is the only solution to this problem.

Chapter 12
FASTING AND ACTING

Introduction

For what other great nation has God as close to it as the Lord, our God, is whenever we call to Him?

(Devarim 4:7)

Rav Masna (11a) saw in this *pasuk* the pattern of the Megillah. Haman had reassured an anxious king that he had no cause to fear Heaven's traditional intervention on behalf of the Jews because Jewish deviation from the Torah had deprived them of Heavenly protection. He even pointed to their dispersal amongst the nations as proof of the classical anti-Jewish claim that the chosen people had been rejected and their cries for help would not be heard. It was this belief that gave Haman both the confidence to plan genocide and the power to "sell" it to the king.

This analysis of the Jew's predicament overlooked the special relationship between Hashem and His people. "Whenever we call to Him" also includes "wherever we call to Him" and guarantees that the *teshuvah* of Israel will always be accepted. It was the boundless faith in this guarantee that inspired the Jews to call to Heaven with their prayers and fasting, and that enabled them to act in the daring fashion of people who are certain they will be blessed with success.

65. A General Alarm

...והדת נתנה בשושן הבירה והמלך והמן ישבו לשתות והעיר שושן נבוכה.

...the decree was issued in the capital of Shushan. The king and Haman sat down to drink and the city of Shushan was perplexed. (3:15)

ובמשול רשע יאנח עם [משלי כט:ב] זה המן דכתיב והעיר שושן נבוכה. (יא.)

For their own political reasons, the two conspirators in this plot to destroy Jewry did not make public the contents of the genocidal letters they sent to all the provinces, designating the Jews as the target for extermination. In the capital of Shushan, where Jewish influence was concentrated, they merely confirmed reports that Haman had received authorization to destroy "one people," but they kept the identity of this people a mystery.

In the provinces there was therefore great mourning among the Jews, who had learned of this decree against them. But in Shushan there was a general alarm because all the peoples were afraid that the decree was directed towards them. Only Shlomo Hamelech's wise words, "...when the wicked rule, the people sigh" (Mishlei 29:2), accurately describe how Haman exploited his power to create a reign of terror that threatened all the people of the kingdom.

66-67. Reactions to Calamity

66.

ומרדכי ידע את כל אשר נעשה...ויזעק זעקה גדולה ומרה.

Mordechai knew all that had been done...and cried out with a loud and bitter cry. (4:1)

מאי אמר...גבה המן מאחשורוש...גבר מלכא עילאה ממלכא תתאה. (טו.)

The reactions of Mordechai and Esther to the calamity facing their people set the stage for the miracle to follow.

Mordechai was told in a dream that Haman had dispatched fatal letters and that Heaven had sanctioned his decree in order to punish the Jews for bowing to the statue of Nevuchadnetzar and participating in the banquet of Achashveirosh. Confident that this threat would stimulate the Jews to do *teshuvah*, he set himself to achieving their salvation through natural means, which Heaven would bless with success.

Aware that Haman's propaganda had persuaded the king to authorize the decree, Mordechai decided to counter it by playing on Achashveirosh's fear and vanity. His bitter outcry was therefore about how mighty Haman had become in arrogating to himself more power than the king himself, a suggestion that Achashveirosh was not really in favor of the violence Haman had proposed.

Another dimension of this outcry was the prayer Mordechai directed to Heaven. The portrayal of Haman as a haughty ruler below who dared to defy the King Above was a moving plea for Heavenly compassion. But it was also a prayer or perhaps even a prophecy, focusing on the inevitable triumph of the King Above over the murderous maneuvers of the ruler below.

67.

...ותתחלחל המלכה מאד....

...the queen was exceedingly distressed.... (4:4)

מאי ותתחלחל...שפירסה נדה. (טו.)

Esther was terribly upset by the news of Mordechai's outcry and his appearance at the king's gate in sackcloth and ashes. Her reaction to this sign of trouble for her people was so intense that she virtually melted inside, causing a physiological eruption of either menstruation or acute abdominal stress.

Despite her presence in the security and comfort of the king's palace and her long separation from the Jewish community, she had lost none of her identification with and compassion for her people. The sudden realization that her position might make her responsible for their rescue shocked her to the point where she momentarily lost control of her bodily functions.

68-69. The Mysterious Go-Between

68.

ותקרא אסתר להתך....

Esther called to Hasach.... (4:5)

התך זה דניאל ולמה נקרא שמו התך שחתכוהו מגדולתו...שכל דברי מלכות נחתכין על פיו. (טו.)

No sooner had Esther recovered from her momentary shock than she set about establishing secret communication with Mordechai in order to learn what was going on. She chose as her go-between the only Jew amongst the chamberlains of the kingdom—Daniel.

Daniel's crucial role in relaying Mordechai's request for Esther's intervention was the culmination of a long history of intervening in the political affairs of the kings of Babylon, Persia, and Medea. This was the same Daniel whose interpretations of Nevuchadnetzar's dreams won him immense prestige and power. After interpreting the handwriting on the wall for Belshatzar, he was appointed to the third-highest position in the Babylonian kingdom. His power continued in the reigns of Daryavesh the Mede and Koresh the Persian as well.

But Daniel also suffered setbacks in his brilliant political career. During the reign of Daryavesh envious ministers conspired to have him placed in a lion's den, where only a Heavenly miracle saved his life. There is also an opinion that under Achashveirosh he was reduced to a mere chamberlain.

Daniel's demotion was a punishment for counseling Nevuchadnetzar to distribute charity to the poor as a means of forestalling the Heavenly decree against the Babylonian ruler, which had been revealed in a dream. This advice gave the tyrant another twelve months of peace but brought upon his advisor, who had sought to increase his power, the poetic justice of eventually losing that power.

69.

ויגידו למרדכי את דברי אסתר.

They told Mordechai the words of Esther. (4:12)

ואילו איהו לא אזל לגביה מכאן שאין משיבין על הקלקלה. (טו.)

Esther's hesitation about going to the king on behalf of her people was conveyed to Mordechai not by the same go-between who had communicated the request, but by those in the palace who had overheard her discussion with Hasach.

But why did Hasach himself not relay the reply?

Esther's misgivings about a matter affecting the survival of her people were very bad news for Mordechai, and it is improper to be the bearer of such tidings. Although one must sometimes relay bad news for a practical purpose, the only such justification in this case would have been that Mordechai could have changed his request to a command. As one thoroughly familiar with royal court procedure, Hasach concurred with Esther's evaluation of the futility of her uninvited visit. To relay this hesitation and bring back a command would have put Esther's life in jeopardy. Hasach therefore refused to continue serving as a go-between and be forced to deliver a message with such grave consequences.

70. What Did They Do?

...לדעת מה זה ועל מה זה.

...to know what this was and why it was. (4:5)

שלחה לו שמא עברו ישראל על חמשה חומשי תורה דכתיב בהן מזה ומזה הם כתובים. (טו.)

Esther initially assumed that Mordechai's sackcloth and ashes were expressions of his mourning for a departed relative and that there was nothing to be done but offer sympathy. Once her attendants informed her that Mordechai was accepting no condolences, however, she realized that his mourning was not for some irretrievable loss but for trouble that loomed in the future. She therefore launched an effort to discover the source of this trouble and how to avert it.

Her first question to Mordechai related to the guilt of her people, who had brought this punishment upon themselves. Had they violated all the laws of the Torah, which are contained in abbreviated form in the Ten Commandments and in detail in the five *chumashim*?

The significance of her query becomes evident when she suggests to Mordechai that the Jews abstain from food and drink for three days and nights, a measure-for-measure repentance for enjoying forbidden food and drink at the banquet of Achashveirosh. Had their sins encompassed the entire Torah as she feared, a more drastic form of *teshuvah* might have been required.

71. The Supreme Sacrifice

...ובכן אבוא אל המלך אשר לא כדת וכאשר אבדתי אבדתי.

...and so I will come to the king unlawfully, and as I have suffered in the past so shall I suffer another loss. (4:16)

שלא כדת היה שבכל יום ויום עד עכשיו באונס ועכשיו ברצון וכאשר אבדתי אבדתי כשם שאבדתי מבית אבא כך אובד ממך. (טו.)

Upon hearing Mordechai's sharp, unequivocal demand that she offer herself to the king in order to rescue her nation, Esther faced a wrenching dilemma. Not only was she being ordered to do something that might result in her death and the failure to rescue her nation, but she was being asked to make the supreme sacrifice of losing Mordechai as a mate.

Until this moment each rendezvous with the king had been forced upon her under penalty of death. Hence Jewish law had not prohibited her from resuming relations with her husband. Now she was taking the initiative. Such an action on her part would be considered infidelity even if Mordechai himself had ordained it and it was the proper and heroic thing to do. Consequently, she could never again live with Mordechai.

Mordechai had once considered divorcing Esther as a way of avoiding this problem, but this plan was rejected as too dangerous because it would have required witnesses and might have exposed their relationship.

So Esther saw before her a repetition of the orphanhood she had suffered at the beginning of her life. First she had lost her parents and now she was about to lose her husband. But she was proud and prepared to make even this supreme sacrifice for the sake of her people.

72. Esther's Farsighted Fast

ויעבר מרדכי ויעש ככל אשר צותה עליו אסתר.

Mordechai passed over and did all that Esther had commanded him. (4:17)

שהעביר יום ראשון של פסח בתענית...דעבר ערקומא דמיא. (טו.)

Esther relied on Mordechai's judgment that it was the will of Heaven for her to make the supreme sacrifice and initiate an action that seemed to defy Jewish law, reason, and her personal happiness. Likewise, Mordechai had perfect faith in her judgment as to what had to be done to ensure the success of her mission.

This was no simple matter, for Esther had demanded that the first day of Pesach be included in the three-day fast. When Mordechai protested that it was forbidden to fast on that day, she sharply rebuked him: "So speaks the sage of Israel! If there are no Jews left in the world, what value do mitzvos have? If there are no Jews there is no Torah!"

Esther's insistence on fasting was based on her profound analysis of the source of the trouble facing her people. "Fast for me," she had requested, adding the seemingly redundant words "and do not eat or drink for three days" (4:15). Her message to her people was that abstinence from food and drink would atone for the forbidden food and drink they had consumed at Achashveirosh's banquet.

Esther also insisted on Mordechai gathering "all the Jews in Shushan" (4:15) to ensure that every Jew who had attended the banquet would fast in repentance. Mordechai therefore surmounted every obstacle, even a formidable body of water that stood between him and part of the Jewish populace, in order to completely fulfill her command to gather all the Jews.

73. Wearing True Royalty

ויהי ביום השלישי ותלבש אסתר מלכות....

It came to pass on the third day that Esther donned royalty.... (5:1)

בגדי מלכות מיבעי ליה...מלמד שלבשתה רוח הקודש. (טו.)

As the collective effort of fasting and repentance gained momentum, Esther prepared herself for her decisive visit to the king. Two days had already passed since Haman's fateful letters were dispatched to all parts of the kingdom and there was no time to lose.

On this third day she attired herself in more than her royal garments. Esther was now privileged to wear the true royalty of *ruach hakodesh,* of spiritual communion with Heaven.

In exile, a veil had shrouded the Jews' relationship with Hashem. Even when Heaven revealed Haman's plot to Mordechai, it was done in the form of a dream.

But this was all before Esther had called for mass *teshuvah*. The spiritual energy generated by that effort ripped away at least part of the veil and enabled Esther to achieve a near-prophetic level as she marched towards her historic mission. This was her sign from Heaven that her strategy was working and it gave her the confidence that she would succeed.

74. Why Have You Forsaken Me?

...ותעמד בחצר בית המלך הפנימית....

...and she stood in the inner court of the king's house.... (5:1)

כיון שהגיעה לבית הצלמים נסתלקה הימנה שכינה אמרה א־לי א־לי למה עזבתני שמא אתה דן על שוגג כמזיד ועל אונס כרצון או שמא על שקראתיו כלב...חזרה וקראתו אריה. (טו:)

The *ruach hakodesh* that accompanied Esther on her march to the king's chambers suddenly abandoned her when she reached his gallery of idols. Crying out, "My Lord, why have You forsaken me?" Esther pleaded to Heaven to restore her spiritual gift. How could she be punished for offering herself to the king when she was doing so against her will as part of a Heaven-sanctioned imperative to save her people? How could she be denied spiritual royalty for violating the Torah's command to avoid contact with idols if the only way to the king was via his idol trove?

Esther then searched in a different direction for where she had gone wrong. She recalled having referred to Achashveirosh as a dog when she'd prayed to Heaven to save her people. This was based on a misconception that Achashveirosh was not a real enemy of the Jews but merely a lackey of Haman in his genocidal plot. As such, it would not require a major miracle to sway the king. This underestimation of how much she depended on Heavenly aid had cost her her *ruach hakodesh*. She now realized that Achashveirosh, as conveyed by the parable of the hill and the hole, was as dangerous as Haman. She therefore referred to him as a lion and intensified her prayers for a miracle.

75. The Three Angels

ויהי כראות המלך את אסתר המלכה עמדת בחצר נשאה חן בעיניו ויושט המלך לאסתר את שרביט הזהב אשר בידו ותקרב אסתר ותגע בראש השרביט.

As the king saw Esther the queen standing in the courtyard she gained favor in his eyes and the king extended to Esther the golden scepter that was in his hand. Esther drew near and touched the tip of the scepter. (5:2)

ג' מלאכי השרת נזדמנו לה באותה שעה אחד שהגביה את צוארה ואחד שמשך חוט של חסד עליה ואחד שמתח את השרביט. (טו:)

No sooner had Esther come within view of the king than the miracles began. Halfway through her three-day fast she was hardly capable of standing erect before the king, and her hunger-induced pallor did not exactly contribute to her attractiveness. Three angels were therefore dispatched to help her overcome these obstacles.

One raised her head erect and another endowed her with a miraculous charm. But this was not enough. The extension of the golden scepter was indeed a sign that she would be pardoned for making an uninvited visit, but her right to present a request depended on her ability to touch the tip of that scepter before it was withdrawn. Since she was still quite a distance from the king, this was an impossibility. Thus, a third angel stretched the scepter until it reached Esther's fingertips.

As to how far the two-cubit scepter was miraculously elongated, opinions range from twelve cubits (in this *pasuk* the word "extended" is the twelfth word) to sixteen ("scepter" is the sixteenth word), twenty-four (the total of words in the *pasuk*), and sixty (the amount of letters till the word "scepter"). The most radical view, based only on tradition, is that the king's golden scepter stretched two hundred cubits until it reached Esther.

76. Till Half the Kingdom

ויאמר לה המלך מה לך אסתר המלכה ומה בקשתך עד חצי המלכות וינתן לך.

The king said to her: "What is your will, Queen Esther, and what is your request? Even up to half the kingdom shall be granted to you." (5:3)

חצי המלכות ולא כל המלכות ולא דבר שחוצץ למלכות ומאי ניהו בנין בית המקדש. (טו:)

The strange circumstances enabling Esther to touch the tip of the king's royal scepter convinced him that his queen had some extraordinary request to make. He therefore invited her to make her appeal, assuring her that it would be granted even if it involved a major strain on his kingdom. But he set one limit: he would not rescind the ban he had issued many years earlier on the reconstruction of the *Beis Hamikdash* in Yerushalayim. He referred to the *Beis Hamikdash* as something that is *chotzetz* (like the word *chatzi* in the *pasuk*) the kingdom. This was either a reflection on the site of the *Beis Hamikdash* in the center of the world, the spot from which earth's matter spread out at Creation, or an expression of the king's fears that the continuation of work on the *Beis Hamikdash* would drive a wedge into his kingdom. This was the same fear the enemies of Jewry had instilled in Achashveirosh years before when they wrote that Yerushalayim "...is a rebellious city and harmful to kings and provinces..." (Ezra 4:15).

Although he was not aware of Esther's Jewish identity, the king realized that Jews had great influence in his kingdom, and he thought that perhaps one of them—like Mordechai or some friends in high places—had prevailed upon the queen to make this request.

77. The Mysterious Invitation

ותאמר אסתר אם על המלך טוב יבוא המלך והמן היום אל המשתה אשר עשיתי לו.

Esther said: "If the king considers it good, let the king and Haman come today to the banquet I have arranged for him." (5:4)

מה ראתה אסתר שזימנה את המן...אשכחיה רבה בר אבוה לאליהו א"ל כמאן חזיא אסתר ועבדא הכי א"ל ככולהו תנאי וככולהו אמוראי. (טו:)

Perhaps the greatest mystery in Megillas Esther is the invitation Esther extended to Haman to join her at the banquet she had arranged for the king. Why should she request the company of the very enemy whose downfall she hoped to achieve?

Twelve different solutions are offered by *Chazal*:

1) "Let their table be a trap for them...," said David Hamelech (Tehillim 69:23). Just as Achashveirosh's banquet had turned into a fatal trap for Vashti, Esther hoped that hers would ensnare Haman. (Rabbi Eliezer)

2) "If your enemy is hungry, give him bread to eat..." (Mishlei 25:21). In her youth, Esther had overheard schoolchildren recite this wisdom, and she now decided to apply it to her people's enemy. (Rabbi Yehoshua)

3) To deny Haman the opportunity of plotting a rebellion against the king after he granted her request. (Rabbi Meir)

4) To conceal her Jewish identity. (Rabbi Yehudah)

5) To prevent her fellow Jews from praying less for their salvation because of their confidence in their sister in the palace. (Rabbi Nechemiah)

6) To ensure that Haman would be within reach if an opportunity arose to ruin the king's relations with him. (Rabbi Yose)

7) To arouse the mercy of Heaven at the sight of her

having to lower herself and flatter her enemy. (Rabbi Shimon ben Manassiya)

8) To create the impression that she had taken a fancy to Haman, thereby prompting an enraged king to kill them both. (Rabbi Yehoshua ben Karcha)

9) Lest the weak-willed Achashveirosh reverse his decision to grant her request to eliminate Haman, Haman had to be on the spot and available for execution. (Rabban Gamliel)

The final three explanations answer not only why Esther invited Haman rather than just the king himself, but why she invited only Haman and none of the other ministers.

10) To arouse against Haman the envy of Achashveirosh—who would view the inviting of just one minister as the equivalent of placing him on the same level as the king himself—and the jealousy of the other ministers, who would resent being left out. (Rabbi Eliezer Hamoda'i)

11) "Pride precedes destruction..." (Mishlei 16:18), said Shlomo Hamelech. By singling out Haman for participation in her banquet, Esther would raise him to the peak of pride, which would precipitate his fall. (Rabbah)

12) "In the heat will I set their feast..." (Yirmiyahu 52:3), said the *navi* in describing the banquet preceding the downfall of Balshatzar and the end of the Babylonian kingdom. During the siege of Babylon by the Persian and Medean forces under Koresh and Daryavesh, an invasion was repulsed by Balshatzar, who then returned with his officers to his palace to celebrate his victory. Hot and tired, they drank to excess. That very night, the mysterious handwriting appeared on the wall and Balshatzar was slain. Esther hoped that Achashveirosh would also meet his downfall through the medium of a banquet.

Even if the heat of the banquet had not actually accomplished the climax of Balshatzar's day, there was another purpose for generating it. When someone drinks heavily, he becomes either softhearted or hot-tempered. Esther therefore hoped that Achashveirosh's inebriation would move him to either spare her people or take quick and violent action against Haman when she identified him as the man who was plotting to murder her fellow Jews. (Abaye and Rava)

When asked by Rabbah bar Avuha what Esther had really had in mind, Eliyahu Hanavi replied: "Everything that was said by all the sages."

Section V

The Power of the Miracle: The Turning Point

Overview

He remembered His kindness and His faithfulness to the House of Israel; all the ends of the earth saw the salvation wrought by our God. (Tehillim 98:3)

When did all the ends of the earth see this salvation? In the days of Mordechai and Esther. (11a)

The Jewish people have enjoyed miracles throughout history. The exodus from Egypt, the parting of Yam Suf, manna in the wilderness, and all the unnatural events that enabled Moshe and Yehoshua to overcome their enemies were certainly the talk of the universe in their own day and ever after. Nevertheless, something about the Jewish deliverance in the days of Mordechai and Esther distinguishes it from all its predecessors.

The power of the Purim miracle lies in its universal visibility. All the other miracles could not have made the same impact because the danger facing Israel was not apparent to all nations, nor was the actual rescue from this danger witnessed. Achashveirosh's decree against the Jews, however, reached the ends of the earth because his kingdom encompassed the entire planet. When this decree was annulled and the Jews were granted an opportunity to survive, it was clear to all that Heaven had miraculously saved them. The first steps towards that miracle form the turning point of the Purim story.

Chapter 13
A SLEEPLESS NIGHT

Introduction

The fascinating blend of natural and miraculous events that make up the Purim story is nowhere more evident than in the sleepless night that began the turnabout of Jewish salvation.

The sleeplessness of the king can be understood in natural terms, for he is a ruler with a dilemma. Behind the scenes, however, it is the King of the universe who arises, as it were, from what appeared to be a slumber of indifference towards the fate of His people, and initiates a series of miracles to rescue them. The angels who prevent Achashveirosh from sleeping represent the first intervention of Heavenly forces in turning the tables on Haman, and they will be very active throughout that night and in the days to come.

But these angels and the miracles they perform are well disguised behind the veil of nature. This is indicated both by the name "Esther," which connotes the concealment of *Anochi haster astir* (Devarim 31:18), and by the absence of Hashem's name in the Megillah. These individual miracles could easily be mistaken for natural events. Only when viewed together does a complete picture emerge, which cries out for a unified miraculous explanation.

78. Those Who Could Not Sleep

בלילה ההוא נדדה שנת המלך....

That night the king could not sleep.... (6:1)

נדדה שנת מלכו של עולם...נדדו עליונים נדדו תחתונים...שנת המלך אחשורוש ממש נפלה ליה מילתא בדעתיה אמר מאי דקמן דזמינתיה אסתר להמן דלמא עצה הא שקלי עילויה דההוא גברא למקטליה הדר אמר אי הכי לא הוה גברא דרחים לי דהוה מודע לי הדר אמר דלמא איכא איניש דעבד בי טיבותא ולא פרעתיה משום הכי מימנעי אינשי ולא מגלו לי מיד ויאמר להביא את ספר הזכרונות דברי הימים. (טו:)

It was a sleepless night that formed the next link in the chain of miracles which would rescue Jewry from destruction. This sleeplessness is described by the word נדדה, with a double *dalet* to suggest the "movements" of sleep away from those who sought it. This plurality could refer to the sleep lost by both King Achashveirosh and, as it were, the King of the universe, who arose from His apparent inability to help His people and began to wage their battle. Another view traces the king's insomnia to the prodding of both angels above and Jews on earth. "Ingrate!" the angels berated the king throughout the night. "Show your gratitude to the one who did you a favor." This was the Heavenly response to Jewish prayers.

One final approach is to limit all the "movements" to the king himself, whose thoughts nervously moved back and forth as he took stock of the situation. "Why did Esther invite Haman to the banquet?" he asked himself. "Are they plotting together to kill me?" He rejected this idea because if such a plot were brewing, surely some good friend of his would have brought it to his attention. It then dawned on him that perhaps he had developed a reputation for not rewarding those who save him, and therefore no one was going to extend himself on his behalf. Having arrived at this conclusion, he ordered the chronicles to be brought before him so that he could see whether he did, in fact, owe anyone a favor.

79-80. The Jumping Pages

79.

ויספר להם המן את כבוד עשרו ורב בניו....

Haman recounted to them the glory of his riches and his many children.... (5:11)

רב בניו...ל' עשרה מתו ועשרה נתלו ועשרה מחזרין על הפתחים...אותן שמחזרין על הפתחים שבעים הויא...כולן מאתים ושמונה הוו. (טו:)

In describing to his wife Zeresh and his friends the anguish caused him by seeing Mordechai sitting at the king's gate, Haman pointed out that all his wealth and power could not compensate for this suffering. Included in his list of possessions were "his many sons," whose number has been variously determined as 30, 90, or 208.

The Megillah itself speaks only of the ten sons who were hanged. These sons attempted to exploit their positions of power to harm the Jewish people.

80.

...ויאמר להביא את ספר הזכרנות דברי הימים ויהיו נקראים לפני המלך.

...he said to bring the book of chronicles, the history, which should be read before the king. (6:1)

ויהיו נקראים מלמד שנקראים מאיליהן. (טו:)

As advisors to the king, Haman's sons were called upon to read him the chronicles. When they came to the record of Mordechai's rescue of the king, they skipped over it. But the pages glorifying Mordechai miraculously leaped from history book to history book until they landed in the lap of the king, where they were read by him without help or hindrance from anyone else.

81. Erasing and Rewriting

וימצא כתוב אשר הגיד מרדכי על בגתנא ותרש....

It was found recorded that Mordechai had told of Bigsan and Seresh.... (6:2)

כתב מבעי ליה מלמד ששמשי מוחק וגבריאל כותב...ומה כתב שלמטה שלזכותן של ישראל אינו נמחק כתב שלמעלה לא כל שכן. (טו:)

To prevent the king from being reminded of his debt to Mordechai, Haman's sons did not just skip over the pages describing the Bigsan and Seresh affair. They attempted censorship of the official records as well, and they were in a unique position to carry it out.

One of Haman's sons was Shimshi the royal scribe. Shimshi had quite a record as a virulent hater of Jews. It was he who had written the letter to Koresh agitating against the continued construction of the *Beis Hamikdash* and it was he who had repeated this incitement at the beginning of Achashveirosh's reign. Now Shimshi attempted to use his position to erase from the chronicles any mention of Mordechai's merits.

Once again Heaven intervened to thwart the efforts of Haman's children: the angel Gavriel was dispatched to rewrite everything Shimshi erased.

But why was this miracle necessary when Heaven could have simply prevented Shimshi from being there at that time?

This miracle was a message of hope for the Jewish people, who were afraid that their grave sin of participating in the banquet of Achashveirosh had erased all of their merits in Heaven and rendered them beyond salvation. After learning of this miracle, which saved the merits of a Jew from being erased on earth, they could draw the logical conclusion that their merits would not be erased Above.

In addition, the failure of the *pasuk* to mention Esther's role in the Bigsan and Seresh episode suggests that Gavriel was sent to rewrite the record so as to give all the credit to Mordechai.

82. Friends and Enemies

...ויאמרו נערי המלך משרתיו לא נעשה עמו דבר.

...the king's servants who ministered to him said: "Nothing has been done for him." (6:3)

לא מפני שאוהבין את מרדכי אלא מפני ששונאים את המן.
(טז.)

Miracles were paving the way for Jewish salvation but no help could be expected from either the king, whose hatred equaled Haman's, or his servants, who shared his prejudice.

Why, then, did these servants so quickly reply to the king that nothing had been done for Mordechai?

The answer lies in the nature of their response. The king asked: "What glory and grandeur were bestowed upon Mordechai for this?" Had the servants desired that Mordechai receive such royal attention, they would have replied, "No glory and grandeur were bestowed upon him," thus suggesting that he indeed deserved such favors. Instead, they stated that "nothing has been done for him," intimating that any little reward would suffice.

"Not out of love for Mordechai," say *Chazal* in explaining the motive of the king's attendants, "but out of hatred for Haman." It was only their deep resentment of the arrogant Haman that moved them to suggest giving Mordechai, his greatest enemy, some measure of reward that would annoy their common foe, Haman.

Chapter 14
PARADE OF HOPE

Introduction

If the sleepless night of Achashveirosh was the turning point of the Purim story from the perspective of history, the parade that followed was a turning point from the perspective of Jewish hopes for salvation.

One of the great enigmas of the Megillah is why it was necessary for Mordechai to enjoy this brief moment of glory and for Haman to suffer humiliation. What significance did that parade have beyond being a portent of things to come?

Jews are not entitled to Heavenly salvation, says the Gaon of Vilna, when they are in the throes of despair. Hashem is described in our thrice-daily prayer for the salvation of the righteous as "the support and hope of the *tzaddikim.*" Hashem provides them with a little support, which gives them the hope of greater deliverance, thereby making them worthy of this salvation.

Faced with the threat of Haman's decree, the Jews were on the brink of despair and ineligible for a major miracle. Hashem therefore arranged for them to see their embarrassed enemy leading their leader through the streets of the capital. This sight infused them with the hope that an even greater miracle was on the way, and rendered them worthy of its arrival.

83. His Own Hangman

...לאמר למלך לתלות את מרדכי על העץ אשר הכין לו.

...to speak to the king about hanging Mordechai on the gallows he had prepared for him. (6:4)

לו הכין. (טז.)

Upon the advice of his wife and friends, Haman had constructed a lofty gallows, fifty cubits high, upon which to hang Mordechai. All that stood between him and Mordechai's execution was the king's permission, which he set out to solicit at the conclusion of Achashveirosh's sleepless night.

It would appear that the trend toward miracles on behalf of Jewry, which had been accelerating since the beginning of that night, was set back by Haman's success in building a gallows. We are therefore informed that Heaven never for a moment intended those gallows for Mordechai, but that at the very outset Haman was unwittingly preparing them for his own execution.

As Haman readied the gallows he measured them for size by placing himself where he sought to hang Mordechai. The angel Gavriel then called out to him: "The gallows fit you well and they have been waiting for you since the six days of Creation."

84. A Grand Illusion

...ויאמר המן בלבו למי יחפץ המלך לעשות יקר יותר ממני.

...Haman thought to himself: "Who could the king wish to honor more than myself?" (6:6)

סברא הוא דלא הוה איניש דחשיב למלכא כוותיה והאי כי קא מפיש טובא ואמר אדעתיה דנפשיה קאמר. (ז.)

The Divine pattern of Jewish salvation dictated that the villains serve as the instrument of their own undoing, in the spirit of "*venahafoch hu.*" From Achashveirosh, who prevented the construction of the *Beis Hamikdash*, came forth a son, Daryavesh II, who gave permission to build it. Memuchan's counsel to execute Vashti brought to power Esther, who arranged his execution. And Haman built the gallows upon which he was to hang.

Similarly, it is Haman who will author the scenario for Mordechai's glorious ride through the city streets and his own debasement in serving as his lackey. To achieve this delicious irony, Haman's arrival at the palace is orchestrated by Heaven to coincide with the very moment of the king's discovery of his debt to Mordechai, too early for even the powerful Haman to be aware of.

Convinced that the king means to honor him, Haman becomes the victim of a grand illusion in which he pictures himself in royal attire and astride the king's own horse, being led through the streets by a humiliated Mordechai. He falls prey to his own imagination as Heaven once again uses him to prepare his own downfall.

85. A Cheap Payoff

...ועשה כן למרדכי היהודי היושב בשער המלך אל תפל דבר מכל אשר דברת.

...and do all this for Mordechai the Jew, who sits at the king's gate; let nothing fall from all you have spoken. (6:10)

אמר ליה מנו מרדכי אמר ליה היהודי אמר ליה טובא מרדכי איכא ביהודאי אמר ליה היושב בשער המלך אמר ליה סגי ליה בחד דיסקרתא אי נמי בחד נהרא אמר ליה הא נמי הב ליה אל תפל דבר מכל אשר דברת. (טז.)

Taken aback by the king's surprise command to do for his enemy Mordechai all that he had envisioned for himself, Haman sought desperately to avoid, or at least minimize, Mordechai's reward. First he feigned ignorance of which Mordechai was involved. Then he suggested that for Mordechai it was not necessary to arrange such a parade in the king's robes and on the king's horse, and that the gift of a village or the privilege of collecting tolls on a river crossing would suffice.

The king replied that Mordechai was to receive what Haman had now suggested in addition to everything he had previously proposed. This seems to be the response of someone who felt either great affection for this Jew or a great sense of indebtedness to him. Neither, however, is true. Achashveirosh hated Mordechai and the Jews and shared Haman's interest in destroying them. His failure to reward Mordechai until his sleepless night is adequate evidence of his ingratitude.

Why, then, did he insist on so much being done for Mordechai?

Achashveirosh was afraid that Mordechai might exploit the king's gratitude to request the abolition of the royal decree against his people. He therefore urged Haman to quickly pay Mordechai off in grand style so that he would no longer be able to ask another favor as a reward.

86. The Powerful Palmful

ויקח המן את הלבוש ואת הסוס....

Haman took the apparel and the horse.... (6:11)

אזל אשכחיה דיתבי רבנן קמיה ומחוי להו הלכות קמיצה לרבנן כיון דחזייה מרדכי דאפיק לקבליה וסוסיה מיחד בידיה מירתת. (טז.)

Mordechai was completely unaware of the ride being prepared for him. When he saw Haman approaching him with the horse's reins in hand, he therefore surmised that he was coming to take him away for execution. Since this was the sixteenth day of Nisan, when the *omer* was offered in the *Beis Hamikdash,* Mordechai was showing some disciples how the *kohanim* performed the difficult service of taking a palmful of flour for the *minchah* offering. He interrupted his lecture and urged his students to flee lest they be hurt by Haman. Then he began to pray.

Haman waited until Mordechai had completed his prayers before informing him of the true purpose of his arrival. Out of curiosity Haman asked him what topic he was discussing with his disciples, for he sensed that there was a connection between their Torah study and the strange turn in his fortunes. Mordechai explained the concept of the *minchah* offering in the *Beis Hamikdash* and the palmful of flour consumed on the altar as an atonement.

"Your palmful of flour," cried Haman, "has overcome my ten thousand talents of silver!"

Haman had been certain until this point that the silver he had offered the king as an inducement to destroy the Jews had been well invested. The Jew-hating king had graciously informed Haman that he could do with both the Jews and his money as he wished. Recalling that Nevuchadnetzar had once forestalled a Heavenly decree against him by contributing money to the needy, Haman likewise distributed the silver rejected by the king, hoping to curry the same Divine favor. It was therefore a mystery to him why his charity had not helped him.

"Wicked fellow," said Mordechai in resolving his dilemma, "if a slave acquires property, to whom do he and his acquisitions belong if not to his master?"

Since Haman was Mordechai's slave, all the money he had given to the poor was really to the credit of his master.

87. The Royal Barber

...וילבש את מרדכי וירכיבהו ברחוב העיר....

...and arrayed Mordechai and led him on horseback through the streets of the city.... (6:11)

אמר ליה קום לבוש הני מאני ורכוב האי סוסיא דבעי לך מלכא. (טז.)

Once Mordechai had been informed that it was not execution which awaited him but a parade, he realized that this was a sign from Heaven that the tables were being turned and that his riding through the city, led by Haman, would instill in all his fasting and praying brothers the confidence that Hashem was going to save them from Haman's genocidal plot. He therefore set out to make Haman's discomfort as complete as possible in order to symbolize his imminent downfall.

"I cannot put on the clothes you have brought me," he said to Haman, "until I go to the bathhouse and have my hair cut, for it is improper to don royal robes without such preparation."

Working in concert with Mordechai, Esther had ordered all bathers and barbers confined for the day. Since Mordechai insisted that respect for the royal raiment demanded that the job be done by a professional, ex-barber Haman was forced to bathe and barber his Jewish enemy. But as he cut Mordechai's hair he could not suppress a disconsolate sigh. Asked to explain his groan, Haman bitterly exclaimed: "A man who was respected by the king above all ministers has been reduced to a bather and barber!"

Just as Mordechai had always deflated Haman's self-importance concerning his wealth by reminding him that he had sold himself into slavery for a loaf of bread, he now cut him down to size in regard to his delusions of dignity. Aware that Haman had served for twenty-two years as the barber of Kfar Kartzum, Mordechai reminded him that barbering was hardly foreign to his nature.

The haircut over, Haman asked Mordechai to mount the horse. Weak from his three-day fast, Mordechai insisted that he needed Haman to boost him in this effort. As he climbed on Haman's back he gave him a good kick.

"Don't you Jews subscribe to the passage [Mishlei 24:17] 'Don't rejoice in the fall of your enemies...'?" asked Haman ruefully.

"Only in regard to our fellow Jews," Mordechai corrected him. "But as for our enemies, we have been promised [Devarim 33:29] '...you shall tread upon their high places.' "

88. Dame of the Chamber Pot

...ויקרא לפניו ככה יעשה לאיש אשר המלך חפץ ביקרו.

...and he proclaimed before him: "Thus shall be done for the man whom the king wishes to honor." (6:11)

כי הוה נקיט ואזיל בשבילא דבי המן חזיתיה ברתיה דקיימא אאיגרא סברה האי דרכיב אבוה והאי דמסגי קמיה מרדכי.
(טז.)

This strange parade of one man in royal attire atop a royal steed, being led by another proclaiming that the rider was being honored by the king, created great excitement throughout the city. On the streets where Jews lived it was recognized as a Heavenly message of hope. On the street where Haman lived it created a bizarre climax to Haman's day of misfortune.

Haman's daughter looked down from the roof of her home at the strange procession and assumed that it was her father who was being honored and that his Jewish enemy was leading the horse. It was this daughter whom Haman had hoped to make queen after he succeeded in slaying Vashti. She was eliminated from the competition, however, by a Heaven-sent case of diarrhea, which forced her to carry a chamber pot with her at all times. She particularly resented Mordechai because it was his ward, Esther, who had won the crown she and her father had so desired. As she looked down upon the spectacle, it occurred to her that hurling a full chamber pot upon her father's enemy would be a fitting way to show her contempt for him and his people.

89. In Opposite Directions

וישב מרדכי אל שער המלך והמן נדחף אל ביתו אבל וחפוי ראש.

Mordechai returned to the king's gate and Haman mournfully hurried home, his head covered with shame. (6:12)

שקלה עציצא דבית הכסא ושדיתיה ארישא דאבוה דלי עיניה וחזת דאבוה הוא נפלה מאיגרא לארעא ומתה והיינו דכתיב וישב מרדכי אל שער המלך...ששב לשקו ולתעניתו והמן נדחף אל ביתו אבל וחפוי ראש אבל על בתו וחפוי ראש על שאירע לו. (טז.)

The chamber pot and its contents reached their target. It was only after a sopping Haman looked up to see who had attacked him from his own home that his daughter realized her error. Seized with panic at the thought of her offense, she flung herself from the roof to her death.

As the parade came to its conclusion, its two participants went in different directions. Mordechai returned to his sackcloth and fasting in order to continue leading his people's prayers and repentance. Despite his moment in the limelight, he was not deluded for an instant into thinking that he could rely on the king's gratitude as the source of his people's deliverance. It did not escape Mordechai that the king had arranged so glorious a parade only to settle his accounts, and that the Jews' only hope was their Father in Heaven.

Haman returned home mournful and covered with shame. Gone was the daughter he'd hoped to make a queen, thereby reaching the pinnacle of his political career. And all she'd left behind were the putrid contents of her chamber pot, which now plastered his head.

It was in this terrible state of mind and body that Haman convened his council of advisors.

Chapter 15
HAMAN'S END

Introduction

Or did the Lord ever attempt to come and take any nation out from amidst another nation...?
(Devarim 4:34)

The parallel between the miracles of exodus from Egypt and deliverance from Haman is expressed in this Torah passage, which refers to the Divine pattern of visiting upon an oppressor nation the fate it had intended for Israel.

Yisro recognized Hashem's total mastery of the world when He punished the Egyptians "...with that which they had plotted against them [Israel]" (Shemos 18:11), i.e., the Egyptians cast Jewish children into the waters of the Nile, and they themselves were drowned in the waters of Yam Suf.

Similarly, Haman plotted to hang Mordechai and destroy his people through a royal decree. It was on the very gallows he had prepared for Mordechai that Haman was hung, and it was that very royal decree which enabled the Jews to destroy Haman's cohorts.

The finishing touch of this boomerang pattern is the fact that it was the son of Achashveirosh who finally undid that wicked ruler's efforts to block the rebuilding of the *Beis Hamikdash*.

90-91. Wise Men and Invincible Jews

ויספר המן לזרש אשתו ולכל אהביו...ויאמרו לו חכמיו וזרש אשתו אם מזרע היהודים מרדכי...לא תוכל לו....

Haman recounted to his wife Zeresh and all his friends…and his wise men and his wife Zeresh said to him: "If Mordechai…is of Jewish descent, you shall not prevail against him…." (6:13)

90.

קרי להו אוהביו וקרי להו חכמיו...כל האומר דבר חכמה אפילו באומות העולם נקרא חכם. (טז.)

Haman's advisors are in one *pasuk* referred to as both his friends and his wise men. They deserved the latter title because the counsel they offered Haman was based on words of Torah and even a non-Jew who bases his thoughts upon this lofty source can justly be described as a wise man.

91.

אמרו ליה אי משאר שבטים קאתי יכלת ליה ואי משבט יהודה ובנימין ואפרים ומנשה לא יכלת ליה. (טז.)

These very same advisors had initially encouraged Haman to build a gallows for Mordechai and to request royal permission to hang him. Why were they now voicing such pessimism about the chances of vanquishing him?

Mordechai's Jewish identity was well known but there was no certainty about which tribe he was descended from. The advisors first assumed that he was from one of the tribes that had not been promised Divine protection against its enemies. Now that they saw the trend of Haman's setbacks, however, they began to suspect that Mordechai might belong to the tribe of Yehudah, Menasheh, Ephraim, or Binyamin, each of which had been granted invincibility in its encounters with its enemies. The suspicions of these wise men were well grounded, for Mordechai was indeed a member of the tribe of Binyamin and had earned the title *Yehudi* because of his readiness to die rather than embrace idolatry.

92. Dust and Stars

...כי נפול תפול לפניו.

...for you shall surely fall before him. (6:13)

שתי נפילות הללו למה...אומה זו משולה לעפר ומשולה לכוכבים
כשהן יורדין יורדין עד עפר וכשהן עולין עולין עד לכוכבים. (טז.)

In warning of Mordechai's invincibility, Haman's wise advisors observe that the Torah compares the Jews to both the dust of the earth and the stars in the skies. This imagery depicts the radically fluctuating fortunes of this people.

Sometimes they fall so low that anyone can tread upon them like dust. Haman, who was actually Mordechai's slave, gained almost total control over his master. But when they bounce back the Jews soar to the stars, beyond the reach of their enemies, just as Mordechai rebounded from being a man condemned to the gallows and became prime minister.

But this symbolism offers more than a graph of falling

and rising fortunes. It also illuminates the Providential protection that charts the Jewish people's historic course. Since their fall is only a Divine catalyst of repentance, it is inevitable that once the Jews reach their nadir of dust they will immediately rebound to their apex of stardom.

The wise men advising Haman thus provided him with a lesson in Jewish history, which spelled his doom.

93. A Rush Job

...ויבהלו להביא את המן....

...and rushed to bring Haman.... (6:14)

מלמד שהביאוהו בבהלה. (טז.)

Even before his advisors had completed their counsel, the king's attendants arrived to rush Haman off to Esther's second banquet. He departed his home in a flurry of panic for a number of reasons.

First of all, he still had not had the opportunity to properly wash himself and he reeked of the contents of his daughter's chamber pot. He was terrified of appearing before the king and queen in such an undignified state.

Then, too, he began to suspect that his invitations to both of Esther's banquets were not tributes to his prestige, as he had hitherto assumed, but rather some secret strategy of hers to ruin the enemy of her guardian, Mordechai.

On top of all this, his advisors' conclusive warning echoed in his ears. With so formidable an adversary as Mordechai, they had pointed out, it would be counterproductive to continue coming before the king and arrogantly demanding his execution. Haman's only hope of survival was to approach the king with humility and fear, and it was in that frame of mind that he was rushed to the banquet.

94. Exposing a Traitor

...אין הצר שוה בנזק המלך.

...the adversary is not worth the damage he causes the king. (7:4)

אמרה לו...איקני בה בושתי וקטלה השתא איקני בדידי ומבעי למקטלי. (טז.)

The moment of truth had arrived. After three days of fasting and prayers by all the Jews in Shushan, Esther was set to reveal her identity and plead for her people. With all her faith that Heaven would bless her mission with success, she realized that she had to do her utmost to succeed by natural means. She therefore phrased her plea to counteract the argument presented by Haman when he convinced the king to sanction the destruction of Jewry.

"It is not worthwhile for the king to tolerate them" (3:8) is how Haman climaxed his propaganda onslaught against the Jews, so it was now necessary to show that it was he who was not concerned with the welfare of the king. Esther introduced this idea by pointing out that she would have remained silent had her people been sold into slavery and thus benefited the royal treasury. Then she moved in for the verbal kill.

Not only was Haman's genocidal plan a waste of resources that could have brought revenue to the crown, but it was also a direct attack on what was most precious to the king—his queen. In his ambition to marry off his own daughter to the king, Haman had incited Achashveirosh to execute Vashti, and now he was planning to do the same to the present queen as part of the people he had been authorized to destroy. This was certainly a demythification of any patriotism Haman had exhibited in his propaganda.

95. Esther Reveals Herself

ויאמר המלך אחשורוש ויאמר לאסתר המלכה....

King Achashveirosh spoke and then said to Esther the queen.... (7:5)

ויאמר ויאמר למה לי...בתחילה על ידי תורגמן כיון דאמרה ליה בת מלכים אנא מדבית שאול קאתינא מיד ויאמר לאסתר המלכה. (ט"ז.)

Esther's revelation of her identity was more than just an effort to expose Haman as an enemy of the king who was out to kill his second queen. It was also a calculated attempt to gain the king's respect for her own regal roots as the descendant of Shaul Hamelech.

Not only would this add weight to her plea for personal consideration, but it would suggest a pattern to Haman's career of queen slaying. Both Esther and Vashti were of royal blood, while Haman's candidate for queen was nothing more than the daughter of an ex-barber. By stressing her royal lineage, Esther was subtly reinforcing her portrait of Haman as a plotter who wished to eliminate anyone of royal blood who stood in the way of his becoming the king's father-in-law.

Achashveirosh's reaction to this revelation was immediate. Whereas he had hitherto refrained from addressing Esther in the special form of communication reserved for royalty—and had conversed with her only through an interpreter—he now spoke directly to her, as befitting both a queen descended from kings and the ward of a member of the Sanhedrin, who was familiar with all languages.

96. Pointing a Finger

ותאמר אסתר איש צר ואויב המן הרע הזה....

Esther said: "An adversary and an enemy: this wicked Haman!" (7:6)

מלמד שהיתה מחווה כלפי אחשורוש ובא מלאך וסטר ידה כלפי המן. (טז.)

Challenged by Achashveirosh to specify the man who threatened her and her people, Esther was tempted to include the king in her indictment, for he had promoted Haman and enthusiastically endorsed his plan to destroy a people they both hated. Her reason, however, convinced her that this would be counterproductive at a time when she was dependent on the king's good graces.

Esther therefore decided to point to the king and indicate that he was the prime target of Haman's enmity, thus punctuating what she had just exposed about that villain's ambitions. This gesture in the king's direction might, however, have been interpreted by a guilt-ridden Achashveirosh as the accusation she had initially been tempted to level against him. Consequently, an angel was dispatched to direct Esther's hand toward Haman and confine her attack to him.

97. An Angelic Woodcutter

והמלך קם בחמתו ממשתה היין....והמלך שב מגנת הביתן אל בית משתה היין....

The king rose in his wrath from the banquet of wine.... The king returned from the palace garden to the banquet of wine.... (7:7-8)

מקיש שיבה לקימה מה קימה בחימה אף שיבה בחימה דאזל ואשכח למלאכי השרת דאידמו ליה כגברי וקא עקרי לאילני דבוסתני ואמר להו מאי עובדייכו אמרו ליה דפקדינן המן.
(טז.)

Victory seemed so close. The king was furious at Haman, who now saw no other way out of his predicament but to beg the queen for forgiveness. But before he took any decisive action, Achashveirosh decided to cool off by taking a walk in his garden.

For a moment it seemed that Haman might still escape the trap that Esther, with so much help from Heaven, had set for him. The fickle king might forget the anger of the moment and retain his high opinion of Haman.

But Heaven arranged a few more miracles for the coup de grace. Angels disguised as humans were dispatched to cut down trees in the beautiful royal garden. When Achashveirosh challenged them, they explained that they were acting under orders from Haman.

Not only did Haman's apparent respite miraculously rekindle the king's anger, but it provided another platform for Divine poetic justice. Just as Haman had slanderously portrayed the Jewish people as enemies of the king, he now became the victim of angelic slander calculated to reinforce Esther's accusation that he was a sworn enemy of the king.

98-99. Haman's Last Stand

...והמן נפל על המטה אשר אסתר עליה ויאמר המלך הגם לכבוש את המלכה עמי בבית....

...and Haman was fallen upon the couch that Esther occupied. The king said: "Will he even force the queen before me in the palace?" (7:8)

98.

נופל נפל מיבעי ליה...מלמד שבא מלאך והפילו עליה. (טז.)

Furious over Haman's insolence in ordering his men to wreak havoc in the royal garden, the king returned to the palace to demand an explanation. At that very moment Haman, who was pleading with the queen for his life, was pushed by an angel on to her couch, creating the impression that he was making advances toward her.

99.

אמר ויי מביתא ויי מברא. (טז.)

This was too much to tolerate as far as the king was concerned and he angrily exclaimed: "Woe to me outside, woe to me inside!"

Not only had Haman confirmed Esther's accusation through the rebellious scene in the garden, but here he was attempting to seize the queen while the king himself was in the palace! Achashveirosh was now prepared to accept everything that Esther had said about Haman and to condemn him to death. All that was still missing was a convenient instrument for a summary execution.

100. Unforgettable Charvonah

ויאמר חרבונה...גם הנה העץ אשר עשה המן למרדכי...עמד בבית המן גבה חמשים אמה....

Charvonah...said, "Behold also the gallows that Haman made for Mordechai...standing in Haman's house, fifty cubits high." (7:9)

אף חרבונה רשע באותה עצה היה כיון שראה שלא נתקיימה עצתו מיד ברח. (טז.)

Charvonah, one of the king's attendants, supplied the finishing touch by reporting that in Haman's house a fifty-cubit-high gallows had been prepared for hanging Mordechai.

This final bit of information served a crucial threefold purpose. "Also the gallows..." offered additional proof that Haman had ordered the chopping down of royal trees, for where else but in the king's garden could he have acquired a tree of that height? It also vindicated Esther's accusations about Haman's disloyalty by showing that he was planning to hang someone who had saved the king's life. Finally, it provided the perfect opportunity for the king to order the hanging of Haman—on the gallows he had prepared for Mordechai.

But Charvonah was no man of virtue. He was, in fact, one of Haman's accomplices in arranging the gallows; hence his familiarity with its exact location and height. When he saw that their plot was doomed, he opted for the course traditionally taken by the henchmen of the wicked when they suffer a Heaven-sent downfall—he deserted. Immediately after betraying Haman he disappeared.

His name, however, is still mentioned by Jews every year in the Purim song "*Shoshanas Yaakov,*" which concludes with the words *vegam Charvonah zachur latov.* Charvonah's brief appearance is thus gratefully remembered, especially the *vegam* with which he connected Haman's gallows with the garden incident, thereby sealing his doom.

101. Two Angers Calmed

...וחמת המלך שככה.

...and the king's wrath was calmed. (7:10)

שתי שכיכות הללו למה אחת של מלכו של עולם ואחת של אחשורוש ואמרי לה אחת של אסתר ואחת של ושתי.
(ט"ז.)

The hanging of Haman calmed two wraths, as indicated by the extra letter used in the word describing the subsiding of his fury. One view of the two angers deals with the trouble Haman made from two perspectives. On a superficial level it was the Haman-incited anger of Achashveirosh that brought about the genocidal decree. On a deeper level it was not the anger of this mortal king but that of the Hamelech of the universe which enabled Haman and Achashveirosh to penalize the Jews for bowing down to Nevuchadnetzar's statue and participating in Achashveirosh's banquet.

The death of Haman marked the abatement of this Divine wrath, which had achieved its purpose in arousing the Jews to *teshuvah*. From this moment on, Heaven smiled upon them. It also marked the end of Achashveirosh's anger towards the Jews, which was almost translated into mass murder. With the Divine objective accomplished, the king's hatred for his Jewish subjects could revert to its former harmlessness.

Another view of the two angers confines both of them to Achashveirosh, who never forgot his first queen and bore a residual grudge towards the man who had incited him to execute her. Haman's death therefore soothed not only his present anger concerning the attack on Esther, but his past anger regarding Vashti.

Section VI

The Power of the Miracle: Victory and Celebration

Overview

You placed a man upon our head; we went through fire and water but You brought us out into abundance. (Tehillim 66:12)

Fire refers to the days of Nevuchadnetzar, water to the days of Pharaoh, and being brought out into abundance to the days of Haman. (11a)

Each exile has its miracle. The Babylonian fire that destroyed the *Beis Hamikdash* was an instrument for the miraculous rescue of Chananyah, Mishael, and Azariyah, who defied Nevuchadnetzar's order to bow to his statue. The Egyptian water in which Jewish children were drowned in turn drowned their oppressors at Yam Suf.

The days of Haman, both their dread beginning and their happy end, are characterized by neither fire nor water, but by an overflowing cup of wine. It was Jewish indulgence in the wine of Achashveirosh's banquet that brought upon them the decree of Haman, and it was through the wine of Esther's banquet that the miracle of redemption put an end to his threat.

The abundance of wine and its effect on its drinkers—from Jewish sin to the drunken execution of a wicked queen and finally the triumph of her righteous successor—serves as the connecting thread in the tapestry of miracles that make up the Megillah. It is therefore incumbent upon Jews to drink in abundance on Purim—as contrary as intoxication is to Jewish nature and tradition—so that they will better appreciate the interrelation of all the events that combined to make the Purim miracle.

Abundance is also the theme of the Purim feast. Not only does this physical celebration express our gratitude at being rescued from a physical threat; it also atones for the sinful indulgence of Achashveirosh's feast, as did the three-day fast initiated by Esther was in her own day.

But being "brought into abundance" goes beyond eating and drinking. It includes the reclamation of Jewish property from those who intended to appropriate it for themselves by virtue of Haman's decree, and who in turn found their own property vulnerable to Jewish acquisition. And it encompasses the transfer of Haman's awesome power and wealth to Mordechai, whose prestige developed into a symbol of Jewish survival and the instrument of the Jewish people's continued prosperity.

Chapter 16
JEWISH JOY

Introduction

Joy is a natural response to liberation. But Jewish joy transcends the here and now of a reprieve from physical destruction.

It sees the roots of both the danger and the deliverance in events that transpired years and even centuries earlier. If Haman's decree can be traced back to the sin of bowing to Nevuchadnetzar's statue and drinking Achashveirosh's wine, then the role of Mordechai as the agent of deliverance can already be sensed in the gift his ancestor Binyamin receives from his brother Yosef.

So, too, in regard to the dimensions of danger and deliverance. Preceding the threat to the Jews' physical survival was a reign of terror that prevented them from fulfilling those Divine commandments which expressed their special relationship with Hashem. Their joy upon deliverance was therefore immeasurably magnified by both the privilege of an unhindered return to those mitzvos and the new level of holiness the Jewish people attained by reaccepting the Torah out of love.

102. The Destination of Wealth

...ותשם אסתר את מרדכי על בית המן.

...Esther placed Mordechai in charge of the House of Haman. (8:2)

לאדם שטוב לפניו נתן חכמה ודעת ושמחה זה מרדכי הצדיק ולחוטא נתן ענין לאסוף ולכנוס זה המן לתת לטוב לפני האלקים זה מרדכי ואסתר. (י:)

With Haman out of the way and Mordechai now in charge of his vast wealth, it was possible to gain a proper perspective on how the Divine hand had engineered everything from the beginning of the Purim story to the end. Heaven had given the righteous Mordechai the wisdom to refrain from judging Vashti and risking the inevitable anger of a fickle king, and had endowed him with the understanding of languages that enabled him to save the king's life.

The sinner Haman, on the other hand, was Divinely encouraged to take the initiative in calling for Vashti's death because of his desire to increase his wealth by putting his own daughter on the throne. This initiative, of course, led to Esther becoming queen and eventually exploiting Haman's role in Vashti's judgment to bring about his death and the transfer of all his wealth to Mordechai.

Nine years of history are thus woven together in a miraculous tapestry that Shlomo Hamelech described in Koheles 2:26 as the pattern of Heavenly intervention:

"To the man who is good before Him, He gave wisdom and understanding" refers to Mordechai, while "and the sinner He encouraged to gather and accumulate wealth" describes Haman's ambitious building of a fortune. The final destination of this wealth is determined by "to give to the one who is good before God," which in this case means that Haman's entire estate was transferred by Esther to Mordechai.

103. The Fulfillment of a Prophecy

ומרדכי יצא מלפני המלך בלבוש מלכות תכלת וחור ועטרת זהב גדולה ותכריך בוץ וארגמן....

And Mordechai went forth from the king's presence with royal apparel.... (8:15)

לכלם נתן לאיש חליפות שמלות ולבנימין נתן...חמש חליפות [בראשית מה:כב] אפשר דבר שנצטער בו אותו צדיק יכשל בו...רמז לו שעתיד בן לצאת ממנו שיצא מלפני המלך בחמשה לבושי מלכות. (טז.)

Mordechai's miraculous rise to power, as symbolized by the five royal garments he wore as he left the king, was predicted long ago by Yosef at the time of his revelation to his brothers. His gift of one suit of clothes to each of his brothers and five suits to his brother Binyamin seems surprising for one who suffered so much from fraternal envy when his father, Yaakov, singled him out with a special striped coat. The only explanation, then, is that the five suits given to Binyamin were no more valuable than any single suit given to the other brothers. The reason for dividing Binyamin's gift into five garments was to subtly communicate to him that his descendant, Mordechai, would be dressed in five garments of glory.

The parallel between the two sons of Rachel, Yosef and Binyamin, is striking. Yosef reached the pinnacle of power, second only to the king, in Egypt and Binyamin's descendant achieved the same in the Persian-Medean empire. There may be even deeper significance in Yosef's symbolic message to Mordechai's ancestor. Yosef realized that awarding him a special garment was his father's way of placing the mantle of leadership upon him. Although this gesture aroused envy and led to his being sold into slavery, the end result was that he fulfilled his leadership role despite, and even because of, his brothers. Mordechai, too, was destined for leadership when he alone defied Haman and refused to bow to him and his idols. For this courage, he came under criticism from his own people, who saw him as the inciter of Haman and the root of their trouble. Having lived through the censure of his brothers and having seen the vindication of his father's selection of him for the responsibility of leadership, Yosef communicated to Mordechai—through his ancestor Binyamin—that he, too, would hold an important position of leadership which would benefit the very brothers who had initially criticized him.

104. A Cause for Joy

...והעיר שושן צהלה ושמחה.

...and the city of Shushan sparkled and was joyful.
(8:15)

ברבות צדיקים ישמח העם [משלי כט:ב] זה מרדכי ואסתר
דכתיב והעיר שושן צהלה ושמחה. (יא.)

The sight of Mordechai in his regal attire brought joy to all the Jews of Shushan. Only a few days ago the capital had been panic-stricken by the vagueness of Haman's decree, which allowed each resident to speculate that it was his nation which had been targeted for destruction. Now, with the downfall of Haman, there was a sense of relief among all the people of Shushan, especially the Jews, who now realized that they had been the tyrant's target.

"The nation," said Shlomo Hamelech in Mishlei (29:2), referring to the nation of Israel, "rejoices with the increase of the righteous...," an allusion to Mordechai and Esther. The increase he spoke of had two dimensions. One was the numerical superiority of the righteous Jews, the camp of Mordechai and Esther, over the sinful ones, an edge that entitled them to Heavenly deliverance. The other was the increase in Mordechai and Esther's prestige and power, which spelled security for Jewry and brought them joy.

105. Spiritual Liberation

ליהודים היתה אורה ושמחה וששון ויקר.

The Jews had light and gladness, joy and honor.
(8:16)

אורה זו תורה...שמחה זה יום טוב...ששון זו מילה ויקר אלו תפלין. (טז:)

The joy of the Jews in Shushan and throughout the kingdom stemmed not only from their physical salvation, as symbolized by Haman's hanging and Mordechai's rise to power. They were particularly delighted by the opportunity to freely practice the mitzvos of Torah study, holiday observance, circumcision, and tefillin, which had been outlawed by the anti-Semitic decrees that preceded Haman's plans for a final solution.

But why did Haman single out these particular mitzvos for suppression?

The common denominator of all four is that they are described in the Torah as either *eidus* or an *os*. Fulfillment of any of these mitzvos therefore means more than obeying a Divine command. It means testifying to the special relationship between God and the Jewish people. It was this uniqueness that especially disturbed Haman and reinforced his contempt for Mordechai, whose stubborn dedication to that uniqueness prevented him from bowing to the king's appointee.

The Jewish people's joy came not only from their renewed fulfillment of these mitzvos, but from the new opportunities that arose as a result of their miraculous rescue. The Torah was reaccepted, this time out of love—not coercion. The mourning that had surrounded the genocidal decree was transformed into the celebration of a new holiday. The large number of non-Jews who converted to Judaism amid the surge in Jewish power required circumcision. And tefillin's role as the ultimate expression of Jewish power—"All the nations of the earth will see that the Name of Hashem—[the tefillin worn on the head] is called upon you and they will fear you" (Devarim 28:10)—was vindicated by the nations' fear of Mordechai.

Chapter 17
VICTORY

Introduction

And I shall place My throne in Eilam and I shall destroy there a ruler and princes, says Hashem.

(Yirmiyahu 49:38)

A ruler—this refers to Vashti; princes—Haman and his ten sons. (11a)

The sons of Haman are mentioned in the same prophetic passage as Vashti because there is a parallel in their evil. Vashti urged her husband not to allow the Jews to rebuild the *Beis Hamikdash*, which her great-grandfather had destroyed. Haman's sons perpetuated the implacable hatred of their Amalekite ancestors by writing a letter of incitement against such a restoration.

But it is in regard to their fate that these enemies form a truly striking pattern. The seeds of the Purim miracle lie in the death of Vashti, which allows for Esther to succeed her and for a score to eventually be settled with the villain who urged her execution. If it begins with this queen, the miracle ends with the hanging of the ten princes who personified, together with their father, the eternal war of Amalek against Hashem and His people.

106-107. The Ten Sons of Haman

ואת פרשנדתא...ואת ויזתא. עשרת בני המן....

And Parshandasa...and Vayzasa. The ten sons of Haman.... (9:7-10)

106.

עשרת בני המן ועשרת צריך למימרינהו בנשימה אחת מאי טעמא כולהו בהדי הדדי נפקו נשמתייהו. (טז:)

The turning of the tables that began eleven months earlier with the hanging of Haman climaxed with the Jewish military action against those who attempted to implement the original genocidal plan. On the thirteenth day of Adar, the day designated by Haman for destroying the Jews, the resurgent Jewish people killed five hundred of their enemies in Shushan alone. They also slew the ten sons of Haman.

These ten sons played a prominent role in all the anti-Jewish acts of their generation. It was they who wrote a letter to Achashveirosh at the beginning of his reign agitating against the reconstruction of the *Beis Hamikdash*. And on that sleepless night, it was they, too, as advisors to the king, who attempted to keep from him the account of how Mordechai saved his life.

Since their lives were characterized by a united effort to

express words of hatred, it was fitting that their deaths took place in the space of a single breath. To recall this miraculous and fitting destruction of our enemies, we are required to read, when fulfilling the mitzvah of reading the Megillah, all ten names and the word "ten" following them in one breath.

107.

ויו דויזתא צריך למימתחה בזקיפא כמורדיא דלברות מאי טעמא דכולהו בחד זקיפא אזדקיפו. (טז:)

As the archenemies of Jewry, it was not sufficient for Haman's ten sons to just be slain, even in so miraculously simultaneous a fashion. An example had to be made of them. Therefore, Esther begged the king to order them hanged on the same gallows as their father. The extraordinary height of this gallows, which Haman had chosen to make sure that Mordechai's execution would be seen by everyone for miles around, now provided just enough room for hanging Haman and his ten sons.

This was truly a remarkable victory for the Jews. Haman and his ten sons, once the most powerful people in the kingdom, were now strung up in one vertical line, from Vayzasa on top to Parshandasa on the bottom. To recall this coup, we are required to elongate the first letter of Vayzasa's name so that it resembles a large pole, thereby graphically conveying this historic scene of a long line of prominent Jewish enemies hanging from the same gallows.

108. An Angelic Rebuke

ויאמר המלך לאסתר המלכה...הרגו היהודים ואבד חמש מאות איש...בשאר מדינות המלך מה עשו ומה שאלתך....

The king said to Queen Esther...: "The Jews have killed and destroyed five hundred people...; what have they done in the rest of the king's provinces...and what more do you request...?" (9:12)

מלמד שבא מלאך וסטרו על פיו. (טז:)

It was not easy for a Jew-hater like the king to learn how many of his citizens and former advisors had been slain by the Jews in his capital. His dissatisfaction was evident when he spelled out for Esther exactly how many casualties there were in Shushan and asked how many more there were in the other provinces. His tone and words expressed regret that so many had to be victims of the Jews.

As his latent hatred of Jews surfaced, Achashveirosh might well have refused to allow the killing of Jewish enemies to continue. But an angel came along and slapped him across the mouth. Quickly deducing that Heaven would not tolerate his speaking to Esther with such anger, the king hastily changed his tone and said to her: "What is your request and it shall be granted...?"

109. A Pure Victory

ובבזה לא שלחו את ידם.

...but they did not lay a hand on the spoils. (9:16)

רבי יוסי בן דורמסקית אומר אסתר ברוח הקודש נאמרה שנאמר ובבזה לא שלחו את ידם...והא דרבי יוסי בן דורמסקית דלמא פריסתקי שדור. (ז.)

When the king permitted the Jews to slay their enemies throughout the kingdom (8:11), they were also given the right to confiscate the property of their would-be murderers. Nevertheless, they took no spoils. This remarkable self-control was stressed in Mordechai and Esther's report to the king.

How did they know what had transpired in the remotest parts of the kingdom? Either *ruach hakodesh* revealed this secret to them, or all the Jews in faraway places sent them messengers.

But why was it so important for Jews to avoid taking spoils?

Aware of the king's attitude towards them, the Jews—under the guidance of Mordechai and Esther—restricted their fighting to self-defense. Otherwise they might have seemed motivated by financial gain rather than survival, which would have made them vulnerable to condemnation for shedding so much blood. Confiscating the property of their enemies would also have provided them with a wealth that the Jew-hating king would certainly begrudge them.

They therefore made certain not to "lay a hand on the spoils."

Chapter 18
CELEBRATION

Introduction

When and how to celebrate the Purim miracle presented a challenge to the Sages who decreed Purim a holiday. Should the day of triumph in battle be remembered, or the day of rest following it? Should all Jews celebrate on the same day, as is the case in all other holidays, or should there be a distinction between cities to mark the difference in the plights faced by the residents of Shushan and those elsewhere?

Many questions arose as well in regard to the form of celebration. Should there be a ban on work, which characterizes all holidays? Should fasting be permissible on the day of celebration? What else should be done aside from reading the Megillah and feasting?

What emerged from the resolution of all these questions was a holiday truly unique in both date and form. When it is Purim in one place it is not in another. Furthermore, the strange blend of regular weekday activity and festive atmosphere is symbolized by *kreplach*, one of the foods traditionally eaten in many Jewish communities on Purim. These small portions of meat are completely concealed within cooked dough, just as Purim is a holiday concealed within the mundane practices permitted on that day.

But what truly distinguishes the celebration of Purim is the spirit of unity fostered by the mitzvos of providing for the poor and sending food to neighbors and friends. Haman attempted to persuade Achashveirosh that the Jews were vulnerable to a genocidal decree because they were so divided and dispersed. This description was more than a geographical portrait of a nation whose demise would not readily be noticed. It also suggested that their internal dissension made them unworthy of Heavenly protection against such a decree. The charity and gift giving carried out on Purim are exercises in unity, which will hopefully ensure that this spiritual vulnerability will never threaten Jewry again.

110-111. When to Celebrate

על כן היהודים הפרוזים הישבים בערי הפרזות עשים את יום ארבעה עשר לחדש אדר....

Therefore, the Jewish townsmen who dwell in the unwalled towns celebrate the fourteenth day of Adar.... (9:19)

110.

מדפרזים בארבעה עשר מוקפין בחמשה עשר. (ב:)

The Sages determined that the Purim miracle be celebrated on the day the Jews ceased their wars of self-defense. But this was not the same day everywhere. While it took only one day, the thirteenth of Adar, for the Jews to eliminate all 75,000 of their enemies elsewhere in the kingdom, the large number concentrated in Shushan necessitated another day of warfare and another miracle of royal consent. Purim was therefore set for the fourteenth of Adar in all unwalled cities and for the fifteenth in walled cities like Shushan.

Why was the celebration set on the day of rest rather than on the day of victory, as is customary among other nations? Heaven does not rejoice in the suffering of any creatures. We therefore emulate this Divine compassion and limit our celebration to the day we enjoyed peace, not the day we destroyed our enemies.

111.

הא קמ"ל דפרוז בן יומו נקרא פרוז...מדפרוז בן יומו קרוי פרוז מוקף בן יומו קרוי מוקף. (יט.)

This distinction between walled and unwalled cities was considered crucial in remembering the different sorts of miracles that took place in Shushan and elsewhere. An exception was therefore made to the halachic principle that a Jew who is in a community only temporarily conducts himself according to the custom of his permanent home: if a Jew from a walled city spends the fourteenth of Adar in an unwalled city (or vice versa), he is considered a resident of that city for the purpose of Purim observance.

112. The Honor of Eretz Yisrael

על כן היהודים הפרוזים הישבים בערי הפרזות עשים את יום ארבעה עשר....

Therefore the Jews of the villages, who dwell in the unwalled towns.... (9:19)

כתיב הכא על כן היהודים הפרזים וכתיב התם לבד מערי הפרזי הרבה מאד מה להלן מוקפת חומה מימות יהושע בן נון אף כאן מוקפת חומה מימות יהושע בן נון. (ב:)

All walled cities were put in the same category as Shushan because this similarity would reinforce the memory of the unique miracle that occurred in the capital. But what was to determine whether a city was considered walled? The obvious criterion would have been the existence of a wall in the days of Achashveirosh, when the miracle took place.

To counter this supposition, the word *prazim* is used both in the Megillah and in the Torah's account of walled and unwalled cities at the time when Yehoshua led the Jews in Eretz Yisrael. Just as the criterion in the latter source is which cities had walls in Yehoshua's day, so too, any city that was walled in that period celebrates Purim on the fifteenth of Adar, even if it had no wall in Achashveirosh's day.

This unusual criterion arose out of concern for the honor of Eretz Yisrael. At the time of the Purim miracle the cities of the Holy Land were in ruins, all of their walls destroyed. Therefore, if cities were classified based on their status during this era, none in Eretz Yisrael would fall into the same category as Shushan, whereas some outside of Eretz Yisrael would. Thus, lest the Land of Israel seem inferior, the criterion was established according to a period in history when the walls of Israel's cities stood erect.

113-114. How to Celebrate

...שמחה ומשתה ויום טוב....

...gladness and feasting and a festival.... (9:19)

...ימי משתה ושמחה....

...days of feasting and gladness.... (9:22)

113.

שמחה מלמד שאסורים בהספד משתה מלמד שאסור בתענית ויום טוב מלמד שאסור בעשיית מלאכה...הספד ותענית קבילו עלייהו. (ה:)

Once the dates for celebrating the Purim miracle were set, it became necessary to determine the nature of this celebration. In addition to the reading of the Megillah, the Sages proposed that the people accept upon themselves and future generations a ban on eulogies, fasting, and work. The people, however, accepted only the first two.

The dominant form of celebration thus seems to be feasting. Even Rabbi Eliezer, who maintains that the Torah gave the Jews the choice of celebrating every holiday either "entirely for Hashem," with fasting, praying, and learning, or "entirely for yourselves," through eating and drinking, concedes that in regard to Purim a Jew must not fast since the Megillah explicitly insists on feasting.

Unlike Chanukah, Purim celebrates deliverance from a physical threat. Whereas the deliverance from the spiritual threat of the Hellenists is celebrated in a spiritual fashion with *Hallel*, the physical survival in the days of Mordechai and Esther must be celebrated in a physical way—through feasting. Therefore, to fast would be a violation of this "measure for measure" manner of showing our appreciation to Heaven.

114.

מלאכה לא קבילו עלייהו דמעיקרא כתיב שמחה משתה ויום טוב ולבסוף כתיב לעשות אותם ימי משתה ושמחה ואילו יום טוב לא כתיב. (ה:)

סעודת פורים שאכלה בלילה לא יצא ידי חובתו מאי טעמא ימי משתה ושמחה כתיב. (ז:)

The Sages' proposed ban on work as a way of celebrating Purim was not accepted. Hence, the Megillah records that Purim was established as a day of feasting and celebration but no mention is made of the holiday aspect, which implies abstinence from work.

At a later stage some communities voluntarily accepted the ban and eventually this custom spread to the other communities (*Shulchan Aruch, Orach Chaim* 696:1, *Mishnah Berurah* 1).

The other lesson learned from this *pasuk*—that the Purim feast must be held during the day—is the subject of a fascinating story in *Megillah* 7b:

Rav Ashi sat before Ameimar in the *beis hamidrash* one Purim. It became very late and the *talmidim* had still not arrived for the regular lecture.

"Why have the *talmidim* not arrived?" asked Ameimar.

"Perhaps they are busy with the Purim feast!" suggested Rav Ashi.

"Could they not have eaten it last night?"

"Has the master not heard Rava's ruling that one who eats the Purim feast at night has not fulfilled his obligation?"

Ameimar admitted that he had not been aware of that ruling and proceeded to learn it from Rav Ashi forty times, until his grasp of it was so secure that he felt as if he had it in his pocket.

115. Portions and Gifts

...ומשלח מנות איש לרעהו ומתנות לאבינים.

...and sending portions to one another and gifts to the poor. (9:22)

שתי מנות לאיש אחד ומתנות לאביונים שתי מתנות לשני בני אדם. (ז.)

The difference between a portion and a gift is that the former includes even a minimal amount while the latter implies something more substantial. This explains why two portions to a neighbor are necessary while a single gift to each of two poor people is enough.

In 7a, we find the following story regarding these two Purim mitzvos:

Rabbi Yehudah Hanassi sent Rabbi Oshiya a substantial chunk of meat and a barrel of wine on Purim. In acknowledging the gift, Rabbi Oshiya declared: "Our master, through us you have fulfilled the mitzvos of sending both portions to a neighbor and gifts to the poor."

The meat and wine sent by Rabbi Yehudah Hanassi were worth far more than the minimal value needed for fulfilling the mitzvah of sending portions. The additional value would therefore qualify as two gifts to the poor since Rabbi Oshiya and his son were both needy.

The purpose of providing for the poor is obvious but in regard to the sending of portions to a neighbor two reasons are suggested. One is to ensure that everyone will have enough food for his Purim feast, and no distinction is made between sending to those who have and sending to those who have not in order to avoid embarrassing the latter. Another approach is that the sending of such portions strengthens the bonds of love and friendship between Jews and fosters the sort of unity without which the Purim celebration is incomplete.

Section VII

The Power of the Miracle: A Record for Posterity

Overview

Forty-eight men and seven women prophesied for Israel and none of them added anything to the Torah or detracted from it, except for the mitzvah of reading the Megillah. (14a)

Establishing the Megillah as a written record and its reading as a mitzvah were the successful results of a major effort by Esther. Although the details of her dialogue with the Sages of her time are sparse, they suggest a profound theological discussion of the importance and propriety of recording the events of the period as part of Tanach and institutionalizing their review as an annual obligation.

Here again the question arose as to how much of history was to be recorded and how much of the record was to be read. Was the scroll to be accorded the sacred status of a *sefer* (book) or would it merely be an *iggeres* (letter)?

The resolution of these and other questions revolved around one consideration: what would be the best way to ensure that future generations would understand the miracle that had occurred?

Chapter 19
A WRITTEN PERSPECTIVE

Introduction

The verdict of the Sages was that Purim would be the last miracle to be recorded in Tanach. The last of the prophets would soon give way to the first of the Talmudic Sages and a new stage of history—the era of "Oral Law."

The Megillah is first and foremost a written perspective on a chapter of history that might otherwise be misinterpreted. When events span nine years and are often rooted in the attitudes and actions of our ancestors, a proper perspective can only be provided by a document recorded with *ruach hakodesh*.

But it is not a document to be stored in a library for scholarly perusal. It is a living record to be read each year in public, an annual rediscovery of the remarkable pattern of cause and effect that makes the Purim story such an inspiring reminder of the mysterious ways in which Hashem safeguards His people throughout all their exiles.

116. The Recorded Miracle

ובבאה לפני המלך אמר עם הספר....

When she came before the king he said that with this letter.... (9:25)

והימים האלה נזכרים....

That these days should be remembered. (9:28)

אמר אמרה מיבעי ליה...יאמר בפה מה שכתוב בספר. (טז:)

כתיב הכא והימים האלה נזכרים וכתיב התם כתב זאת זכרון בספר מה להלן בספר אף כאן בספר. (יח.)

Recalling the events of the Purim miracle is inextricably bound up with the entire Megillas Esther as a written record. It is impossible to isolate any incident or incidents because this Divinely woven tapestry of miracles can only be fully appreciated when viewed in its entirety.

To stress this idea, the halachah insists on two requirements regarding the Megillah scroll. First, the reader must have the entire scroll in front of him, even according to the opinion that not all of it has to be read. Second, he must read from the Megillah itself, not from memory.

There is another dimension to this inseparable connection between Purim and the Megillah. *Chazal* (*Yoma* 29a) focus on the use of the word "morning" in the psalm regarding Esther (Tehillim 22) to explain the Purim miracle's place in history: "Just as the morning is the end of the night, so was Esther the end of the miracles." Challenged by the question that the Chanukah miracle of lights took place centuries later, our Sages respond that Purim was the last miracle to be recorded in Tanach.

There is special significance to the Purim miracle rating inclusion in the Oral Law and this is reinforced by the aforementioned requirements regarding the Megillah.

117-118. Cause and Effect

117.

...על כל דברי האגרת הזאת ומה ראו על ככה ומה הגיע אליהם.

...all the words of this letter, and what they saw concerning this and what had resulted for them.

(9:26)

ומהיכן קורא אדם את המגילה ויוצא בה י"ח ר"מ אומר כולה ר' יהודה אומר מאיש יהודי רבי יוסי אומר מאחר הדברים האלה...רשב"י אומר מבלילה ההוא...וכולן מקרא אחד דו'שו.

(יט.)

Two elements mentioned in this *pasuk* form the framework for understanding each major character in the Megillah and determining how much of the Megillah must be read:

1) What did they see that caused them to act as they did?

2) What happened to them as a result of their action?

If we go all the way back to the roots of the miracle, we read the Megillah from the very beginning. By doing so we analyze Achashveirosh's motive for using the vessels of the *Beis Hamikdash* and conclude that his miscalculation of the seventy years of Babylonian exile deluded him into thinking that Jewish redemption would never come. As punishment Vashti was killed, paving the way for Esther to become queen.

If we focus, however, on the main protagonists, Mordechai and Haman, we read only from where the Megillah introduces Mordechai. Analysis then centers on why Mordechai angered Haman by refusing to bow to him, and the conclusion is because he declared himself a deity. The result was the miracle of Mordechai's rescue.

Since the crux of the issue is Haman's attempted use of his power to plan genocide, another opinion requires reading only from the place in the Megillah where Haman's rise to power is described. In this case the analysis concentrates on his interest in destroying all the Jews, and the conclusion is that it all began with Mordechai's refusal to bow to him. The result of Haman's accelerated hatred of the Jews was his own hanging.

A final view is that the heart of the Purim story is the chain of miracles beginning with the king's sleepless night, and that's when we begin reading the Megillah. Why couldn't he sleep? Because he was suspicious of Esther's invitation to Haman. The result, of course, was the ensuing miracle of salvation.

Each of these four views put forth by the various Sages combines the events explicitly recorded in the Megillah with details that lie below the surface and are known to us only from the Talmud. The common denominator is the interpretation of the *pasuk* as an explanation of why the Megillah was written: to teach future generations about the miracle. This will not be achieved, however, by just reading the words, for the Megillah must be learned in depth through the analysis and wisdom of our Sages.

118.

ותכתב אסתר...ומרדכי היהודי את כל תקף....

Esther...and the Jew Mordechai wrote with all their power.... (9:29)

וכולן מקרא אחד דרשו...מאן דאמר כולה תוקפו של אחשורוש ומאן דאמר מאיש יהודי תוקפו של מרדכי ומ"ד מאחר הדברים האלה תוקפו של המן ומ"ד מבלילה ההוא תוקפו של נס. (יט.)

Another perspective on the Megillah is the force expressed in its radical developments. There is the force of a mighty king overturning his decree to save the Jews; the force of

Mordechai sitting in the king's gate, being placed in mortal danger by the sins of his people yet being saved because of their *teshuvah*; the force of Haman, who reached the pinnacle of power only to be toppled by Heaven; and the force of the miracle that began on a sleepless night even before Esther made her climactic plea before the king.

Where we begin reading the Megillah is determined by which force we focus on.

The halachah adopts the first of these views and requires us to read the entire Megillah, for only thus can we truly understand how every event and detail combined to create the miracle of Purim.

119. Book and Letter

...על כל דברי האגרת הזאת....

...because of all the words of this letter.... (9:26)

וישלח ספרים...דברי שלום ואמת.

He sent letters...words of peace and truth. (9:30)

ומאמר אסתר...ונכתב בספר.

The declaration of Esther...was recorded in the book. (9:32)

מגילה נקראת ספר ונקראת אגרת. (יט.)

ואמת מלמד שצריכה שרטוט כאמיתה של תורה. (טז:)

The Megillah is a written record of the events that took place at the historical crossroads between the eras of the Written and Oral Law. Hence, it is a blend of *sefer* and *iggeres*, of book and letter. It is like a *sefer Torah* in that the parchment must be ruled before writing, and in what material must be used in sewing its sections together. But it is like a letter in regard to the number of sinew threads required for this sewing, and in how we fold it, page upon page, before reading it.

This fascinating blend of Torah and rabbinic elements extends beyond the technicalities of Megillah production to the very nature of Purim and all its mitzvos. Halachic authorities categorize these mitzvos, especially the reading of the Megillah, as rabbinic but with an extra dimension because they appear in Tanach and therefore constitute "*divrei kaballah*." In contrast to the mitzvah of Chanukah, which was legislated by the Sages in an era when there were no more prophets, the mitzvah of Megillah reading was established amid the last of the prophets.

120. Approval and Acceptance

קימו וקבל היהודים.... (ט:כז)

The Jews ordained and accepted upon themselves....
(9:27)

אסתר ברוח הקודש נאמרה...קימו למעלה מה שקיבלו למטה. (ז.)

Megillas Esther was the product of the Divine inspiration bestowed upon its authors. How else, the Talmud notes, could these authors have known about Haman's private thoughts when Achashveirosh asked his advice on honoring someone? How else could they have known that Esther found favor in the eyes of all who beheld her and that the Jews throughout the kingdom did not partake of the spoils of their victory? Was not Mordechai's discovery of the secret of the poison plot the result of prophetic revelation, which indicates that he also wrote the Megillah with Divine inspiration?

Yet all these proofs are challenged as inconclusive. The only uncontested one is the *pasuk* indicating that there was "approval Above" of what was "accepted below."

This same *pasuk* is interpreted by the Talmud (*Shabbos* 88a) as an indication that the Jews "approved now" what they had "accepted in the past." This is a reference to the fact that although the Jews at Sinai accepted the Torah under duress—Hashem had placed Mount Sinai over their heads and threatened to destroy them with it if they rejected His gift—they willingly reaccepted it after the Purim miracle. This new relationship with the Torah was the result of the Jewish people's love for Hashem thanks to their miraculous redemption from Haman's decree.

The common denominator of these two diverse interpretations of the same phrase is the impact of Divine intervention. A miracle inspires a nation to rededicate itself to Torah out of love, and Divine inspiration enables mortals to give proper expression to that miracle.

Chapter 20
AN ETERNAL RECORD

Introduction

All the Nevi'im and Kesuvim will be obsolete in the time of Mashiach, except for Megillas Esther.
(Yerushalmi, *Megillah* 1:5)

The reproof and counsel of the Tanach's prophets and wise men will no longer be necessary in an era when all men will know Hashem. Furthermore, whatever appears explicitly in Tanach is communicated implicitly in *Chumash* and in the time of *Mashiach* all will be capable of learning from the allusions in the eternal Torah. Megillas Esther alone will remain relevant at the end of days, for its lesson is impossible to learn from any other source.

It is this eternal dimension that invested the deliberations over writing and reading the Megillah with so much significance. Megillas Esther's relevance has been appreciated throughout thousands of years of exile. The deliverance of certain Jewish communities from the dangers that threatened them became a cause for the members of those communities and their descendants to celebrate "Purims" of their own. Megillas Esther must therefore be viewed as an outline of the history of the Jews in exile. Its lessons of Heaven-inspired decrees designed to spur Jews to *teshuvah* have been more potent than the exhortations of prophets. Its message of redemption following repentance has been more reassuring than all the promises of Tanach. And even when exile is over it will remain an eternal and indispensable tool for understanding the history of our nation.

121. The Exceptions

...ולא יעבור....

...without letting it pass.... (9:27)

...מדינה ומדינה ועיר ועיר....

...every province and every city.... (9:28)

לקים את ימי הפרים האלה בזמניהם....

To confirm these days of Purim in their times.... (9:31)

חכמים הקילו על הכפרים להיות מקדימין ליום הכניסה כדי שיספקו מים ומזון לאחיהם שבכרכים...היכא רמיזא...לקיים את ימי הפורים האלה בזמניהם זמנים הרבה תקנו להם... ואימא שיתסר ושיבסר ולא יעבור כתיב...כרך וכל הסמוך לו וכל הנראה עמו נידון ככרך. (ב:)

When the celebration of Purim was set for unwalled cities on the fourteenth of Adar and for walled cities on the fifteenth, some exceptions were made. Residents of the villages traditionally sold the city dwellers water and food when they came into town on the second and fifth days of each week to hear the Torah reading or bring their cases before the rabbinical court. In recognition of this service, the Sages exempted them from the need to come into town especially to hear the Megillah read and allowed them to fulfill that mitzvah on a day before Purim when they already had to be in town. This could be either the eleventh, twelfth, or thirteenth day of the month but not the sixteenth or seventeenth. This exemption was only in effect, however, when Jews were concentrated in Eretz Yisrael; it is not relevant today.

Another exception to the rule is the unwalled city that is either near or seen together with a walled city. This city, though unwalled, has the status of a walled city and celebrates Purim on the fifteenth.

Interestingly, the special arrangement for the villagers allowed them to push up Purim but not to postpone it. Since every celebration in Jewish life means an opportunity not just to remember the past but to relive it, the Jews can achieve this at least partially in the days leading up to their triumph over their enemies, but not once the days of military victory and the ensuing day of relaxed peace have passed.

122. Purim and Pesach

...להיות עשים את שני הימים האלה...בכל שנה ושנה.

...to observe these two days...each year. (9:27)

מה כל שנה ושנה אדר הסמוך לניסן אף כאן אדר הסמוך לניסן...מסמך גאולה לגאולה. (ו:)

Purim and Pesach are closely linked not only calendrically but in other respects as well. Both celebrate the redemption of Jews from cruel oppressors. This similarity explains the halachah of celebrating Purim in the second of the two

Adars in a leap year in order to keep the two redemption celebrations close together.

This connection provides the background for a dictum of *Chazal* (*Taanis* 29a): "From the beginning of Adar we increase our rejoicing." Why do we increase our rejoicing? Because this is a season of miracles—those of Purim and Pesach (Rashi).

It also supplies the rationale for the creation of the mitzvah of reading the Megillah. "If Jews sang praise [*Shiras Hayam*] for escaping from slavery to freedom," say *Chazal* (*Megillah* 14a), "how much more so should they sing praise [the Megillah] for escaping from death to life."

Yet *Hallel* is said on Pesach but not on Purim. The explanations offered in the aforementioned gemara are:

1) *Hallel* is not said for a miracle that took place outside Eretz Yisrael after the Jews had already inherited the land.

2) Reading the Megillah is equivalent to *Hallel* in fulfilling the need to praise Heaven.

3) Regarding Pesach we could declare "...sing praise, you servants of Hashem..." (Tehillim 113:1) because we were no longer slaves to Pharaoh, but on Purim we remained subject to Achashveirosh.

123. The Family Connection

והימים האלה נזכרים ונעשים בכל דור ודור משפחה ומשפחה....

And that these days should be remembered and observed in each generation, by every family....

(9:28)

להביא משפחות כהונה ולויה שמבטלין עבודתן ובאין לשמוע מקרא מגילה. (ג.)

The mitzvah of reading the Megillah is so important that it takes precedence over the service in the *Beis Hamikdash*. *Kohanim* and *levi'im* are required to abandon their sacred responsibilities in order to hear the reading of the Megillah.

A logical extension of this rule makes it applicable to Torah study as well. If even the service in the *Beis Hamikdash* is put aside for the Megillah reading, how much more so should learning Torah be interrupted for this purpose? On this basis, the Torah scholars of Rebbi's household did indeed disrupt their learning in order to hear the Megillah.

The subtle reference to the sacred families of *kohanim* and *levi'im* is contained in the words "every family." The surface reading of these words, however, communicates a different idea: Purim is a time for families to gather together and eat and drink.

In a sense, this is another instrument for unifying the Jewish people. What is achieved on the familial level by feasting together is achieved on the communal level by sending gifts to neighbors and the poor. This unity debunks Haman's propaganda about the Jews being so separated from one another that we should not even be considered a nation.

The Purim celebration was designed to demonstrate that Jews are one family and a united nation.

124. Purim Forever

...וימי הפורים האלה לא יעברו מתוך היהודים וזכרם לא יסוף מזרעם.

...and these days of Purim should never pass from among the Jews, nor their remembrance from their progeny. (9:28)

אסתר ברוח הקודש נאמרה...מהכא וימי הפורים האלה לא יעברו מתוך היהודים...מהכא וזכרם לא יסוף מזרעם. (ז.)

Purim was destined to be not a one-time celebration of Jewish survival but an eternal commemoration of a miracle. To ensure its perpetuity throughout the generations, there had to be twin commitments, one by the Jews and one by Hashem.

This *pasuk* spells out the two commitments. Jewry took it upon itself that "these days of Purim should never pass from among the Jews...." The Divine commitment to ensuring the success of the Jewish pledge was expressed in the *ruach hakodesh*-inspired concluding words of this *pasuk*: "...nor their remembrance from their progeny."

Yet another dimension of the eternal nature of Purim is provided by the Yerushalmi (1:5), which sees in these words a prophecy that unlike all the other *sefarim* of Tanach, Megillas Esther will remain sacred even after the arrival of *Mashiach*.

125. Looking Back at a Miracle

...וכאשר קימו על נפשם ועל זרעם דברי הצומות וזעקתם.

...and as they had ordained for themselves and their progeny, the matters of their fasts and their cry. (9:31)

מאמר אסתר אין דברי הצומות לא...הכי קאמר דברי הצומות ומאמר אסתר קיים הפורים האלה. (טז:)

As the Megillah nears its conclusion, a perspective is offered regarding the redemption of the Jews from the decree of Haman. Esther's statement to the king about her people being threatened by Haman certainly seemed to trigger the turnabout that brought Haman to the gallows and Mordechai to power. But was it only Esther's effort that achieved the miracle?

The answer is supplied in two of the last passages of the Megillah. It was the fasting and prayers of the Jews in Shushan, coupled with Esther's action, that made Purim possible.

Esther's declaration to the king, coming on the heels of the *teshuvah* of her people, brought about the miracle. It was her insistence on making the Megillah part of Tanach that made the miracle and its record a legacy for all the future generations of Jewry.

126. A Record for Posterity

...ונכתב בספר.

...and it was recorded in the book. (9:32)

...הלוא הם כתובים על ספר דברי הימים למלכי מדי ופרס.

...are they not recorded in the book of the chronicles of the kings of Medea and Persia? (10:2)

שלחה להם אסתר לחכמים קבעוני לדורות שלחו לה קנאה את מעוררת עלינו לבין האומות שלחה להם כבר כתובה אני על דברי הימים למלכי מדי ופרס. (ז.)

Esther was not content to celebrate the miracle of Purim with one-time feasting. She considered it vital not only to institutionalize Purim as a holiday but to incorporate the Megillah into the sacred writings of Tanach and read it each year.

Several hesitations were voiced by the Sages in regard to this request. One of them was that such an action would arouse the anger of the nations of the world, who would look askance at Jews celebrating the downfall of one of theirs. The Megillah's stress on Achashveirosh's fascination with Esther might also lead non-Jews to seek Jewish wives.

To these qualms, Esther responded that institutionalizing the Megillah was unlikely to antagonize the other nations since its story was already a well known part of Medean and Persian history.

Esther's position was finally accepted: the Megillah bearing her name became a part of Tanach and its reading a yearly mitzvah for Jews in every generation.

127. Blessed be Mordechai the Jew

כי מרדכי היהודי...ורצוי לרב אחיו דרש טוב לעמו ודבר שלום לכל זרעו.

For Mordechai the Jew...[was] accepted by most of his brethren [as] a seeker of good for his people and a spokesman of peace for all his posterity. (10:3)

לרוב אחיו ולא לכל אחיו מלמד שפירשו ממנו מקצת סנהדרין. (טז:)

With all its opportunities for saving Jewish lives, Mordechai's rise to power was not without its drawbacks. His preoccupation with communal matters forced him to spend less time learning Torah. As a result, some of his colleagues in the Sanhedrin withdrew from him.

This would seem to indicate that these sages considered Torah study more important than saving lives. Indeed, in Sefer Ezra (2:2) Mordechai is mentioned after four other names while in Sefer Nechemiah, concerning events that took place twenty-four years later, his name appears after five others. This demotion is interpreted as Heavenly support for the sages' decision to abandon Mordechai after he neglected Torah for lifesaving communal work.

Yet the *poskim* (*Turei Zahav*, *Yoreh Deah* 251:4) state that one is obligated to put aside learning Torah in order to save lives. The same halachic principle obliges a community to take funds collected for the support of Torah study and utilize them for taxes if evasion could endanger Jewish lives. Mordechai therefore had no alternative but to assume the responsibility thrust upon him.

Nonetheless, if one Jew must sacrifice his learning in order to save lives while another can continue his learning undisturbed, the latter is greater.

This idea, interjected into the last words of the Megillah and in the midst of such elaborate praise for Mordechai, is the Megillah's way of reinforcing its readers' Torah perspective. Of course every Jew, like Mordechai, must be prepared to put aside every personal consideration—even the greatness he can achieve through learning Torah—if Heaven has put him in a position where he alone can save Jewish lives. But what is even greater than such heroism, and is the only guarantee that dangers such as Hamanic decrees will not threaten the Jewish people? The learning of Torah.

Those members of the Sanhedrin who distanced themselves from Mordechai after he took on his new responsibilities were demonstrating for their generation and all future generations that Jewish survival is guaranteed not by Jews like Mordechai in high places in the government, but by Jews who are deeply committed to uninterrupted Torah study. Mordechai, who unshirkingly accepted the lifesaving responsibility for which Heaven had singled him out, was certainly the first to appreciate the significance of their gesture. Nevertheless, he was capable of proudly continuing as "a seeker of good for his people and a spokesman of peace for all his posterity."

מגילת אסתר
עם
פירוש מלבי"ם

מגלת אסתר

עם:

פירוש רש״י ז״ל, ושפתי חכמים

ונוסף עוד הפירוש הנפלא

מכבוד נזר ראשנו הרב הגאון האמיתי כליל החכמה והמדע״ם כקש״ת מו״ר
הרב ר׳ מאיר ליבוש מלבי״ם זצללה״ה:

מחבר פירוש היקר התורה והמצוה על ספר תורת כהנים, פירוש על
תורה נביאים וכתובים, ארצות החיים, על שו״ע או״ח, ארצות השלום,
שירי הנפש פירוש על שיר השירים, ועוד כמה ספרים.

א

א וַיְהִי בִּימֵי אֲחַשְׁוֵרוֹשׁ הוּא אֲחַשְׁוֵרוֹשׁ הַמֹּלֵךְ מֵהֹדּוּ
וְעַד־כּוּשׁ שֶׁבַע וְעֶשְׂרִים וּמֵאָה מְדִינָה׃

בימים

רש"י

(א) **ויהי** בימי אחשורוש. מלך פרס היה שמלך תחת א כורש לסוף שבעים שנה של גלות בבל: הוא אחשורוש. הוא ב ברשעו מתחלתו ועד סופו: המלך. שמלך ג מעצמו ולא היה מזרע המלוכה: מהדו ועד כוש וגו׳ המולך על מאה ועשרים ושבע מדינות כמו שמלך מהדו ועד כוש ד שעומדים זה אצל זה וכן (מ"א ה) כי הוא רודה בכל עבר הנהר מתפסח ועד עזה שהיה רודה בכל עבר הנהר כמו שהוא רודה

שפתי חכמים

א **דק"ל** איזה אחשורוש הוא אם אביו של דריוש הראשון זה לא היה מלך ואם בנו של דריוש א"כ והא היה מלכותו כלא אחר דריוש מלך כורש ונמשך מלכותו עד סוף ע׳ שנה שעלה מבבל ומרדכי היה מעולי גולה ובזמן המלך הזה עדיין היה מרדכי בגולה לכ"פ מלך פרס וכו׳. א"נ דק"ל למ"ל לכל הסימנים הל"ל ויהי בימי המלך אחשורוש כשבת המלך וכו׳ לכ"פ מלך פרס היה ומלך תחת כורש ע"כ היה צריך להבדילו מאחשורוש אחר שהיה במלכי פרס הקודמים ואמר שזה המלך האחרון מלך מהודו ועד כוש תכף על פרס ומדי וכ"ה דעת הראב"ע ז"ל: ב דק"ל אם כוונתו רק להבדילו הל"ל רק ויהי בימי אחשורוש המלך מהודו ועד כוש הוא ל"ל לכ"פ הוא וכו׳: ג דק"ל הל"ל המלך בקמ"ץ. לכ"פ המולך מעצמו כו׳ וכ"כ ברכות המלך ועדיין לא מלך ובאורו מעבר עד עכשיו לא ירש מלכותו: ד דק"ל הרי אמר שבע ועשרים ומאה מדינה למה פי׳ מהודו ועד כוש לכ"פ המולך על מאה וכו׳ ורש"י נמשך אחר הרבה דאלו בגמרא במגילה איכא פלוגתא כדבר ותד אמר כי רחוקים היו ומאחר דהרבות הסכים כמ"ד קרובים היו פסק רש"י

השאלות

א כ"מ שאמר ויהי בימי בא לספר ענין זולתי בלתי נודע שהיה בימי איש הנודע ומפורסם, כמו ויהי בימי שפוט השופטים ויהי רעב וכדומה ולא שיספר מה שקרה לאותו האיש בעצמו, ואיך אמר פה בימי אחשורוש, היה הוא אחשורוש: מ"ש הוא אחשורוש מיותר כי לא נודע את מי רוצה לשלול: גם בכל המגלה קראו בתואר המלך אחשורוש זולת פה לבד קראו אחשורוש סתם שמבואר שמדבר מעת שלא מלך עדיין: מ"ש המולך משמע שמדבר על הוית ממשלתו והיל"ל אשר מלך:

פירוש

א (א) **לבאר** הפרשה הזאת צריך אני להקדים הקדמה אחת, הנה המלכים המלך בימים הקדמונים בממשלות המצריים הכשדיים והפרסיים והמדיים היתה על אחת משתי דרכים: א) המולך ע"י בחירת העם בהסכימו על איש אחד להמליכו עליהם: ב) המולך ביד חזקה שכבש מדינה ומלך עליהם בעל כרחם כמ"ש על נמרוד, ומזה עמדו אז שני מיני ממלכות: א) ממלכה מוגבלת, והוא שמסרת המלך על העם היתה לה גבול ידוע, וזה היה לרוב במלך שנתמנה ע"י בחירת העם, שאז בעת בחירתם אותו שמו חוק למשפט המלך אשר מלך עליהם עד כמה תתפשט כחו וממשלתו, וע"פ הרוב מלך כזה נשבע בעת מלכותו לשמור הנמוסים והדתות אשר במדינה: ב) ממלכה בלתי מוגבלת, והוא שהמלך היה לו רשות לעשות כחפצו ורק לפעמים שאל בעצת שרי העצה, וגם היה יכול לשנות דתים ולתקן המדינה ולחקוק חקים אחרים תחתיהם, באופן שהוא היה המלך והמחוקק בעצמו. והנה בין שני מיני הממלכות האלה, תמצא הבדלים: א) המולך ממלכה מוגבלת, המלך היה שומר המדינה, והיה ראש המדינה לעשות משפטיהם ולנהוג מלחמתם וכל עניניהם, והם משועבדים לו לדברים הצריכים לצרך הכלל כמו מס וכדומה, אבל המולך ממלכה בלתי מוגבלת בחזקה כמו סנחריב ונבוכדנצר, המדינה היתה משועבדת אליו, וכולם היו נחשבים עבדיו והיה לו רשות לעשות בהם כחפצו כאשר יעשה האדון בעבדו מקנת כספו: ב) המולך ממלכה מוגבלת, האוצרות וגנזי המלכות היו שייכים אל המדינה, ומי שמלך ממלכה בלתי מוגבלת, האוצרות היו שייכים לו לבדו, כמו פרעה ונבוכדנצר: ג) המולך ממלכה מוגבלת לא היה אפשר לו לעשות דבר כללי אם לא בהסכמת שרי העצה, ובממלכה בלתי מוגבלת היה יכול לתקן ולהרוס הכל לבדו בלי נטילת עצה ורשות כלל: ד) שהראשון היה נתון תחת דתי המדינה ולא היה אפשר לו לעבור על דתות הקבועים, והשני הוא היה המחוקק והיה יכול לתקן חוקים אחרים כנ"ל: ה) המולך ממלכה מוגבלת לא היה אפשר לו לשנות עיר המלוכה לקבוע המלכות במקום אחר, רק היה צריך לישב על כסא מלכות המלכים אשר לפניו בעיר אשר זכתה בה מקדם, אבל המולך בלי הגבלה היה יכול לשנות כחפצו: ע"פ הקדמה הזאת נבא אל הבאור, הנה אחשורוש כפי קבלת חכמינו היה תחלה הדיוט, ואח"כ ע"י עשרו מלך על מדי ופרס ונתחזק במלכותו, עד שכבש כל המדינות קכ"ז במספר ביד חזקה. והנה כל האפרכיות האלה היו שייכים תחלה למלכות בבל, ועד עתה עמד כסא המלכות בבבל, כמו שנאמר בדניאל, בהיכל מלכותא די בבבל, אבל בשושן לא היה כסא המלוכה, כמש"ש הייתי בשושן אשר בעילם המדינה

ב בִּימִים הָהֵם כְּשֶׁבֶת ׀ הַמֶּלֶךְ אֲחַשְׁוֵרוֹשׁ עַל כִּסֵּא
מַלְכוּתוֹ אֲשֶׁר בְּשׁוּשַׁן הַבִּירָה׃ ג בִּשְׁנַת שָׁלוֹשׁ לְמָלְכוֹ
עָשָׂה מִשְׁתֶּה לְכָל־שָׂרָיו וַעֲבָדָיו חֵיל ׀ פָּרַס וּמָדַי
הַפַּרְתְּמִים

שפתי חכמים

רש"י רק חד מ"ד ופשט לשון הרכות: ה דק"ל וכי דוקא בשבתו על כסא עשה. ועוד מנ"מ אם ישב או עמד. לכ"פ כשנתקיים וכו'. א"נ דק"ל כשבת המלך משמע בתחלת מלכותו

רש"י

לודה מתפסח עד עזה: (ב) כשבת המלך אחשורוש וגו'. כשנתקיים המלכות בידו. ורבותינו פרשוהו בענין אחר במס' מגילה: (ג) הפרתמים. שלטונים בל' פרס

השאלות

ב בימים ההם מיותר שהלא כבר אמר ויהי בימי. גם המלך אחשורוש מיותר שכבר נזכר בפסוק הקודם והול"ל והיה כשבתו. גם גוף הספור שישב על כסא מלכותו ושהיה בשושן לאין צורך:

ג לא נודע טעם נכון לאיזה צורך עשה המשתה הזה. וביחוד למה האריכו בו כותבי המגלה בכל פרטיו. גם סדר הקרואים פלא שהזכיר תחלה השרים והעבדים וחיל הצבא, ושוב חוזר אל הפרתמים ושרי המדינות, והם ודאי קודמים להעבדים ובכלל שרים יחשבו גם הם. גם מלת לפניו מיותר, גם מ"ש פה למלכו וגבי לקיחת אסתר אמר למלכותו:

פירוש

המדינה, ולא הזכיר שהיתה עיר מלוכה, ובעת שכבש כל הממלכות האלה, למען תתקיים המלכות בידו, לקח את ושתי שהיתה מזרע נבוכדנצר לו לאשה, והיא היתה יורשת העצר, ומצדה היה המלכות מגיע לו גם בירושה, עפ"ז היה המלכות נכון בידו, או מצד הכבוש שכבשם ביד חזקה ומצד זה היה יכול למלוך עליהם ממלכה בלתי מוגבלת או מצד הנחלה ע"י ושתי אבל מצד זה היתה מלכותו מוגבלת, ויען שבתחלת מלכותו נפתו המדינות לקבל עול מלכותו ולהכנע תחתיו בחשבם שהמלכות מגיע לו בירושה ע"י ושתי, ומצד זה היה בראשית ממלכתו מלכות מוגבלת, והוא רצה להשתרר עליהם בחזקה בממלכה בלתי מוגבלת, היה זה עקר התחבולה במה שהושיב הכסא בשושן, ובמה שעשה המשתה הגדול הזה, ובמה שצוה להביא את ושתי לפניו, כל אלה היו עצות עמוקות להוציא מגמתו אל הפועל להשתרר עליהם גם השתרר, וכמו שיתבאר, ולכן הקדים ויהי בימי אחשורוש הוא אחשורוש המולך וכו', מספר כי אחשורוש לא היה מזרע המלוכה, וגם לא עלה על מלכותו בהדרגה עד שתחלה יהיה מלך על מדינה אחת עד שיכבוש שהיה הדיוט תחלה ואח"כ התגבר לאט לאט, רק ויהי בימי אחשורוש, בימים ההם שעוד היה אחשורוש הדיוט, בימים ההם בעצמם הוא אחשורוש המולך מהודו ועד כוש, באופן שלא זכרו שמלך במדינה פלונית מלך מהודו ועד כוש, ורק זכרו שאחשורוש הדיוט מולך מהודו ועד כוש, וגם בימים ההם מלך על שבע ועשרים ומאה מדינה, ולא היה בין הדיוטתו למלכותו העצום משך זמן, רק בימי הדיוטתו פתאום נתהוה מלך עצום ומושל עמים רבים:

(ב) **בימים**, פה מספר איך תיכף בראשית מלכותו התחזק כ"כ עד שערב לבו לשנות כסא המלכות שהיה עד עתה בבבל, והושיבו בשושן, ושם את שושן לבירה ועיר מלוכה, ובזה הראה:

א) את תקפו שחשב תיכף למלוך ממלכה בלתי מוגבלת עד שלא פחד מבני מלכותו שימרדו עליו במה ששינה כסא המלכות, ב) את גדלו וגאותו, כי הגם הדיוט שעלה למלוכה, הלא זה כבודו לישב על כסא מלכים הקדומים, לא רצה לישב על כסא שיעשה לעצמו כי בזה יגרע כבודו, אבל הוא התגאה כ"כ, עד שיסד לעצמו כסא מלכות מחדש, ושנה גם כן את עיר הממלכה שתהיה בשושן, כאלו לא בהסכמתם ורצונם נתמנה על בבל וכל המלכות, רק בחרבו ובקשתו ירשם, ובזה כולם נכנעים ויורדים תחת שושן אשר בפרס מלכותו, ומוסף שהתוקף הזה לא הראה אחר שהחזיק במלכות ימים רבים, רק תיכף בימים ההם, כבר היה דומה **כשבת המלך אחשורוש**, כאלו הוא מלך מתולדתו ויושב **על כסא** מלכותו המיוחס לו, מבלי שצריך אל כבוד כסא המלכים שקדמוהו:

(ג) **בשנת**, למען הוציא חפצו זה מכח אל הפועל להיות מלכותו בלתי מוגבלת, התחכם **בשנת שלוש למלכו**, זה המלכות אשר חשב למלוך ביד חזקה לז"א למלכו, **עשה משתה** למען שבמשתה האלה יקים מזמות לבבו, ותכף בסדר הקרואים הראה את תכלית כונתו, שהקדים תחלה **שריו ועבדיו חיל צבא פרס ומדי** ואחריהם הושיב את **הפרתמים ושרי המדינות** אשר היו שם שרים **לפניו**, ר"ל לפני כבשו הממלכות האלה, ובזה הראה שאינו חושב כי ברצונם ובבחירתם נתמנה שאז הלא שרי המדינות הגדולות קודמים לשרי המדינה הקטנה שמלך בתחלה וכ"ש לעבדיו וחיל הצבא, אבל הראה כי בחרבו ובקשתו כבשם, ובזה שריו ואף חיל הצבא שהם היו הכובשים קודמים במעלה וחשיבות אף לפני שרי

הַפַּרְתְּמִים וְשָׂרֵי הַמְּדִינוֹת לְפָנָיו׃ ד בְּהַרְאֹתוֹ אֶת־עֹשֶׁר
כְּבוֹד מַלְכוּתוֹ וְאֶת־יְקָר תִּפְאֶרֶת גְּדוּלָּתוֹ יָמִים רַבִּים
שְׁמוֹנִים וּמְאַת יוֹם׃ ה וּבִמְלוֹאת ׀ הַיָּמִים הָאֵלֶּה עָשָׂה
הַמֶּלֶךְ לְכָל־הָעָם הַנִּמְצְאִים בְּשׁוּשַׁן הַבִּירָה לְמִגָּדוֹל
וְעַד־קָטָן מִשְׁתֶּה שִׁבְעַת יָמִים בַּחֲצַר גִּנַּת בִּיתַן הַמֶּלֶךְ׃
ו חוּר ׀ כַּרְפַּס וּתְכֵלֶת אָחוּז בְּחַבְלֵי־בוּץ וְאַרְגָּמָן עַל־
גְּלִילֵי כֶסֶף וְעַמּוּדֵי שֵׁשׁ מִטּוֹת ׀ זָהָב וָכֶסֶף עַל רִצְפַת
בַּהַט־וָשֵׁשׁ וְדַר וְסֹחָרֶת׃ ז וְהַשְׁקוֹת בִּכְלֵי זָהָב וְכֵלִים

°נח עם הרגש °ובמלאות קרי °ח' רבתי

מכלים

רש"י

פרס: (ד) ימים רבים. עשה להם ו' משתה: (ה) גנת. מקום זרעוני ירקות: ביתן. כמו אילנות: (ו) חור כרפס ותכלת. מיני בגדים צבועים פרש להם למצעות: אחוז בחבלי בוץ וארגמן. מרוקמים בפתילי בוץ וארגמן האוחז פרס להם על גלילי כסף ועל עמודי שש: מטות זהב וכסף. ז להסב עליהם לסעודה: על רצפת. קרקעות של בהט ושש וגו' מיני אבנים טובות פירשו רבותינו. ולפי משמעות המקרא כך שמם: (ז) והשקות בכלי זהב

שפתי חכמים

מלכותו והדר כתיב בשנת שלוש למלכו. לכ"פ כשנתקיים המלכות בידו דהיינו בשנת שלוש למלכו: ו פי' אבל אינו דבוק למה דסמך לו דסיפך כראה להם יקר תפארת גדולתו ימים רבים: ז דק"ל מטות לסעודה למאי מבעי' לכ"פ שכך ליסב

השאלות

ד לאיזה צורך הראה את עשרו לפני רבים עמים. ולמה כפל ואת יקר תפארת גדולתו. גם ימים רבים מיותר:

ה מה היה כונתו במשתה השני שעשה · ומלת הנמצאים מיותר. ולמה בכ"מ אמר מקטן עד גדול שבא להשוות הקטן אל הגדול, ופה אמר מגדול ועד קטן שבא להשוות הגדול אל הקטן. ולאיזה ענין ספר שהיה בחצר גנת הביתן. גם כל מה שהאריך בפסוק ו' ז' ח' לא נודע ענינו:

פירוש

שרי המדינות, שלא היו נחשבים לשרים רק לפניו, לפני כסאו אותם, אבל עתה נתונים שמה תחתיו לעבדים ירודים ושפלים:

(ד) בהראותו, כבר הקדמנו כי המולך ממלכה מוגבלת, כל האוצר וההון הנמצא בגנזי המלכות לא לו היה, אך שייכים להמדינה והממלכה, ולא לו להתפאר בהו, ולכן ברצותו להשתרר בממלכה בלתי מוגבלת הגביל להחזיק באוצר המלוכה להחזיקו כשלו, והראהו לפני רבים עמים להתפאר בהו כאיש שמתפאר בקנין כספו, וז"ש בהראותו את עושר כבוד מלכותו, כאלו העושר הזה לא של המדינה הוא רק עומד לכבוד לו שע"י הגיע למלוכה, ויען שלכל מלך צריך שיהיה לו עושר, אבל למלך שהוא מושל ממשל רב בהכרח שירבו אוצרותיו לפי גדולתו, לזה הראה ביחוד יקר תפארת גדולתו, וזה לא עשה יום אחד ולא יומים רק ימים רבים, עד שעלו לק"פ יום, שבזה גלה דעתו שמחזיק באוצר המלוכה ורוצה לשלוט בו כרצונו וקנינו:

(ה) ובמלואת, עוד התחכם כי באחרית ימי המשתה שעשה אל השרים עשה משתה כללית לכל עם שושן, להורות כי קטן וגדול שוים אצלו כי כולם עבדיו ואין לאחד התנשאות על חבירו, וז"ש מגדול ועד קטן להשוות הגדול אל הקטן, ואמר לכל העם הנמצאים, כי אחר שהוא בא מהודו לשושן והושיב כסאו בשושן קרא לבני שושן הנמצאים, ועשה משתה זה בחצר המלך, מקום אשר לפי נמוסי פרס לא יבואו שמה רק השרים והפרתמים, והוא הראה כי העם וההמון לא נופלים אצלו מן השרים, אחר שכולם עבדיו, ואדרבה בני שושן ששם כסא המלכות להם יאות כבוד ותפארת מכל השרים:

(ו) חור, עתה חושב בעושר והיקר אשר נראה לו במשתה הזה, שיען היה בחצר שהוא בלי תקרה וגג סביב, עשה שמה אהלים פרושים סביב מחור כרפס ותכלת, וגם החבלים בקשר האהלים בהם היו של בוץ וארגמן, והעמודים שאליהם נקשרו חבלי היריעות היו של שיש ועמדו ונשענו על גלילי כסף, ב) המטות שישבו עליהם המסובים היו של זהב וכסף, ג) גם הרצפה היתה של בהט ושש ואבנים יקרות:

(ז) והשקות, הכלים שבשאר בכן היו של זהב, ולא זאת אלא וכלים מכלים שונים, פי' מהרא"ח שבכל

כלי

מִכֵּלִים שׁוֹנִים וְיֵין מַלְכוּת רָב כְּיַד הַמֶּלֶךְ׃ ח וְהַשְּׁתִיָּה כַדָּת אֵין אֹנֵס כִּי־כֵן ׀ יִסַּד הַמֶּלֶךְ עַל כָּל־רַב בֵּיתוֹ לַעֲשׂוֹת כִּרְצוֹן אִישׁ־וָאִישׁ׃ ס ט גַּם וַשְׁתִּי הַמַּלְכָּה עָשְׂתָה מִשְׁתֵּה נָשִׁים בֵּית הַמַּלְכוּת אֲשֶׁר לַמֶּלֶךְ אחשורוש

שפתי חכמים

לישב עליהם: ח הוסיף למ"ד במלת והשקות כדי שיהיה מקור כי בזולת זה הוא צווי וידוע הוא שמשפט המקור לעולם שיבא עליו אחד מאותיות בכל"ם וכן הוסיף למ"ד בפ' ויקהל לעשות אותה והותר כתב רש"י ולהותר כוונתו ג"כ שלא יהא צווי והביא שם לראיה כמו והכבד בפירושו ולהכבד והכות את מואב ולהכות. וכפ' ואחר הביאם שהם חסרי בלמ"ד לפי שכן הוא משפט המקור הנזכר: ט פי' מלת רב הוא שם כמו הרבה כמו רב לכם בני לוי שפירש"י הרבה

אבל

רש"י

זהב. ח כמו ולהשקות: שונים. משונים זה מזה וכן ודתיהם שונות. ורבותינו דרשו מה שדרשו: ויין מלכות רב. ט הרבה. ורבותינו אמרו שהשקה אותם כל אחד ואחד יין שהוא זקן ממנו: (ה) כדת. לפי שיש סעודות שכופין את המסובין לשתות כלי גדול ויש שאינו יכול לשתותו כי אם בקושי אבל כאן אין אונס: יסד. ל' יסוד לומר כן התקין וצוה:

על

פירוש

כלי היו קבועים כלים שונים כמו קנקן זהב שבו היין והגביעים לשתות בהם וכדומה באופן שלפני כל אחד היו כל כלי השתיה וכולם של זהב, עד שלא הוצרך אחד ליקח כלי מחברו, וזה מורה על רוב הכלים, ולא תאמר שהיו הכלים מספיקים בעבור שלא היה יין הרבה, לז"א ויין מלכות רב, היין היה רב בכמות כיד המלך, וגם טוב באיכות, שעז"א יין מלכות עד שרצו השותים בעבור טובו ומתקו:

השאלות

ט למה עשתה ושתי משתה ביחוד, וקראה בשם משתה נשים. ולאיזה צורך מספר זאת ומודיע המקום שהיה בבית המלכות. וגם אשר למלך אחשורוש מיותר. גם צריך להבין השנוים, למה פה ובפסוק י"א ט"ז י"ז קראה ושתי המלכה, שמורה שמלכותה לא היה מצד עצמה, ובפסוק י"ב וט"ו קראה המלכה ושתי:

(ח) והשתיה, ובכל זאת היתה השתיה בלי אונס, כי בסעודה שאין הכלים מספיקים אונסים את המסובים למהר לשתות חלקו, כדי שיקחו את כוסו למזוג להאחרים אבל פה היה לכ"א כלי שהיתה בפ"ע ולא אנסוהו אל השתי כי לא הוצרך אחד מהם לכלי חברו, וזה מורה על רוב כלי זהב שהיו שם, ואף שכבר היה מנהג בני פרס לכבד הגדול בשתיה [כמ"ש בברכות הני פרסאי בסדר הסבה בקיאי טפי מינן] אבל פה לא אנסו לזה רק כ"א שתה בפני עצמו כפי רצונו, ולבל יהיה זה לבוז אל הגדולים והעדר כבוד, יסד כן המלך על כל רב וגדולי ביתו, שהם מחוייבים לעשות כן, ובאופן שהם עצמם מחלו על כבודם, כדי לעשות כרצון איש ואיש:

(ט) גם, כבר בארנו בפסוק א' שאחשורוש בעת שתפש כל המלכות שהיתה תחלה תחת שבט בבל ופקודם כשדים, לקח את ושתי לו לאשה, ועי"כ הודו כולם במלכותם, יען שהמלוכה מגיע לו בנחלה ע"י ושתי שהיא יורשת נ"נ, ועתה שחשב מחשבות למלוך ממלכה בלתי מוגבלת, שע"ז חגר כל ההדרת הזאת בסמכו את כסאו לשושן ובעשית המשתה כנ"ל, רצה להחזיק את עצמו כאלו כבש הממלכות האלה בחרבו וביד חזקה ימלוך עליהם, ורצה שסרי המדינות יסכימו עמו בזה שינהיג המלוכה בלי הגבלה רק ימשול כרצונו, הנה עתה היו נשואי ושתי כסילון ממאיר בעיניו כי ע"י נשואי ושתי נחשב כאלו מעצמם קבלוהו למלך ע"י ירושת ושתי, וממילא דינו כמלך הנעשה בבחירת העם, שמלכותו מוגבלת ע"פ דתות ונימוסי העמים. לכן חשב מחשבות והתחכם להראות כי לא לקח את ושתי מצד ירושתה ולא על ידה הגיע למלוכה, כי בעת כבש המלכות מיד בבל פסקה מלכות בבל ונשתי באתה לידו כשבוית חרב ולא ע"י ירושתה לקחה רק על ידי יפיה, ולא על ידה בא למלוכה, כי נהפוך הוא שהיא מלכה על ידו, באופן שלא יצדק לקראה בשם המלכה ושתי, רק ושתי המלכה, כי אין מלכותה מצד עצמה רק ע"י אחשורוש, ושמה קדם למלכותה, והאות הראשון לזה היה במשתה אשר עשתה, שאם היתה יורשת נ"נ והוא מלך על ידה, הלא היה ראוי שעשה גם היא משתה אל השרים, אחר שהיא העיקר במלוכה, וגם שיהיה המשתה בבית מלכותה המיוחד לה מצד עצמה בהיות המלוכה מצד עצמה, אבל לא היה כן, רק גם ושתי המלכה מצד שהאלים שעיקר ענינה הוא ושתי המלכה ששמה קודם למלכותה ואין מלכותה רק על ידו, לזה לא עשתה רק משתה נשים לא אל השרים והעמים, וזאת שנית שהמשתה היה רק בבית המלכות אשר למלך אחשורוש, באופן שמורה שהיא אין לה בית מלכות בפ"ע, רק לו לבדו יאתה המלוכה:

ביום

אחשורוש׃ י ביום השביעי כטוב לב־המלך ביין אמר
למהומן בזתא חרבונא בגתא ואבגתא זתר וכרכס
שבעת הסריסים המשרתים את־פני המלך אחשורוש׃
יא להביא את־ושתי המלכה לפני המלך בכתר מלכות
להראות העמים והשרים את־יפיה כי־טובת מראה
היא׃ יב ותמאן המלכה ושתי לבוא בדבר המלך אשר

ביד

°בריהו קרי

רש"י

על כל רב ביתו. על כל שרי הסעודה שר האופים ושר הטבחים ושר המשקים: לעשות כרצון איש ואיש. י לכל אחד ואחד רצונו: (י) ביום השביעי. רבותינו אמרו שבת כ היה: (יב) ותמאן המלכה ושתי. רבותינו אמרו לפי שפרחה בה צרעת ל כדי שתמאן ונהרג לפי שהיתה מפשטת בנות ישראל ערומות ועושה בהן מלאכה בשבת נגזר עליה שתפשט ערומה

שפתי חכמים

אבל רבותינו דרשו רב רב בשנים: י דק"ל דהי יעשה כרצון איש זה לא יוכל לעשות כרצון איש אחר כי אין רצון כולם שוים. לכ"פ לכל אחד רצונו לא שיעשה רצון כולם כשם אחד ובנושא אחד: כ בפ"ק דמגילה ביום השביעי כטוב לב המלך ביין אטו עד יום השביעי לא טב ליה ביין אמר רב יום השביעי שבת היה כו' נמצא שעיקר כוונת הכתוב להורות שכאשר טב ליה ביין בשבת אירע מעשה דושתי כדי לשלם לה מדה כנגד מדה כמו שאמרו ז"ל ודיוקא דל"ל הכי הוא אטו עד יום השביעי לא טב ליה ביין אלא ע"כ דפירוש דקרא כאשר טב ליה ביין ביום השביעי לא שיום השביעי הוא הגורם לטב ליה כי כל יום טב ליה רק זה אירע כאשר טב ליה ביום השביעי א"כ קשה מה בא הכתוב להשמיענו מנ"מ אי ביום השביעי הוה או ביום הראשון אע"כ כאי יום השביעי שבת היה וקרא אתא לאשמעינן שבמדה שאדם מודד מודדים לו: ל דיוקא דרבותינו מהדי פרוגם

השאלות

י איך סכלות גדול מזה, שמושל אדיר כזה יצוה להביא אשת חיקו, להראותה לפני המון גוים והמון לאומים כי יפת מראה היא. ובשגם לקבלת חז"ל שצוה להביאה ערומה. וביותר יפלא איכות הבאתה אשר נראה שצוה תיכף להביאה בע"כ ביד הסריסים, כמביאים אחת הנבלות, עד שנבחר לה מות מחיי הבוז והקלון. גם למה האריך בספור זה בשמות הסריסים, ובאר המשרתים את פני המלך, מה צורך לנו בהודעה זאת:

יא לפני המלך מיותר. ולמה לא אמר להביא את ושתי בכתר מלכות לפני המלך, שהלא הכתר תלבש קודם שתבא לפני המלך:

יב מ"ש לבא בדבר המלך אשר ביד הסריסים משמע שהוא נתינת טעם שמצד זה לא רצתה לבא. גם להבין הכפל ויקצוף וחמתו בערה בו:

פירוש

(י) ביום השביעי, ולמען יהיה זאת ליסוד מוסד ולכן הראה שושתי אין לה חלק במלכות, ומלכותו היא מצד הכבוש לבד שע"י ישיג מגמתו להיות מולך ממלכה בלתי מוגבלת, והחכם במה שצוה להביא ושתי לפניו, להראות שלא מצד יחוסה לקחה, רק מצד שיפת מראה היא, לא זולת זה, כי יחוס מלכותה נפסק בעת הכבוש והשרים להוציא זה לאור בחמשה ענינים: א) שצוה למהומן וכו' שבעת הסריסים שאם היתה נחשבת כמולכת בפני עצמה, איך יוביאוה ע"י הסריסים הלא ראוי שיצאו לקראתה כל שרי המלוכה: ב) שגם לא בחר שתבא ע"י הסריסים המשרתים אותה, רק ע"י הסריסים המשרתים את פני המלך אחשורוש, שזה שפלות גדול לפניה, שמחשיבה אחת מפילגשיו, אשר סריסיו יביאוה לפניו:

(יא) להביא, ג) שצוה להם להביא שהל' מראה שיביאוה בעל כרחה כאחת שפחותיו, ד) שצוה שיביאוה באופן שידעו הכל כי מביאים את ושתי המלכה לא המלכה ושתי, שמן הראוי לפני המלך ידעו כל העמים שאין מלכותה עצמי לה, והוא ע"י שיביאוה לפני המלך בכתר מלכות, ר"ל שלא תלבש הכתר עד אחר תבוא לפני המלך, ור"ל לפני המלך עם שתהיה לפניו אז תהיה בכתר מלכות לא קודם לכן, ובזה יכירו הכל שאין ראוי לה ללבוש הכתר בהיותה לבדה כי הדיוטית היא, ה) תכלית מטרת הצווי להראות העמים והשרים שלא לקחה בעבור יחוסה רק בעבור יפיה כי טובת מראה היא שאם היה לוקחה בעבור יחוסה ובעבור שע"י זכה למלכות לא יתכן שיראה את יפיה, כי הלא בין יפה בין כעורה היה לוקחה אחר שעמה לקח הכל המלוכה, והלא זה בזיון אל המדינות אם מראה יפיה, כאלו היופי הטוב יותר מן המלכות שהשיג על ידה, אבל בזה גלה כי אין מחשיב אותה למלכה מצד עצמה, וחכם בהמלכות מצד עצמו בכחו וגבורתו, ובזה רצה להגיע לחפצו למלוך מלוכה בלתי מוגבלת:

(יב) ותמאן, מבאר כי מה שושתי לא רצתה לבא היה על כי הבינה כוונו שרוצה להורידה ממעלתה שתחשב

עד

בְּיַד הַסָּרִיסִים וַיִּקְצֹף הַמֶּלֶךְ מְאֹד וַחֲמָתוֹ בָּעֲרָה בוֹ: ס
יג וַיֹּאמֶר הַמֶּלֶךְ לַחֲכָמִים יֹדְעֵי הָעִתִּים כִּי־כֵן דְּבַר הַמֶּלֶךְ

לפני

רש"י

ס ערומה בשבת: ויקצף. ששלחה לו דברי גנאי: (יג) כי כן דבר המלך. כי כן מנהג של המלך בכל משפט

שפתי חכמים

פרזנס סיפס מדכתיב עשתה משתה בית המלכות כיון שהיה מבע"ל. אלא גם היא לדבר עבירה נתכוונה כדי להסתכל ביופיה א"כ למה לא באת אלא לפני שפרחה כו' והא דאמרו פרחה צרעת ולא ע"א בירושלמי מפיק לה בג"ש כתיב הכא אשר גזר עליה וכתיב גבי עוזיה כשנתנגע עזר מבית ה' מה להלן צרעת אף כאן צרעת: ס דיוקו מדאמר להביא את ושתי המלכה לפני המלך בכתר מלכות ולא אמר בלבוש מלכות וכתר מלכות על ראשה מלמד שכן היה אומר להביא את ושתי המלכה ולא יהיה עליה כלום אלא כתר מלכות וכ"ה בהדיא בילקוט: ב דק"ל מאי כולי האי דלקא דיה ממשיה לכ"פ שלחה לו כו': ס דק"ל וכי דבר המלך תמיד לפני כל יודעי דת וולת זו לא היה מדבר לכ"פ כי

כן

השאלות

יג מי הם יודעי העתים ומי הם היודעי דת ודין ובאור הכתוב הזה מוקשה ומהו ההבדל בין דת ודין. ולמה אמר אח"כ כדת מה לעשות ולא אמר כדין:

פירוש

עד פתה שיש לה חלק בהמלכות מצד נחלת אבותיה, וז"ש והמלך יען שהיא לפי דעתה המלכה ושתי שמלכותה מצד עצמה, ע"כ לא רצתה לבא מפני טעמים: א) בדבר המלך יען שפקד עליה שתבא באופן שיראה שאין לה חלק במלוכה ולא תלבש הכתר פרס טובה לפניו, ב) אשר ביד הסריסים אשר צוה להביאה ע"י הסריסים שכדי בזיון וקצף. והנה בזה הפריה כל עצתו שרצה להחזיק במלכות מצד עצמו והיא עמדה נגדו לאמר שמלכותו לא נצמח רק על ידה, וע"ז ויקצף המלך מאד, ר"ל כי הבדל יש בין קצף ובין חמה, שהקצף הוא בגלוי והחמה מורה על שמירת הקנאה בלבו בלי יגלה מן השפה ולחוץ, ופה היו שני ענינים: א) הקצף הגלוי, על שסרבה לעשות מצותו שזה היה בפרהסיא, ב) החמה הפנימיית אשר בערה בלבו על שעל ידה נתבטלו כל מחשבותיו וכל מה שטרח עד הנה בהסעודה למען ימלוך ממלכה בלתי מוגבלת היה עתה לאפס, ויען שזה לא יכול להגיד, כי עצות האלה היו נפונים בלבו, לא הראה הקצף הזה, רק החמתו בערה בו:

(יג) ויאמר המלך, מתוך דברי המלך ומתשובת ממוכן נראה כנ"ל, שהמלך עם כל החמתו עליה רצה לזכותה ועל כל פשעים תכסה אהבה. והנה יש הבדל בין משפט אשר ישפטו בין המלך ובין אחד מעבדיו, למשפט אשר ישפטו בין כל האדם בין איש לרעהו, כי אל משפטי המלך היו קבועים שופטים מיוחדים הנקראים יודעי העתים, שהשופטים האלה מלבד שהיו צריכים לדעת הדתות וחוקי המשפט, היו צריכים לדעת את העתים, לדון לפי השעה והזמן, שאם חטא מי נגד המלך בעת שישב על כסא מלכותו ענשו יותר גדול מאם חטא נגדו בעת שעבר ממקום למקום, וכ"ש אם חטא נגדו בעת כזאת שכל גדולי המדינה היו לפניו שענשו גדול וכבד יותר, אבל משפטים שבין איש לרעהו ידונו לפני כל יודעי דת ודין לבד לפי חוקת המשפט והמלך ראה שאם יצוה לדון משפט זה במשפט יודעי העתים, שבזה מחשיב כאלו הדיוט חטא נגד המלך ידיעה משפט מות, ע"כ אמר המלך אל החכמים יודעי העתים שמשפט זה אין ענינו לבא לפניהם רק יכול לשפוט לפני כל יודעי דת ודין, כי אין זה משפט של הדיוט שחטא נגד המלך כי היא מלכה כמוהו, ואין לו יתרון עליה, ואחר שהוא מלך והיא מלכה מצד תולדתה, הוא רק משפט שבין איש לאשתו, כי שניהם שוים במעלה, וכל יודעי דת ודין יכולים לשפוט דבר זה כשאר משפט שבין איש לאשתו, וז"ש ליודעי העתים שדבר המלך הלז יכול להשפט לפני כל יודעי דת ודין דעלמא, ואמנם במה שכפל דת ודין בזה רצה לזכותה לגמרי, כי עם שדת יבא גם על משפט הנמוסי אשר בדברים שבין איש לרעהו, ר"ל שאחר שבא נרדף עם דין שכולל דברי ריבות שבין איש לחבירו, יהיה דת שם נבדל על נמוס המוסרי, כי דת יבא לרוב על הדתות האלהיים או המוסריים. והנה במשפט הלזה שצוה להביא את ושתי לפניו להראות את יפיה לפני רבים עמים, מצד הדין יש לחייבה כי גם אם ידונו אותם כאיש ואשתו בלי השקף על המלוכה, היה הדין אז כמו שהוא עד היום בארצות המזרח שהאשה משועבדת תחת בעלה וצריכה להכנע לעשות רצונו ואם תעבור עליו תענש, אבל מצד הדת המוסרי הזכה בדינה, כי הדת המוסרי היה שהפרסיות והמדיות היו נטעות סגורות בהיכליהם, לא יראו לפני אנשים, כמ"ש במשנה (שבת פ"ו מ"ו) הערביות יוצאות רעולות והמדיות פרופות, והוא צוה לה לבא להראות את יפיה לפני המונים שזה נגד הדת המוסרי, ובזה אם ידונו זה המשפט כמשפט שבין איש לאשתו אין האשה חייבה לעבור על הדת המוסרי, וז"ש לכל יודעי דת ודין, שצריכים במשפט זה לדעת גם הדת, ואמר שא"כ כדת מה לעשות שיבקשו במשפט על הדת המוסרי:

הקרוב

לִפְנֵי כָּל־יֹדְעֵי דָּת וָדִין׃ יד וְהַקָּרֹב אֵלָיו כַּרְשְׁנָא שֵׁתָר
אַדְמָתָא תַרְשִׁישׁ מֶרֶס מַרְסְנָא מְמוּכָן שִׁבְעַת שָׂרֵי ׀
פָּרַס וּמָדַי רֹאֵי פְּנֵי הַמֶּלֶךְ הַיֹּשְׁבִים רִאשֹׁנָה בַּמַּלְכוּת׃
טו כְּדָת מַה־לַּעֲשׂוֹת בַּמַּלְכָּה וַשְׁתִּי עַל ׀ אֲשֶׁר לֹא־
עָשְׂתָה אֶת־מַאֲמַר הַמֶּלֶךְ אֲחַשְׁוֵרוֹשׁ בְּיַד הַסָּרִיסִים׃ ס
טז וַיֹּאמֶר °מומכן לִפְנֵי הַמֶּלֶךְ וְהַשָּׂרִים לֹא עַל־הַמֶּלֶךְ
לְבַדּוֹ עָוְתָה וַשְׁתִּי הַמַּלְכָּה כִּי עַל־כָּל־הַשָּׂרִים וְעַל־כָּל־
הָעַמִּים אֲשֶׁר בְּכָל־מְדִינוֹת הַמֶּלֶךְ אֲחַשְׁוֵרוֹשׁ׃ יז כִּי־

°ממוכן קרי

יצא

רש"י

משפט לשום את הדבר לפני כל יודעי דת ודין: (יד) והקרב אליו. לערוך ע דבריו לפניהם אלו הם כרשנא שתר וגו': (טו) כדת מה לעשות. מוסב על ויאמר המלך לחכמים: (טז) עותה. ל' עון: (יז) כי יצא דבר המלכה על כל הנשים. זה שבזתה את המלך על כל פ הנשים להבזות אף הן את בעליהן

שפתי חכמים

ע מנהג המלך כו': ע דק"ל מה ענין זה לכאן לכ"פ לערוך דבריו כו': פ דק"ל דהלא לא עשתה שום דבר רק שמאנה לבא לא בטוחה שיעשו הנשים דבר. לכ"פ זה שבזתה

השאלות

יד מז"ש ותקרוב אליו, ולמה כפל תארם בשלשה ענינים:

טו למה אמר ביד הסריסים:

טז מה רצה ממוכן בכפלו על כל השרים ועל כל העמים, שאם החטא הוא רק מה שהנשים יבזו בעליהן. מה הבדל אם נשי השרים או העמים יבזו בעליהן

יז איך יתכן שעל חטא זה שהנשים יבזו בעליהן תומת המלכה, הלא יכול לתת דת מעתה להיות כל איש שורר בביתו, ומהו כי יצא דבר המלכה:

פירוש

(יד) והקרוב, אחר שהקדים שמשפט זה אינו משפט מלך, רק משפט שבין איש לאשתו בחר להביא המשפט הלז לפני שבעת השרים האלה מצד ד' טעמים: א) והקרוב אליו שהם יושבים קרובים אליו ולא רצה שיתפרסם המשפט הזה רק אחר שהם כל"ז כבר שמעו את כל אשר רצה שהם ישפטו בדבר וישאר סוד ביניהם, ב) בחר בהם מצד שהם שבעת שרי פרס ומדי ורצוי שישפטו משפט זה מפני מעלתם, ג) שהם רואי פני המלך תמיד ומכירים קרינותיו ומיזותיו וידעו מה בלבו שרוצה לזכותה, ד) היושבים ראשונה במלכות שיושבים במלכות מזמן רב, וכבר נהגו תולדות הימים ומכהן הזמניה כדרך השופטים הישישים הבקיאים ומומחים בדבר: (טו) כדת, כבר כתבנו שהיה מנמתו שישפטו ע"פ הדת המסורי שע"פ הלא זכאי בדינה, ולמען לא ידונו אותה כהדיוט המורד במלך שבזה אין מועיל טענה זאת, אמר: א) במלכה ושתי, שהיא מלכה מצד עצמה ויחוסה ואין משפטה עם המלך רק כמשפט אשה נגד בעלה, ב) אשר לא עשתה את מאמר המלך אחשורוש, יש לה תירוץ יען שהיה ביד הסריסים וכדי בזיון וקצף שמלכה מתולדתה יביאוה הסריסים: (טז) ויאמר מבוכן, כאשר ראה ממוכן שהמלך רצה לזכותה לאמר שאינו משפט הנוגע למלך שהוא משפט כללי, כי כבוד המלך הוא כבוד כל המדינה, ורק משפט פרטי בין איש לאשתו, וגם רצה להסתיר הדבר במ"ש והקרוב אליו, השיב לפני המלך והשרים בפרהסיא, לאמר לא על המלך לבדו שהיה משפט פרטי רק משפט כללי הנוגע לכל המדינה, וגם לאמת שהמלך רצה לזכותה במ"ש שהיא המלכה ושתי שמלכותה מצד עצמה, השיב שהיא ושתי המלכה שמלכותה אינה עצמי לה, רק על ידי המלך היא מלכה. ובזה הוא משפט שבין הדיוט למלך, וגם אינו משפט הנוגע למלך לבדו. רק הטנע, א) לכל השרים, שהוא מה שבזה רצתה להשפיל כל כבוד מלכות אחשורוש ושמן הדין ראוי שמלכותו תהיה מלכות בלתי נגבלת אחר שזכה בהמלכות ע"י כבוש, והיא רצתה להגביל מלכותו לאמר שהגיע למלכות על ידם, הם דבר הנוגע לכלל המלוכה, ואת שרים השאה על כל העמים במה שנשיהם יבזו בעליהן, ולא בחלק אחד ממלכותך רק אשר בכל מדינות המלך, שהדבר כולל בין כלל המלוכה בין כלל המדינות: (יז) כי יצא, עשה כאשר דבריו ומפרש שהלא איך הוא נוגע לכלל העמים, כי באמת אגל ושתי לא היו רק בזום

יֵצֵא דְבַר־הַמַּלְכָּה עַל־כָּל־הַנָּשִׁים לְהַבְזוֹת בַּעְלֵיהֶן
בְּעֵינֵיהֶן בְּאָמְרָם הַמֶּלֶךְ אֲחַשְׁוֵרוֹשׁ אָמַר לְהָבִיא אֶת־
וַשְׁתִּי הַמַּלְכָּה לְפָנָיו וְלֹא־בָאָה: יח וְהַיּוֹם הַזֶּה תֹּאמַרְנָה ׀
שָׂרוֹת פָּרַס־וּמָדַי אֲשֶׁר שָׁמְעוּ אֶת־דְּבַר הַמַּלְכָּה לְכֹל
שָׂרֵי הַמֶּלֶךְ וּכְדַי בִּזָּיוֹן וָקָצֶף: יט אִם־עַל־הַמֶּלֶךְ טוֹב יֵצֵא
דְבַר־מַלְכוּת מִלְּפָנָיו וְיִכָּתֵב בְּדָתֵי פָרַס־וּמָדַי וְלֹא יַעֲבוֹר
אֲשֶׁר לֹא־תָבוֹא וַשְׁתִּי לִפְנֵי הַמֶּלֶךְ אֲחַשְׁוֵרוֹשׁ וּמַלְכוּתָהּ

יִתֵּן

רש"י

בעליהן: (יח) תאמרנה שרות פרס ומדי. לכל שרי המלך את הדבר הזה והרי זה מקרא קצר: וכדי בזיון. ויש בדבר הזה הרבה בזיון וקצף: (יט) דבר מלכות. גזרת צ מלכות של נקמה שלוה להרגה: ויכתב בדתי פרס ומדי. בספרי ק חוק ומנהג המלכות: ולא יעבור. חוק זה מביניהם שיהא זה

תום

שפתי חכמים

פ מהם כו' כלומר מהון מעשיה תלמדנה הנשים לעשות גם הם: צ דק"ל דבר המלך מבע"ל לכ"ש גזרת מלכות כו': ק דק"ל שלא הדת לא דבר גושני הוא שנו יכתוב וכו"ל ויכתב

השאלות

יח מלות והיום הזה אין להן הבנה. וגם לא נזכר מה שיאמרו שרות פרס ומדי. ומהו הכפל של בזיון וקצף:

יט מ"ש יצא דבר מלכות מלפניו אין לו מובן מהו הדבר מלכות. וביחוד מ"ש ויכתב בדתי פרס ומדי, שהלא בדתות העמים לא יכתב רק דת הקיים לעולם שע"פ יפסקו הדין להבא אבל הריגת ושתי אינו דת קיים רק משפט לפי שעה, ומהו ולא יעבור:

פירוש

שרות פרס ומדי, והם שמעו וידעו גוף הענין והויכוח שהיה ביניהם והם ידעו שמה שלא רצתה לבא היה מפני שרצה להורידה ממעלתה להכחיש מלכותה והם לא יבזו בעליהן, כי לפי דעת ושתי, דבר גדול בקש ממנה, רק הם יספרו גוף הענין להשרים שמזה יתגלגל כבוד המלך לאמר שמלכותו מוגבלת, אבל נשי העמים שהם לא היו שם, ולא ידעו גוף הענין, לא ישמעו רק פשטות הספור שאחשורוש קרא לושתי ולא רצתה לבא, ובזה ילמדו ק"ו להבזות בעליהן, וז"ש כי יצא דבר המלכה על כל הנשים, בזה שיתפשט דבר המלכה כפי המספרים אשר ישמעו הדבר אחר ימים אחדים איש מפי איש ולא ידעו גוף המעשה, ישפטו זה לרעה שיבזו בעליהן בעיניהן, שאם יצוה הבעל לאשתו לעשות לו עבודה, תעיז פניה ותשיב לו: א) שלא המלך אחשורוש שהוא מלך. ב) שאמר להביא את ושתי המלכה שהיא אינה מלכה מצד עצמה רק מצדו, ג) שאמר רק להביאה לפניו שהוא דבר קטן ומ"מ ולא באה, וכ"ש אתה שאינך מלך ואני איני מלכה על ידך רק דומה לך במעלה ואתה מבקש ממני לא לבא לפניך, רק שאעבוד עבודה קשה, כ"ש שאיני צריך לשמוע לך. ובזה יחדלו הנשים משמוע לבעליהן, והמעשה הלז תהיה למשל ולשנינה בפי כולם, וזה הוא הנוגע לכל העמים:

(יח) והיום הזה, עתה באר מה שנוגע להשרים, כי שרות פרס ומדי שכן היו במשתה הלז וכן שמעו את דבר המלכה וכל הויכוח שהיה ביניהם בפרטות, והם עוד היום הזה תאמרנה כל דבר המלכה לכל שרי המלך, באופן שהיום הזה אשר הגבלת לקיים בו מנהגך שיסכימו השרים עמך שהמלוכה ממלכה בלתי מוגבלת, ותופר פעלך במה שנשי השרים יספרו לבעליהן, כי ושתי מחזקת שיש לה חלק במלכותך, והמלוכה לך ירופה על ידה, ואם לא תהרגנה הרי תסכים עמה, ויוכחש כל ענינך. וממילא וכדי בזיון בין העמים שהנשים יבזו בעליהן, וקצף בין השרים שיקציפו את מלכותך שתאמר ממלכה מוגבלת:

(יט) אם על המלך טוב, אחר שהציע כל מה שעשתה ושתי וההפסד שנמשך על ידה, וגלה דעת המלך כל מה שהיה עם לבבו במשתה הזאת וכי ושתי הפרה עצתו, בא כיועץ חכם והודיעו איך יתוקנו שני הקלקולים האלה ע"י מיתת ושתי, והראשון יעצו איך יחזיק במעוז שמעתה תהיה מלכותו מלכות בלתי מוגבלת, וז"א יצא דבר מלכות מלפניו, יעצו שמעתה יעמיד חק חדש אשר כל דבר מלכות לא יצאו עוד מן השרים המחוקקים כמו שהיה עד הנה שלא היה רשות להמלך לשפוט או לתקן דבר בעצמו אם לא ע"פ השרים ויועצי המדינה מעתה לא יהיה כן רק כל דבר מלכות אשר יצא, מלפניו לבדו יצא,

ולא

יִתֵּ֣ן הַמֶּ֔לֶךְ לִרְעוּתָ֖הּ הַטּוֹבָ֥ה מִמֶּֽנָּה׃ כ וְנִשְׁמַע֩ פִּתְגָ֨ם
הַמֶּ֤לֶךְ אֲשֶׁר־יַעֲשֶׂה֙ בְּכָל־מַלְכוּת֔וֹ כִּ֥י רַבָּ֖ה הִ֑יא וְכָל־
הַנָּשִׁ֗ים יִתְּנ֤וּ יְקָר֙ לְבַעְלֵיהֶ֔ן לְמִגָּד֖וֹל וְעַד־קָטָֽן׃ כא וַיִּיטַב֙
הַדָּבָ֔ר בְּעֵינֵ֥י הַמֶּ֖לֶךְ וְהַשָּׂרִ֑ים וַיַּ֥עַשׂ הַמֶּ֖לֶךְ כִּדְבַ֥ר מְמוּכָֽן׃
כב וַיִּשְׁלַ֤ח סְפָרִים֙ אֶל־כָּל־מְדִינ֣וֹת הַמֶּ֔לֶךְ אֶל־מְדִינָ֤ה
וּמְדִינָה֙ כִּכְתָבָ֔הּ וְאֶל־עַ֥ם וָעָ֖ם כִּלְשׁוֹנ֑וֹ לִהְי֤וֹת כָּל־אִישׁ֙
שֹׂרֵ֣ר בְּבֵית֔וֹ וּמְדַבֵּ֖ר כִּלְשׁ֥וֹן עַמּֽוֹ׃ ס

אחר

רש"י

חוק ודת לכל הנשים את בעלה: אשר לא תבוא ושתי. ולכך נהרגה: (כב) ומדבר כלשון עמו. כופה את אשתו ללמוד את לשונו אם היא בת לשון אחר

שפתי חכמים

ויבא בדתי פרס ומדי. לכ"פ בספרי חוק כו': ר"ל מה יתקנו בזה שיכתב אשר לא תבא ושתי שלא גרושי גרשי שממנה שלמדנה הנשים לעשות גם הנה כן. לכ"פ ולכן נהרגה

השאלות

כ הלא יפלא מ"ש ונשמע פתגם וכו' כי רבה היא, מה הוא הדבר הגדול הזה שהרג אשת חיקו, ומי יעצור בעדו. וביחוד מ"ש וכל הנשים יתנו יקר שמורה שלכן יתרגה כדי שישמע בכל המלכות וילמדו הנשים לתת יקר לבעליהן, וזה עצה סכלה ומגונה מאד שהמלך יהרוג אשת חיקו בשביל דבר כזה. גם מ"ש מגדול ועד קטן ולא אמר מקטן ועד גדול, ועיין למעלה (פסוק ה'):

כב למה מספר ששלח לכל מדינה ומדינה ככתבה. גוף הספרים הם דברי סכלות שיהיה כל איש שורר בביתו. גם מה שפקד שידבר כלשון עמו לא מצאו כל אנשי חיל ידיהם, מה רצה בפקודתו זאת:

פירוש

ולא זאת אלא ויכתב בדתי פרס ומדי, שכל פסק שילא מן המלך יכתב בדתי פרס ומדי להשאר דת קבוע שע"פ יפסקו כל דין כיוצא בו, ולא יעבור רק ישאר דת קבוע לנצח, כמו שהוא גם היום אצל המלכים שפסקיהם ישארו דת קיים במדינה (גאבינעטס ארדערע) והדבר מלכות הראשון יהי אשר לא תבא ושתי לפני המלך, [ויכתב בדתי פרס ומדי הוא מאמר מוסגר ומוסב על כל הפסקים שילאו מן המלך להבא], וגם בזה יען נכונה כי אם ימית את ושתי עדיין יאמרו הלא מ"מ לא באתה לפני המלך, והמלך לא יכול להכריחה שתבא לפניו, לכן יען שהמלך יתן דת שלא תבא ושתי לפניו, שעי"ז יאמרו שלא היא היתה המעכבת, רק שאח"כ היה ברצונה לתקן עותתה ולבא ולא יכלה לבא לפניו מפני דת המלך שלא תבא. ועוסף לזה ומלכותה יתן המלך לרעותה הטובה ממנה. כלל בזה שתי כונות, אחת כמ"ש המפרש שלא יביט עוד על יחוס אבותיה, רק שתהיה טובה ממנה בעצמה לא מצד אבותיה, וזאת שנית, אמר אליו אל תירא פן גם השנית תמרוד בך, כי השנית תלמד מוסר מן ושתי ותירא לעשות כמוה פן כמקרה ושתי גם היא יקרנה, וז"ש הטובה ממנה, המ"ם הוא מ' הסבה שעל ידה תוסר ותהיה טובה:

(כ) ונשמע, עתה באר איך עי"ז ירויח לתקן כל מה שנעוות עתה, כי על ידי שישים חוק שמעתה יצא דבר מלכות מלפניו בלי עצת השרים, עי"ז מעתה ונשמע פתגם המלך אשר יעשה, מה שיעשה המלך בעצמו גם בלי עצת השרים ישמע בכל מלכותו ואין מי שימרה את פיו יען כי רבה היא, כי פתגם המלך שיצא מעצמו יהיה דת קבוע ולא יעבור, ובזה תרויח למשול ממלכה הבלתי מוגבלת. ב) ועי"ז שיהיה משפט בושתי ירויח שכל הנשים יתנו יקר לבעליהן, הגם שהאחד גדול והאחד קטן, ר"ל שגם כשהיא גדולה ממנו ביחוס תתן לו יקר:

(כא) וייטב, אחר שלדבר הזה שימלוך ממלכה בלתי מוגבלת היה צריך הסכמת השרים, אמר שהשרים הסכימו עם המלך בזה, ומעתה נסתלק כח השרים, ונשאר הנהגת הדת להמלך לבדו, ויעש המלך כדבר ממוכן בלי צורך אל הסכמת השרים:

(כב) ע"פ זה נתן הדת הראשון שכל איש ידבר כלשון עמו, וזה עשה בחכמה ודעת, כי עד עתה היה בחוקי פרס שכל העמים הנכנעים תחתם כשהיו כותבים אל המלך וכן המכתבים שהגיעו מן המלך אליהם היה צריך להיות בלשון פרס שהוא שפת האום המולך, ומצד זה היו כולם צריכים ללמוד לשון פרס, ואחר שאחשורוש החזיק עצה, שלא המדינה היא המולכת רק הוא עצמו הוא המולך על כולם

כפילא

ב א אַחַר֙ הַדְּבָרִ֣ים הָאֵ֔לֶּה כְּשֹׁ֕ךְ חֲמַ֖ת הַמֶּ֣לֶךְ אֲחַשְׁוֵר֑וֹשׁ
זָכַ֤ר אֶת־וַשְׁתִּי֙ וְאֵ֣ת אֲשֶׁר־עָשָׂ֔תָה וְאֵ֥ת אֲשֶׁר
נִגְזַ֖ר עָלֶֽיהָ׃ ב וַיֹּאמְר֥וּ נַעֲרֵֽי־הַמֶּ֖לֶךְ מְשָׁרְתָ֑יו יְבַקְשׁ֥וּ
לַמֶּ֛לֶךְ נְעָר֥וֹת בְּתוּל֖וֹת טוֹב֥וֹת מַרְאֶֽה׃ ג וְיַפְקֵ֨ד הַמֶּ֣לֶךְ
פקידים

רש"י

אחר: (א) זכר את ושתי. את יפיה ונעצב: (ג) ויפקד המלך פקידים. לפי שכל פקיד ופקיד ידועים

פירוש

ממילא אין הבדל בין מדינת פרס ליתר מקומות ממשלתו, שכולם נכנעים תחתיו ועבדים לו כאלה, ממילא אין לכתב ולשון פרס יתרון על יתר לשונות הגוים, כי אין המלכות נקראת מעתה על שם פרס רק ע"ש אחשורוש, וע"ז כתב אל כל עם ועם כלשונו, ונתן הדת שכ"א ידבר כלשון עמו, והדת השני נתן שכל איש יהיה שורר בביתו, כי עד עתה היה בחוקי פרס שהאשה תכנע אל האיש לכבודו לבד, והוא נתן הדת שישתרר עליה וימשול בה כאדון בשפחתו, ויכול לעשות בה דין ומשפט כעבד קנין כספו, וכמו שהוא עוד היום בחלק ממדינת אפריקא. ושני דתות החדשים האלה היו מגבילים לעומת שני הדברים שהזכיר ממוכן, שלעומת ימלוך לבדו בבלי הגבלה, נתן הדת שכל הלשונות יהיו שוים, ולעומת שכל הנשים יתנו יקר לבעליהן נתן הדת להיות כל איש שורר בביתו:

אולם מה שהקדים הפרשה הזאת לספור המגלה, ונתחייבנו לקראה בפורים כאילו גם היא שייכה אל ספור הנס, אחשוב בו שני טעמים, א) והוא הטעם העקרי אצלי, כי כלל הספור הזה הוא יסוד מוסד לספורים הבאים אחריו, כי לולא התאמץ המלך למלוך מלכות בלתי מוגבלת, לא היה באפשרי להיות לו לקיחת אסתר, כי לא היו שרי העצה מסכימים שיקבצו למלך נערות בתולות לבחור מהם אשה, ואף כי לקחת אשה אשר לא ידע עמה ומולדתה, ולא הגדלת המן שלא היה יכול לעשות זה בלי רשות השרים, וכ"ש הגזרה הכוללת להשמיד אומה שלמה, ועז"א אלמלא אגרות ראשונות לא נתקיימו אגרות אחרונות, ר"ל אלמלא לא יצא הדת הראשון שהמלך שליט על הדתות והנמוסים לבדו ואין זולתו, לא היה באפשר שיצאו האגרות האחרונות, אחר שהיה צריך נטילת רשות משרי העצה. זאת שנית, אחר שהנס הזה לא היה בו דבר יוצא מחיקת הטבעי, כי שהאשה היפה תשנה רצון המלך בעצה יקרה על הרוב, ולא יהיה זה נס ופלא, רק אם נשקיף היטב על המלך אשר בו היה המאורע, כי אם יקרה זה לרוב במלכים הקטנים, לא יהיה זה בקל אצל מלך הגדול למלכי ארץ. ומצד זה הקדים להודיע. א) גודל מלכותו שמלך על קכ"ז מדינות, ב) גבורתו שכבשם כולם בזמן קצר, ג) עשרו הנראה מהמשתה הגדול, ד) חכמתו איך התנהג בתחבולות להסיר לב ראשי עם הארץ למלוך עליהם בלי הגבלה, ה) טבעו ותכונתו שהגם שאהב את ושתי עד מות, מ"מ מפני אהבת השוב כל יבזו נשי המדינה בעליהן בעיניהן, או אהבת התועלת שישתרר במלכות בלתי מוגבלת, ביטל אהבת הערב שאהב את ושתי, ובכל זה גלוי לכל רואה שמה שאסתר שנתה לבו להשיב את הספרים מהשבת המן, לא אהבת הערב הסתו, רק מאת ה' היתה זאת:

ב (א) זכר את ושתי, מספר שאחר שכך חמת המלך ועלה בדעתו לקחת אשה אחרת למלכה, פחד בלבבו מפני שלשה דברים, א) שזכר את ושתי, את יפיה ויחוסה ומעלותיה וחשב כי קשה שימצא אשה כמוה, ב) זכר את אשר עשתה, וירא לקחת אשה פן גם ימצא מוחסת ויפ"ת כושתי תעשה גם היא כמעשה ושתי, ולא יכון במשפט כסאו שיהרוג גם זאת שיאמרו שהוא הורג את נשיו, ג) זכר את אשר נגזר עליה, וירא שגם תמצא אשה ראויה אליו לא תרצה להנשא לו כי תתירא שלא יהרוג גם אותה.

(ב) ויאמרו וכאשר הודיע פחדו למשרתיו, יעצוהו עצה נכונה להסיר שלשה הספקות אלה; שלעומת מה שזכר את ושתי ואת יפיה, אמרו יבקשו לאדני המלך שיבקשו אשה הראויה למלך. גם אל יביטו על היחוס רק שיהיו נערות טובות מראה, כי מלך גדול כזה למה ישגיח על היחוס:

(ג) ונגד מה שזכר את אשר נגזר עליה ופחד לבבו שלא תרצה האשה להנשא לו, אמרו שאחר שבקשו שהם לא בחרו ברצונם ולא ימנעו האשה בהוספה אליו, אז יפקיד פקידים ויקבצו את כל נערה ביד
תוקף

השאלות

א מה רצה במה ששלש פה, את ושתי, את אשר עשתה, ואת אשר נגזר עליה:

ב עצת הנערים נבערה, שאל מלך כמוהו יבקשו אשה מן הרחובות וקיקלון על כבודו. תחלה אמר יבקשו שמורה הבאות בטוב לבן, ושוב אומר ויפקד ויקבצו שמורה בעל כרחן:

ג ולמה הגבילו שינתנו ליד הגא. ולמה הזכיר שנתנו תמרוקיהן שזה אינו מענין העצה:

פקידים בכל־מדינות מלכותו ויקבצו את־כל־נערה־
בתולה טובת מראה אל־שושן הבירה אל־בית הנשים
אל־יד הגא סריס המלך שמר הנשים ונתון תמרקיהן׃
ד והנערה אשר תיטב בעיני המלך תמלך תחת ושתי
וייטב הדבר בעיני המלך ויעש כן׃ ס ה איש יהודי היה
בשושן הבירה ושמו מרדכי בן יאיר בן־שמעי בן־קיש
איש ימיני׃ ו אשר הגלה מירושלים עם־הגלה אשר
הגלתה עם יכניה מלך־יהודה אשר הגלה נבוכדנצר

°סגו"ל בלא מקף

מלך

רש"י

ידועות לו נשים יפות שבמדינתו : תמרקיהן . הן דברים המלהלהין, כמו (ויקרא ו') ומורק ושוטף . שמן ערב ומיני סמנים ובשמים המטהרין ומעדנין את הבשר : (ה) איש יהודי. על שגלה עם גלות יהודה, כל אותן שגלו עם מלכי יהודה היו קרויים ש יהודים בין הגוים ואפי' משבט אחר הם :

שפתי חכמים

נכרגס פי' שהיו מתבים שלך נכרגס : ש דק"ל קרי איש יסודי ... איש ימיני מבנימין

השאלוה

ח איש יהודי, יל"ד שהי"ל ויהי איש יהודי בשושן, ולמה מספר יחוסו :
ז למה מאריך הספור שהגלה מירושלים :

פירוש

חזקה, (וגם התחכמו שיפקד ע"י פקידים חדשים, שהפקיד החדש לא יערבו לבם לתת לו שוחד להסתיר ולהעלים עין מבנות העשירים), ונגד החשש הנ"ל מה שזכר את אשר עשתה וירא פן תעשה כמעשה ושתי, יעצוהו שיקבצו הנערות אל יד הגא, ושלא יביאו התמרוקים מביתם רק ונתון תמרקיהן, ע"י הסריסים. ומלבד זה יכנעו תמיד אל הסריסים ולא תגבהנה בלבבן כושתי שהיה לה לחרפה מה ששלח לה המלך ביד הסריסים :

(ד) והנערה גם אם איננה מיוחסת רק אם תיטב בעיני המלך :

וייטב הדבר בעיני המלך, פה לא הוצרך לעצת השרים כמו למעלה, כי כבר נתן בידו הכח לעשות הכל לבדו כנ"ל :

(ה) איש יהודי הכתוב בא לספר לדקת מרדכי והסתר, איך בשלשה זמנים היתה אסתר נמורה ולקחת בעל כרחה, א) בזמן הראשון שנלקחה מביתה, ב) בזמן השני במשך י"ב חדש שישבה תחת יד הגי, ג) זמן השלישי בעת נלקחה אל היכל המלך. עתה התחיל לספר מתחלת לקיחתה מביתה, שמרדכי הסתירה משך זמן רב, הגם שהיה לו סכנה בדבר כי פקודת המלך בודאי היתה שכל מי שי"ל בת יפה יביאנה, וכשעבר על פקודת המלך אחת דתו להמית ובכל זאת לא מסרה ברצונו, והוצב בזה שמונה ענינים, א) איש יהודי היה בשושן הבירה, שאם היה מרדכי דר במדינה אחרת לא היתה הסכנה גדולה כ"כ, כי היה יכול לומר שלא שמע מפקודת המלך, אבל הוא היה בשושן ושם היה מקום הקיבוץ ונודע לכל בני העיר, וגם אם היה דר בשושן זה מקרוב היה לו פירון שעדן לא שמע, עז"א איש יהודי היה מכבר בשושן שדר שמה מימי קדם, ובזה מתחייב ראשו למלך, ב) ושמו מרדכי כי אם היה איש שפל ונבזה היה לו אמתלא שיכלם למסור בתו למלך בידעו פחיתות מדרגתו, לכן אמר שהיה איש המודע בשמו ויחוסו ושם שבשו לכבוד ולתפארת, ובשגם שהיה מזרע המלוכה מבני שאול :

(ו) אשר הגלה, ג) חשאו היה יותר גדול מצד שהיה מן הגולים, כי ידוע שאם איש גר אשר יאסוף בצל המלך מצד החסד יעבור ואשם עד דת המלך, יענש יותר מאם יחטא אחד מאזרחי הארץ, וגם לא יכול לשום אמתלא שמצד זה בעצמו שהוא מן הגולים לא ערב לבו לתת בתו למלך, כי הגולים נבזים ע"פ רוב, לז"א שהיתה מן הגולה שהגלתה עם יכניה, שאז גלו שרי יהודה ותפארת ציון, ואלה היו הטובים המיד :

ויהי

מֶלֶךְ בָּבֶל׃ ז וַיְהִי אֹמֵן אֶת־הֲדַסָּה הִיא אֶסְתֵּר בַּת־
דֹּדוֹ כִּי אֵין לָהּ אָב וָאֵם וְהַנַּעֲרָה יְפַת־תֹּאַר וְטוֹבַת
מַרְאֶה וּבְמוֹת אָבִיהָ וְאִמָּהּ לְקָחָהּ מָרְדֳּכַי לוֹ לְבַת׃
ח וַיְהִי בְּהִשָּׁמַע דְּבַר־הַמֶּלֶךְ וְדָתוֹ וּבְהִקָּבֵץ נְעָרוֹת רַבּוֹת
אֶל־שׁוּשַׁן הַבִּירָה אֶל־יַד הֵגָי וַתִּלָּקַח אֶסְתֵּר אֶל־בֵּית
הַמֶּלֶךְ אֶל־יַד הֵגַי שֹׁמֵר הַנָּשִׁים׃ ט וַתִּיטַב הַנַּעֲרָה בְעֵינָיו
וַתִּשָּׂא חֶסֶד לְפָנָיו וַיְבַהֵל אֶת־תַּמְרוּקֶיהָ וְאֶת־מָנוֹתֶהָ
לָתֵת לָהּ וְאֵת שֶׁבַע הַנְּעָרוֹת הָרְאֻיוֹת לָתֶת־לָהּ מִבֵּית
הַמֶּלֶךְ

רש"י

מבנימין היה כך פשוטו. ורבותינו דרשו מה שדרשו: (ז) לו לבת. רבותינו פירשו ת לבית לאשה: (ט) ויבהל את תמרוקיה. זריז וממהר בשלה משל כולן: שראויים לתת לה. לשרתה וכן עושין לכולן, ורבותינו

שפתי חכמים

יהודי וקרי ליה ימיני. לכ"פ על שגלה כו': ת דק"ל כי איך תוכל להיות לו לבת מאחר שאינה מזרעו וס"ל לקחה מרדכי והיתה לו כבת כמו ותהי לו כבת גבי בת שבע (שמואל ב' י"ב). לכ"ה אל תקרי לבת אלא לבית, כ"ה בפ"ק דמגילה

השאלות

ז כפל הלשון. וגם אינו מסודר במה שהפסיק באמצע במ"ש והנערה יפ"ת.

ח מ"ש ויהי בהשמע ובהקבץ הכל דברי מותר, הלא עיקר בא להודיע שנלקחה אסתר. ומה נ"מ אם נלקחו נערות רבות קודם או לא:

ט ותיטב ותשא חסד הוא כפל ענין. מה ענין ויבהל מה הבהלה הזאת. למה נזכרו פה מנות. ולא נזכר שנתנו מנות לנערות אחרות. גם לא נזכר שנתנו להאחרות ז' נערות. ומלת הראויות מורה שראוים לה לבדה.

פירוש

(ז) ויהי אומן, ד) שהיה נודע לכל שהוא האומן אותה, וגם אסתר היתה נודעת בשם עד שנקראת הדסה ע"י מדותיה הטובים, וגם היתה בת דודו וממילא הוא פקיד עליה והיא תחת רשותו, ומכל אלה הצדדים היה בסכנה גדולה אם יודע שמחביאה מפני המלך. ה) כי אין לה אב ואם, וממילא רק ממנו יבקשו דין וחשבון לא מזולתו, ו) והנערה יפת תאר, ולא יהיה לו שום כפרה אם ימצאו שהחביא נערה יפה כזאת, ולא היה יכול לאמר שהנערה גדולה היא ותשב שנעלמה הלך אל בית המלך, כי במות אביה ואמה לקחה מרדכי לו לבת וא"א שתלך בלעדי רשותו:

(ח) ויהי, (ח) נוסף על כל אלה כבר היה שנשמע דבר המלך ודתו, כי שתי פקודות יצאו מן המלך, האחת יצאה הפקודה שיבקשו למלך נערות ממי שימסרם ברצון, וזה קרא דבר המלך, ואחר כך יצאה הפקודה השנית, שיקבצו נערות בע"כ [כנ"ל פסוק ב' וג'] וזה קרא דתו, כי עם הפקודה השנית ודאי חייבו להשכר ומסתיר את בתו משפט מות, מבואר שלא חשש מרדכי אל התועלת עת יצא דבר המלך שהנערה שתמצא חן תלקח לאשה, ואף לא אח"כ אל הסכנה בצאת הדת שיקחו בע"כ, וזאת שנית ובהקבץ נערות רבות שכבר נקבצו נערות רבות מחוץ לשושן אל שושן, ואז ודאי גדול ענש איש הרואה כל זאת ומעלים בת יפת תואר אשר אצלו, ומ"מ מכל זה לא הפעלו הצדיקים האלה, רק ותלקח אסתר בחזקה ולא נתנה מרדכי מדעתו:

(ט) ותיטב, וכמה אחר כל ההגעה הזאת, שראו בעליל שאסתר נלקחה ביד חזקה, הלא היה ראוי שידוע אותה ולא הומנה משפט מות, כי עברו מצות המלך, מ"מ ע"י כי ותיטב הנערה בעיניו ולא ה שהיא תלא למלכה, ע"ז ותשא חסד לפניו, והוא שעשה אתה חסד למחול על עונה ושלא להענישה, ויבהל עתה מספר איך תיכף כשראה אותה הבין שהיא תהיה המולכת, ומצד זה שינה בה בארבעה דברים, א) כי כל בתולה אשר נקבצה לידו לא התחיל תיכף לתת תמרוקיה רק המתין עד תחלת החדש כמו שיתבאר (בפסוק י"ב), אבל באסתר בהל ומהר לתת תמרוקיה למען ישלמו הי"ב חדש ותבא קודם אל המלך, ב) ואת מנותיה שנתן לה מנות ביחוד מה שלא נתן לשום נערה כי ידע שהיא תמלוך, ג) ואת שבע הנערות, כי המלכה היו לה שבע נערות לשמשה, וגם אף שלא מלכה עדיין נתן לה שבע הנערות הראויות לתת אח"כ בעת שתמלוך, כי לא נסתפק כלל במלכותה, ד) וישנה שנה לא עבר אותם

הַמֶּלֶךְ וַיְשַׁנֶּהָ וְאֶת־נַעֲרוֹתֶיהָ לְטוֹב בֵּית הַנָּשִׁים׃ י לֹא־
הִגִּידָה אֶסְתֵּר אֶת־עַמָּהּ וְאֶת־מוֹלַדְתָּהּ כִּי מָרְדֳּכַי צִוָּה
עָלֶיהָ אֲשֶׁר לֹא־תַגִּיד׃ יא וּבְכָל־יוֹם וָיוֹם מָרְדֳּכַי מִתְהַלֵּךְ
לִפְנֵי חֲצַר בֵּית־הַנָּשִׁים לָדַעַת אֶת־שְׁלוֹם אֶסְתֵּר וּמַה־
יֵּעָשֶׂה בָּהּ׃ יב וּבְהַגִּיעַ תֹּר נַעֲרָה וְנַעֲרָה לָבוֹא ׀ אֶל־
הַמֶּלֶךְ אֲחַשְׁוֵרוֹשׁ מִקֵּץ הֱיוֹת לָהּ כְּדָת הַנָּשִׁים שְׁנֵים
עָשָׂר חֹדֶשׁ כִּי כֵּן יִמְלְאוּ יְמֵי מְרוּקֵיהֶן שִׁשָּׁה חֳדָשִׁים
בְּשֶׁמֶן הַמֹּר וְשִׁשָּׁה חֳדָשִׁים בַּבְּשָׂמִים וּבְתַמְרוּקֵי הַנָּשִׁים׃
יג וּבָזֶה הַנַּעֲרָה בָּאָה אֶל־הַמֶּלֶךְ אֵת כָּל־אֲשֶׁר תֹּאמַר
יִנָּתֵן לָהּ לָבוֹא עִמָּהּ מִבֵּית הַנָּשִׁים עַד־בֵּית הַמֶּלֶךְ׃

בערב

רש"י

ולטוחים דרשו א מה שדרשו: וישנה. שינה אותה: (י) אשר לא תגיד. כדי שיאמרו שהיא ממשפחה בזויה וישלחוה שאם ידעו שהיא ממשפחת שאול המלך היו מחזיקים בה: (יא) ומה יעשה בה. זה אחד משני צדיקים שניתן להם רמז ישועה דוד ומרדכי דוד שנאמר (שמואל א יז לו) גם את הארי גם הדוב הכה עבדך אמר לא בא לידי דבר זה אלא לסמוך עליו להלחם עם זה, וכן מרדכי אמר לא אירע לצדקת זו שתלקח למשכב ערל אלא שעתידה לקום להושיע לישראל לפיכך היה מחזר לדעת מה יהא בסופה: (יב) תר. זמן: (יג) כל אשר תאמר

שפתי חכמים

דמגילה ומפרש מה לבית פי' לאשה: א דיוקו מדכתיב הראויות לתת לה משמע שהיו נותנים לכל אחת הראויה לה דאל"כ הל"ל ואת שבע הנערות מבית המלך. וכן איתא במדרש היה מוסר לכל אחת שבע נערות אם היתה שאורס אומרת

השאלות

י למה לא תגידה את מולדתה:

יא למה התהלך מרדכי כל יום ויום לדעת את שלום אסתר, הלא ידע שלא תכנס לבית המלך עד מלאת יב"ח:

יב למה היו ימי המירוק י"ב חדש:

יג ובזה הנערה לא נודע אם היא השלמת הפסוק הקודם שחסר ממנו נשוא המאמר. ולמה נתנו לה את כל אשר תאמר:

פירוש

אותה אלא גם את נערותיה שינה לטוב **בית הנשים**, וזה כולל שני דברים, א) שנתן להם החדרים היותר טובים ומרווחים, ב) שנתן להם מטוב המאכלים וכדומה:

(י) **לא הגידה**, עתה באר הזמן השני שהראית אסתר שהיא לקוחה שלא ברצונה, שאחר שהפקידים איך הנהגה כבוד בכל הזמן הזה כבוטחים שהיא תמלוך, בכל זאת לא פתחה לבה ע"ז ולא רצתה להגיד עמה ומולדתה, וזה היה בעצת מרדכי, כי חשב שעי"כ יגרשנה המלך מביתו כי לא יקח אסופי מן השוק לו לאשה:

(יא) **ובכל יום**, וגם בזה היתה בסכנה גדולה כי היתה ראויה לעונש במה שהראית שהיא אנוסה עד שבעבור זה היה מרדכי מבקר בכל יום לדעת את שלומה ומה יעשה בה, ר"ל אם יענישוה או יגרשוה, כי האמין בודאי שלא תספר בלי עונש על מרדה במלך ומ"מ שמה לפיה מחסום ולא הגידה:

(יב) **ובהגיע**, עתה מספר זמן השלישי שהראית שהיא אנוסה, שגם ביאתה לבית המלך היה באונס גלוי לכל, וע"ז מקדים לספר כי כל נערה אחר שמלאו ימי מרוקיהן שהיו יב"ח [וזה היה לבחון את בריאת גופה, כי הגם שהיא יפת תואר יוכל להיות שיש בה חולי פנימית, ולכן בחנו אותה בארבע תקופות השנה כי יש חולאים שלא יחולו רק באחת מן התקופות ואחר יסורו, ואלה נקראים ימי המירוק והבחינה, וששה חדשי החורף היו מושחות בשמן המור המחמם האיברים, ובימי הקיץ מרגילות בבשמים מריחים המסירים העפושים המצויים בעת"ח הללו]:

(יג) **ובזה**, אחר שכל ההתקשרות שהיה בין המלך והנערה, היה מצד הנערה לא בקש המלך רק

היופי

יד בערב | היא באה ובבקר היא שבה אל־בית הנשים
שני אל־יד שעשגז סריס המלך שמר הפילגשים לא־
תבוא עוד אל־המלך כי אם־חפץ בה המלך ונקראה
בשם: טו ובהגיע תר־אסתר בת־אביחיל | דד מרדכי
אשר לקח־לו לבת לבוא אל־המלך לא בקשה דבר
כי אם את־אשר יאמר הגי סריס־המלך שמר הנשים
ותהי אסתר נשאת חן בעיני כל־ראיה: טז ותלקח
אסתר אל־המלך אחשורוש אל־בית מלכותו בחדש
העשירי הוא־חדש טבת בשנת־שבע למלכותו:
יז ויאהב המלך את־אסתר מכל־הנשים ותשא־חן
וחסד לפניו מכל־הבתולות וישם כתר־מלכות בראשה

וימליכה

רש"י

שאמר. כל שחוק ומיני זמר: (יד) אל בית הנשים שני. השני: (טז) בחדש העשירי. עת צנה שהגוף נהנה מן הגוף. זימן הקב"ה אותו עת צינה כדי לחבבה עליו: (יז) מכל הנשים. הבעולות שאף נשים

פירוש

היופי ובריאות הגוף, ועת מלאו ימי מרוקיה שנודע שאינה חולנית בזה הנערה באה אל המלך, כי לא בקשו ממנה מעלה אחרת, ומצד המלך היה מה שכל אשר תאמר ללכתה מבית הנשים עד בית המלך ינתן לה לבא עמה, שהיה לה רשות לבקש בכל הדרך מחטת וכדומה והיו נותנים לה כל משאלות לבה, ובזה הראתה שהיא מתרצית ללכת ברצונה ואינה אנוסה, כי בעד המתמם מסרה עצמה למשכב, שעז"א ובזה הנערה באה ברצונה:

(יד) בערב וגו' שבערב היא באה ובבוקר היא שבה להיות נזורה בבית הפילגשים ולא תבא עוד אל המלך, מ"מ התרצו והלכו ברצון טוב בחפץ לבבם:

(טו) ובהגיע, אומר ראה כי באסתר היה הפך מכל הנשים, הנה מה שנהגה היא אל המלך מצדה, לא היה היופי והבריאות לבד רק היה בידה תוכן ויקר מה שהיתה בת אביחיל, שהיו תכונותיה ומדותיה טובות ושכלה שלם מצד תולדותה מאביה הצדיק, והוא היה דוד מרדכי שגדלה והוציא כחותיה אלה הטובים אל פועל השלימות, זאת הביאה היא אל המלך, אבל מה שלקחה מן המלך מצדו, שמצד זה הבא ברצונה בלי אונס לא בקשה דבר, כי הראית בפועל שהיא אנוסה ואינה מתרצית אליו, וע"כ אמר ובהגיע תור אסתר לבא, שרק התור הגיע ואנסה לזה, ולא לבה הרצה לבא, ולכן לא רצתה מאומה רק מה שנתן לה הגי בעצמו, שזה הכריחה לקחת, ואף שעתה חייבה ראשה למלך זה הפעם השלישית, מ"מ והוזי אסתר נושאת חן וזה כסה על כל פשעיה:

(טז) ותלקח, עתה כיים שנס כוף נוהג להדר המלך היה באונס, שעז"א ותלקח בעל כרחה, וספר שהיא לא נלקחה אל בית המלך הכולל רק אל בית מלכותו החדר המיוחד למלך:

(יז) ויאהב, באין ספק היו לאחשורוש נשים ופילגשים גם מכבר, ואצלם שייך אהבה, ואצל הבתולות שבאו להמליך אחת מהם שייך נשיאת חן כדי להמליכה, ובשניהם הסתר עלתה על כולנה עד ששם בעצמו הכתר על ראשה ברוב אהבתו אותה וימליכה תיכף:

וישם

וַיַּמְלִיכֶהָ תַּחַת וַשְׁתִּי׃ יח וַיַּעַשׂ הַמֶּלֶךְ מִשְׁתֶּה גָדוֹל לְכָל־
שָׂרָיו וַעֲבָדָיו אֵת מִשְׁתֵּה אֶסְתֵּר וַהֲנָחָה לַמְּדִינוֹת עָשָׂה
וַיִּתֵּן מַשְׂאֵת כְּיַד הַמֶּלֶךְ׃ יט וּבְהִקָּבֵץ בְּתוּלוֹת שֵׁנִית
וּמָרְדֳּכַי יֹשֵׁב בְּשַׁעַר־הַמֶּלֶךְ׃ כ אֵין אֶסְתֵּר מַגֶּדֶת
מוֹלַדְתָּהּ וְאֶת־עַמָּהּ כַּאֲשֶׁר צִוָּה עָלֶיהָ מָרְדֳּכָי וְאֶת־
מַאֲמַר מָרְדֳּכַי אֶסְתֵּר עֹשָׂה כַּאֲשֶׁר הָיְתָה בְאָמְנָה
אִתּוֹ׃ ס כא בַּיָּמִים הָהֵם וּמָרְדֳּכַי יֹשֵׁב בְּשַׁעַר־הַמֶּלֶךְ
קָצַף בִּגְתָן וָתֶרֶשׁ שְׁנֵי־סָרִיסֵי הַמֶּלֶךְ מִשֹּׁמְרֵי הַסַּף

ויבקשו

רש"י

תפיס בשעלות קבן: (יח) והנחה למדינות עשה. לכבודה הניח להם מן המס שעליהם: ויתן משאת. שלח דורונות להם והכל כדי לפתותה אולי תגיד מולדתה. ואעפ"כ, (כ) אין אסתר מגדת מולדתה. לפי שמרדכי יושב בשער המלך המזרזה ובמרמזה

שפתי חכמים

אומרת שחורה אני עמה אם היתה קורא אומרת קורא אני עמה: ב כך דרשו בפ"ק דמגילה ודייקי מדסמיך ליה לההוא קרא ובהקבץ בתולות שנית אין אסתר מגדת כו', וא"ת היאך אתה יכול לומר שלא היה יודע אחשורוש מאיזו עם היתה ושלא כמה דלעיל כיון בישראל שהיו אומרים שהיא ישראלית אנא

השאלות

יח למה קראו משתה אסתר, הלא ידוע שהיה בשביל לקיחת אסתר. ולמה נתן הנחה ומשאת:

יט מה היה הקבוץ הזה שנית אחר שכבר המליך את אסתר ומה ענין פה מה שמרדכי יושב בשער המלך:

כ ולמה הוזר שאסתר אין מגדת עמה ומולדתה וכבר אמר זה, ושטחות הלשון מורה שתלוי בפסוק הקודם ולא נודע יחוסם זה אל זה, ולמה בפסוק יו"ד אמר עמה ומולדתת ופה אמר מולדתה ואת עמה:

כא למה הזכיר פה שנית שמרדכי יושב בשער המלך וכבר הזכירו למעלה:

פירוש

(יח) ויעש, עתה מספר שגם אחר שכבר המליכה המלך והיא לא הגידה עדיין עמה ומולדתה, עשה המלך תחבולות רבות כדי שתגיד מאיזה עם היא, ובזה הוסיף בג' דברים, א) מצד הכבוד שעשה משתה גדול לכל שריו ועבדיו, וקרא למשתה זאת בשם משתה אסתר שהיא היתה הסיבה משתה זאת, וחשב אולי בזה יתעורר בה אהבת הכבוד, שתבוש לפני השרים שהיא אסופי ואין יודעים מולדתה ותגיד, ב) מצד הטוב לעמה, שהנחה למדינות עשה, מספק שמא היא מדינה שאסתר נולדה שם, ובזה תתעורר להגיד מדינתה בידעה כי אז ייטיב ביתר שאת לבני מדינתה ועמה, ג) ויתן משאת יקרות כיד המלך, ובזה תתעורר להעשיר בני מולדתה ותגד מולדתה כדי שגם הם יקבלו משאת:

(יט) ובהקבץ, גם אם היתה יראה להגיד מולדתה, כי אולי היא מעם שפל ובזה ויגרש אותה המלך, הנה כבר קבץ את הבתולות הנשארות שעדיין לא נבעלו ושלחם לביתן, באופן שהיה לבה בטוח שלא יבחר עוד המלך באחרת, ועוד זאת כי מרדכי נתעלה להיות יושב בשער המלך על כסאות למשפט כאחד השרים, שזה עשו לו בעבור שמצאו אותה בביתו, ובזה הלא בטחה בכ"ש שיעשו לו גדולה וכבוד אם ידעו כי היא בת דודו:

(כ) אין, וכ"ז לא הועיל רק אין אסתר מגדת מולדתה ואת עמה, והנה תחלה הקדים עמה למולדתה, כי שם היה המבוקש לדעת מי היא, והדין נשאל תחלה על עמה ואח"כ על מולדתה. ופה היה המבוקש כדי להטיב עם בני עמה, ובזה שאלו תחלה על מולדתה שהם קודמים לקבל הטוב שהיא ואח"כ על עמה שגם עמהם ייטיבו בעבורה, וספר לצדקתה שאף בעלתה לגדולה שמעה לדברי מרדכי כבעת שהיתה תחת רבותו בבית האומן:

(כא) בימים ההם, טרם יבא אל ספור הצרה אשר היה לישראל, הקדים רפואה למכה, להורות כי המכה היתה לא למען הכות רק למען ירפא, כמו שמקיז דם שמכין תחלה הדברים הצריכים להשקיט מרוצת הדם ולעצרו ולהשיב נפשו אחר ההקזה, ועז"א כל המחלה אשר שמתי במצרים לא אשים עליך כי אני ה' רופאך, ר"ל שלא אשים עליך המחלה ע"ד שמחלות במצרים שהיה עיקר הכונה למען הכות בשבע, רק אשים המחלה מצד שאני ה' רופאך, ומצד זה יקדים הרפואה למכה. כי זאת עיקר הכונה,

ע"כ

וַיְבַקְשׁוּ לִשְׁלֹחַ יָד בַּמֶּלֶךְ אֲחַשְׁוֵרֹשׁ׃ כב וַיִּוָּדַע הַדָּבָר
לְמָרְדֳּכַי וַיַּגֵּד לְאֶסְתֵּר הַמַּלְכָּה וַתֹּאמֶר אֶסְתֵּר לַמֶּלֶךְ
בְּשֵׁם מָרְדֳּכָי׃ כג וַיְבֻקַּשׁ הַדָּבָר וַיִּמָּצֵא וַיִּתָּלוּ שְׁנֵיהֶם עַל־
עֵץ וַיִּכָּתֵב בְּסֵפֶר דִּבְרֵי הַיָּמִים לִפְנֵי הַמֶּלֶךְ׃ ס
ג א אַחַר ׀ הַדְּבָרִים הָאֵלֶּה גִּדַּל הַמֶּלֶךְ אֲחַשְׁוֵרוֹשׁ אֶת־
הָמָן בֶּן־הַמְּדָתָא הָאֲגָגִי וַיְנַשְּׂאֵהוּ וַיָּשֶׂם אֶת־

כסאו

רש"י

והמרמזה על כך: (כא) לשלח יד. להשקותו סם המות: (כב) ויודע הדבר למרדכי. שהיו מספרים דבריהם לפניו בלשון טורסי ואין יודעים שהיה מרדכי מכיר בשבעים לשונות שהיה מיושבי לשכת הגזית: (כג) ויכתב בספר דברי הימים. הטובה שעשה מרדכי למלך: (א) אחר הדברים האלה. שנבראת ג רפואה זו להיות לתשועה לישראל: גדל המלך

שפתי חכמים

אלא בשביל שנשאת חן בעיני כל רואיה והיו האומות מתגרות ואומרות זו ממשפחתי וזאת אומרת כמו כן לפיכך לא היה לו לעמוד על הבירור, כך כתוב ברש"י בספר עין יעקב: ג דק"ל מה העיד לנו הכתוב שלא גדלו עד שבא המעשה הזאת

השאלות

כג לפני המלך מיותר:
א למה גדל את המן כ"כ. ולמה דוקא אחר הדברים האלה. ומהו הכפל גדל וינשאהו:

פירוש

ע"כ אחר שהקדים ההכנה הראשונה שזמן ה' לרפואת צער עמו במה שהזמין להם אחות בבית המלך וישם את אסתר לובשת כתר מלכות, ספר ההכנה השניה מה שהזמין למרדכי זכות וחסד בבית המלך שהציל נפשו ממות, והקדים לספור זה מה שמרדכי יושב בשער המלך לפתי כותו, אחת שזה עורר הקנאה משומרי הסף שהרה אפם על שמרדכי יושב בגדולה וכבוד והם עומדים על רגליהם לשמור הסף כדרך השומרים, ב) שמעשה זה בעצמו סבב ה' שישב מרדכי בשער המלך כדי שיודע לו קצף הסריסים, ובאופן שישיבת מרדכי שם היתה סבה לצרת ישראל שעי"ז נתגרה בו המן, והיא עצמה היתה סבה לגאולתן, וזה גם האחד שעשה ה' שמרדכי ימצא שם והיה סבה לרפואת המכה העתידה. (הגם הב') שקצף בגתן ותרש שהיו שומרי הסף, ולמשמרת זה בוחרים אנשים נבחנים לאוהבי המלך, וה' סבב שיקצפו על לא דבר, כי אחר שהיו סריסים מה להם לקנאות בגדולת מרדכי. ג) גוף המעשה מה שבקשו לשלוח יד במלך גדול כזה, כי אם יקרה שסריס יעיזו למרוד במלכם הוא כשופכם להמליך איש מביניהם, ולא שיעשו זאת שני סריסים אשר יודעים כי בנפשם הוא:

(כב) גם סב' שנודע הדבר למרדכי, ע"י השגחת ה' המשגיח נעלמים. הד' שהגם שמרדכי לא אמר לאסתר שתגיד זאת בשמו, והיא שמעה לקולו בכל דבר כמו שהקדים ואת מאמר מרדכי אסתר עושה, ופה שנתה דבריו ותאמר למלך בשם מרדכי:

(כג) ה) ויבקש הדבר וימצא, ר"ל וימצא הדבר, שנמצא גוף הסם שרצו להמיתו, שזה דבר רחוק המציאות כי ודאי הסתירו אותו הסם במטמונים: ו) ויכתב, היה בהשגחת ה' שלא שלם לו המלך שכרו מיד, רק כתבו בספר לזכרון כדי שיעמוד זאת למרדכי ליום פקודה, והיה בזה השגחה פרטית שלא נכתב בספר ד"ה הכולל, שהוא נמצא תמיד ביד המשנה, שאז ודאי היה המן מוחקו משם, רק נכתב בספר דברי הימים המיוחד למלך, שלא השיג אותו המן, וגם שנכתב לפני המלך סייס בפניו שאל"כ היה נקל שהשופר יזייף ויגרע בו דבר:

ג (א) אחר הדברים האלה. באו המפרשים כי אחר שנשכח מאחשורוש שאסתר הגידה זאת בשם מרדכי, וזה המלך היה הפך מאד ביהוד לשלם גמול למטיביו, ולא מצא דבר במה שישלם לאסתר עבור שהצילה נפשו ממות, חשב כי אך בזאת יהות לה במה שייטיב להשרים אשר יעצוהו לקחת את אסתר שהראשון מסריסיו היה מהומן, והוא יעצהו לבקש לו נערות בתולות וע"י נמצא את אסתר, ולכן העלהו ע. במתי עב, וגם כי אחר שנשכח ממנו מי היה המגלה מדבר בגתן ותרש, היה נקל להמן אשר שעתו הצליחה לו לפתות לב המלך שהוא היה המגיד דבר, ולכן העלהו לגדולה, ובאופן שהמן הלבש בטלית שאינו שלו, והכבוד הלז היה בהמה מגיע למרדכי אך מאת ה' היתה נסבה שתחול על ראש הרשע לפי שעה עד בא שעתו להחזיר העטרה לבעליה: גדל וינשאהו. משפטי המלכים שלא לגדל איש הדיוט פתאום משפל המדרגה

עד

כִּסְאוֹ מֵעַל כָּל־הַשָּׂרִים אֲשֶׁר אִתּוֹ׃ ב וְכָל־עַבְדֵי הַמֶּלֶךְ
אֲשֶׁר־בְּשַׁעַר הַמֶּלֶךְ כֹּרְעִים וּמִשְׁתַּחֲוִים לְהָמָן כִּי־כֵן צִוָּה־
לוֹ הַמֶּלֶךְ וּמָרְדֳּכַי לֹא יִכְרַע וְלֹא יִשְׁתַּחֲוֶה׃ ג וַיֹּאמְרוּ
עַבְדֵי הַמֶּלֶךְ אֲשֶׁר־בְּשַׁעַר הַמֶּלֶךְ לְמָרְדֳּכָי מַדּוּעַ אַתָּה
עוֹבֵר אֵת מִצְוַת הַמֶּלֶךְ׃ ד וַיְהִי בְּאָמְרָם° אֵלָיו יוֹם וָיוֹם
וְלֹא שָׁמַע אֲלֵיהֶם וַיַּגִּידוּ לְהָמָן לִרְאוֹת הֲיַעַמְדוּ דִּבְרֵי

°כאמרם קרי

מרדכי

רש"י

המלך וגו' את המן. שהקב"ה בורא רפואה למכתן של ישראל קודם שיביא המכה עליהם: (ב) כורעים ומשתחוים. שעשה עצמו אלוה לפיכך ומרדכי לא יכרע ולא ישתחוה: (ד) היעמדו דברי מרדכי. האומר

השאלות

ב מה רצה למעט במ"ש אשר בשער המלך הילל וכל עבדי המלך כורעים. מדוע אמר כי כן צוה לו, הלא להם צוה לא לו. מדוע לא השתחוה מרדכי:
ד מ"ש היעמדו דברי מרדכי כי הגיד להם אשר הוא יהודי, אין לו מובן, הלא בזה לא היו מסופקים שהוא יהודי, והיה צ"ל היעמדו דברי מרדכי שהגיד להם שלא ישתחוה:

פירוש

עד ראש המעלות, רק יעלהו מדרגה אחר מדרגה, כמו שבארתי זאת ביחוד בס' מקץ אצל הגדלת יוסף ע"י פרעה, וכן ספר יוסף לאחיו (בראשית מה) וישימני לאב לפרעה, ואח"כ ולאדון לכל ביתו ואח"כ ומושל בכל ארץ מצרים, וכן עשה אחשורוש תחלה גדלו שהעלהו להיות שר ואחר כך וינשאהו מדרגה אחר מדרגה, עד שהעלהו ששם את כסאו למעלה מכל השרים שהיו אתו במדרגה העליונה, שהוא לראש כלם:

(ב) וכל, אח"כ נתן לו רשו יתירה שכל עבדי המלך אף שיושבים בשער המלך יכרעו וישתחוו לו, כי מנמוסי המלכים אשר במקום אשר המלך שם לא ינהגו כבוד לשום אדם, כי בזה מיקל כבוד המלך אם יכבד אחד מעבדיו לפניו [וכמ"ש שאדוניה החטי מרד במלכות בית דוד מפני שקרא ליואב בפני דוד אדוני] ואחשורוש מחל על כבודו וצוה שגם בשער המלך יכרעו להמן, יען כי כן צוה לו המלך ומחל על כבודו, וגם שלא היה זה רק לכבוד המן שבזה היה בידו למחול רק היה מצות המלך, וגם לא להמן צוה זאת שיפקיד ע"ז ויעניש את העובר מצד עברו מצות המלך. ומ"מ מרדכי לא יכרע גמר בלבו שלא לכרוע בשום אופן, והטעם שנמנע מרדכי מכרוע לו, באר המפרשים מפני שהיתה השתחויה הזאת כענין קבלת אלהות, שכן היה דרך העמים הקדמונים מאמיני ההזיות ליחס אל כל איש שמצאו בו איזו מעלה יתירה בחכמה או גבורה ועושר לאמר שהוא מבני אלים ושכוכב או כח עליון שופע עליו כמ"ש בנבוכדנצר (דניאל ב) ולדניאל סגיד ומנחה וניחוחין אמר לנסכה ליה, ולכן נמנע מרדכי מזה באשר הוא יהודי. זאת שנית, שגזרת המלך לא היה רק על מי שיש בו ב' תנאים, עבד המלך, ויושב בשער המלך, ומרדכי הגם שנמצא בו תנאי אחד שיושב בשער המלך לא היה מעבדי המלך, באשר הוא יהודי, והיהודי איננו נעשה עבד בנמוסי פרס, ושני הטעמים נכללים במ"ש כי הגיד להם אשר הוא יהודי:

(ד) ויהי, העבדים לא משנאה הלשינוהו להמן, רק מאשר הטיל עליהם לשמור מצות המלך ולמחות בעוברי רצונו, וע"כ לא הלשינוהו עד שהתרו בו תחלה, שעז"א ויהי כאמרם אליו. זאת שנית שהתמידו בהתראה יום יום ולא שמע אליהם, אז הגידו להמן, לראות היעמדו, ר"ל שמרדכי הגיד להם שלכן אינו משתחוה להמן בעבור שהוא יהודי ואינו יכול להשתחוות לו מצד דתו. אולם תרוצו זה צודק שלא ישתחוה לו בעת שהמן הולך מרחוק ואינו רואה, שאז אינו משתחוה רק מצד שעשה עצמו אלוה, אבל אם משתחוה לו בעת שהמן רואה אותו, שאז אין זה לשם אלהות רק מצד שררותו, כי לכל שר וגדול הדרך להשתחוות בפניו, ואם גם בעת שהמן יראה לא ישתחוה לו יודע כי לא מחמת יהדותו ודתו עושה זאת, רק מצד שמורד במלכות, וז"ש שהגידו להמן לראות היינו שהמן יראה על מרדכי, ובזה ידעו אם יעמדו דברי מרדכי ותרוצו אשר הגיד להם שלכן אינו משתחוה בעבור שהוא יהודי, שאם בעת יראה המן וילך בקרוב אליו, ישתחוה לו, אז יעמדו דבריו על כור המבחן, וידעו כי מחמת דתו נמנע להשתחוות שלא בפניו, ואין עליו עון אשר חטא, אבל אם גם בעת יראה המן לא ישתחוה, שאז דבריו ותרוצו מה שהוא יהודי לא יעמדו כי הגם שהוא יהודי לא תמנעהו דתו מהשתחוות לשר וגדול בפניו, אז ידעו כי מורד במלכות הוא:

וירא

מָרְדֳּכַי כִּי־הִגִּיד לָהֶם אֲשֶׁר־הוּא יְהוּדִי׃ ה וַיַּרְא הָמָן כִּי
אֵין מָרְדֳּכַי כֹּרֵעַ וּמִשְׁתַּחֲוֶה לוֹ וַיִּמָּלֵא הָמָן חֵמָה׃ ו וַיִּבֶז
בְּעֵינָיו לִשְׁלֹחַ יָד בְּמָרְדֳּכַי לְבַדּוֹ כִּי־הִגִּידוּ לוֹ אֶת־עַם
מָרְדֳּכָי וַיְבַקֵּשׁ הָמָן לְהַשְׁמִיד אֶת־כָּל־הַיְּהוּדִים אֲשֶׁר
בְּכָל־מַלְכוּת אֲחַשְׁוֵרוֹשׁ עַם מָרְדֳּכָי׃ ז בַּחֹדֶשׁ הָרִאשׁוֹן
הוּא־חֹדֶשׁ נִיסָן בִּשְׁנַת שְׁתֵּים עֶשְׂרֵה לַמֶּלֶךְ אֲחַשְׁוֵרוֹשׁ
הִפִּיל פּוּר הוּא הַגּוֹרָל לִפְנֵי הָמָן מִיּוֹם ׀ לְיוֹם וּמֵחֹדֶשׁ

לחדש

רש"י

כלומר שלא ישתחוה עולמית כי הוא יהודי והוזהר על עבודת אלילים: (ז) הפיל פור. הפיל מי שהפיל ולא פירש מי ומקרא קצר הוא: הוא הגורל. הכתוב מפרש ומהו הפור הוא גורל הפיל הגורל באיזה חדש

פירוש

(ה) וירא המן, עתה שראה המן, ובכל זאת אין מרדכי כרע ומשתחוה לו, בזה ראה והבין כי אין מרדכי כורע ומשתחוה לו מצד עצמו שיש לו שנאה עליו, ועינו צרה בכבודו, כי עתה שהמן רואה אותו לא תוהם ההשתחויה להשר או הכוכב שנופש עליו כמו הם משתחוה אליו בהיותו ברחוק מקום, רק לו בעצמו מצד שהוא שר וגדול, עז"א ומשתחוה לו דוקא, ולזה נתמלא המן חמה:

השאלות

ה למה לא חרה אף המן עד שראה בעיניו וכי לא האמין להם:

ו מה חטאו עם מרדכי. האיש אחד יחטא וכל עדתו ישמיד:

ז מלות לפני המן מיותר, וגם מ"ש מיום ליום ומחדש לחדש אין לו באור, גם הלא בדבר כזה ההשגחיי בהכרח ימצא טעם, למה נפל דוקא הגורל על י"ג אדר:

(ו) ויבז, מספר רשעות המן וגאותו, שהגם שעיקר הקצף היה על מרדכי, אחר שנראה בעיניו שלא מצד דתו נמנע להשתחוות לו רק משנאתו אותו, מ"מ אחר שעבדי המלך הגידו לו את עם מרדכי. שהם ספרו שמניעת ההשתחויה הוא כולל את עם מרדכי מצד דתם הישראלית ומצד זה היה לו שנאה על כלל ישראל ודתם, ויבקש להשמיד את כל היהודים מצד שהם עם מרדכי ומשתתפים בדתו, ורצה להכחיד כלל הדת היא באבדן השומרים אותו:

(ז) בחדש, הוא הגורל לפני המן. הגורל הזה היה מין ממיני הגורלות שנקרא שמו פור, והגורל הזה היה רגיל לפני המן להגריל בו בכל עת, וע"י הגורל הזה הגריל מיום ליום, הנה הגורל היה בשלשה עשר בניסן (כמ"ש בפסוק י"ב) ובודאי מחשבת המן היה לנקום בעם ה' תיכף והתחיל בגורלו מן ארבעה עשר בניסן שהוא יום המחרת ולא עלה בידו ושוב הגריל על ט"ו ט"ז ניסן תמיד דחהו הגורל עד סוף ימי החדש, וכיון שהגיע לחדש הבא התחיל מיום א' של אייר ודחהו הגורל מיום ליום עד יום האחרון שהוא י"ג אייר, כי הגורל מוכרח ליפול על יום אחד מימים הנגרלים, והיה בהשגחת ה' שיפול על יום המאוחר, כדי שירויחו ישראל זמן, ואח"כ חשב המן בלבו אולי החודש אינו מצליח והתחיל להגריל על החדשים והתחיל מסיון שעומד בו ולא עלה הגורל, וכן דחהו הגורל מחדש לחדש עד החדש האחרון שהוא אדר, ושוב לא הגריל על ימי החדש כי כבר בגורל הראשון יצא יום י"ג, ובא גורלו על י"ג אדר, ואם היה מגריל על החדשים תחלה, וממילא היה נופל ג"כ על אדר שהוא חדש המאוחר ואח"כ היה מגריל על הימים היה בא הגורל על יום האחרון של חדש אדר. אבל יען הגריל על הימים תחלה, ולא היה במחשבתו להגריל על החדשים נפל על היום האחרון מיום י"ד שהתחיל בו שהוא יום י"ג הבא. ועז"א מיום ליום ומחדש לחדש. תחלה דחהו הגורל מיום אל יום ואח"כ מחדש אל חדש, עכ"פ מן הגורל הזה כבר היה לו לראות שעצת ה' הופיע בגורל הזה להרויח זמן לתשועת ישראל, ועז"א הוא הגורל לפני המן, שהגורל הזה היה מוכן לפני המן למפלתו:

ויאמר

לְחֹ֥דֶשׁ שְׁנֵים־עָשָׂ֖ר הוּא־חֹ֥דֶשׁ אֲדָֽר׃ ס ח וַיֹּ֤אמֶר הָמָן֙
לַמֶּ֣לֶךְ אֲחַשְׁוֵר֔וֹשׁ יֶשְׁנ֣וֹ עַם־אֶחָ֗ד מְפֻזָּ֤ר וּמְפֹרָד֙ בֵּ֣ין
הָֽעַמִּ֔ים בְּכֹ֖ל מְדִינ֣וֹת מַלְכוּתֶ֑ךָ וְדָתֵיהֶ֞ם שֹׁנ֣וֹת מִכָּל־עָ֗ם
וְאֶת־דָּתֵ֤י הַמֶּ֙לֶךְ֙ אֵינָ֣ם עֹשִׂ֔ים וְלַמֶּ֖לֶךְ אֵין־שֹׁוֶ֥ה לְהַנִּיחָֽם׃
ט אִם־עַל־הַמֶּ֣לֶךְ ט֔וֹב יִכָּתֵ֖ב לְאַבְּדָ֑ם וַעֲשֶׂרֶת֩ אֲלָפִ֨ים
כִּכַּר־כֶּ֜סֶף אֶשְׁקוֹל֙ עַל־יְדֵי֙ עֹשֵׂ֣י הַמְּלָאכָ֔ה לְהָבִ֖יא אֶל־

גנזי

רש"י

חדש יעלה: מיום ליום. באיזה יום בחדש שיעלה: (ח) ואת דתי המלך. לתת מס לעבודת המלך: אין שוה. אין חפץ כלומר אין בצע: (ט) יכתב לאבדם. יכתב ספרים לשלוח לשרי המדינות לאבדם:

ויסר

השאלות

ח הלא יפלא איך יסכים מושל עמים להשמיד אומה שלמה על לא חמס בכפם, וביותר יפלא אם באמת ברשעתו הסכים על זאת, איך תמה אח"כ לאמר מי הוא זה אחר אשר מלאו לבו לעשות כן, וכי דבר גדול כזה לא שוה בעיניו אף לזכור את אשר פעל ועשה, וגם אם הרשיע לעשות זאת מדוע שפך חמתו על המן, ומדוע הניחו לכתוב כלל המגלה בימים ההם, שבה נזכר המלך לדראון עולם, גם במלשינות המן לא נזכרו היהודים בשמם רק ישנו עם אחד, ולא נזכר ההשמדה רק לאבדם, ומהו הכפל מפוזר ומפורד, ולמה אמר ודתיהם ל' רבים ומדוע לא אמר שונות מכל דת עם כי הדת ישונה מדת אחר לא מעם אחר:

ט יפלא מאד וכי עושי המלאכה הם הממונים על אוצרות המלך וגנזיו, הלא ליד הסוכנים ראוי שישקלם, גם היתכן שימכר המלך עם ונפשות אישיו במחיר, לא נשמע כזאת בכל דברי הימים הקודמים, ואם נתחייבו להשמידם למה יקח כסף מחירם:

פירוש

(ח) ויאמר המן, המבואר שהמן גנב את לב אחשורוש בשני דברים, אחד שלא הודיע לו מי הוא העם הזה שמלשין עליהם, שאם היה אחשורוש יודע שהם היהודים שהיו מפורסמים לעם חכם ונבון לא היה שומע לעצתו, וכן אף על עם אחר היותר שפל ונבזה אם היה אומר לו שכונתו להשמידם, ג"כ לא היה שומע לו, אבל המן בערמתו אמר ישנו עם אחד, עם בלתי מפורסם, עד שאיני יכול לכנותו בשם, ויען שרצה להלשינם שמזיקים לכלל העמים, אם באמונתם ואם בהנהגה המדינית, וידוע שאם עם לבדד ישכון במדינה מיוחדת אף שיהיו היותר גרועים לא יזיקו לעמים אחרים השוכנים במדינות אחרות, וכן אם אף ישכנו בין עמים אחרים במדינותיהם, אם עכ"פ בכל מדינה שישכנו בה יש להם ערים נבדלים, ג"כ אין שכונתם מזיק ולא יקפיד המלך לאבדם, ע"כ הקדים שהוא עם מפוזר להוציא שאין להם מדינה מיוחדת, וגם מפורד להוציא שגם במדינות שישכנו שם לא ישכנו בערים פרטים רק מפורדים ומעורבים בכל שכונה ושכונה, ולא בקצת מדינות רק בכל העמים אשר בכל מדינות מלכותך ובאופן שהיזק הנמשך מהם כולל כל העמים, ועתה התחיל לספר שני ההיזקות הכלליות הנמשכות מהם: א) באמונות, כי דתיהם שונות מכל עם, וכלל בזה שלשה דברים, א) שגוף הדת הישראלי מיתר הדתות, ב) שהגם שכל דת ודת בפרטות יהיה משונה מדת זולתו, מ"מ לא ישתנה רק בעקריו ושרשיו, אבל בפרטיהם יתחברו וישתתפו, אבל בדת הישראלי נמצאו בו דתות שונות ומצות רבות חלוקות עד שנהפך להרבה דתות וכל הדתות האלה הנבדלות משונות מכל דתי העמים, ולא ידמו אליהם בשום דבר. ג) שלא לבד שדת הישראלי משונה מדתות העמים, אבל הם משונים גם מכל העמים בעצמם, כי הדת הבדיל אותם מן העמים במאכליהם ומלבושיהם והנהגתם, עד שע"י הדת משונים גם בחיי האנושית מכל עם, ונגד התקון המדיני אומר ואת דתי המלך אינם עושים, שגם בדבר שאינו נגד דתם רק בעניני ממון אינם עושים דת המלך, ומהם לומדים כל העמים למרוד במלך ופקודיו, ואחר שהציב ההפסד הגדול המגיע על ידם, אומר כי מהטוב שיש לך מהם איזו תועלת שבעבורו תניחם, אמר בכלל ולמלך אין שוה להניחם, שאין לך שום תועלת שישוה נגד ההיזק שתמצא בהנחתם:

(ט) אם, זאת הדבר השני שגנב לבו שלא אמר לו שרוצה להשמידם רק לאבדם, שפשוטו באורו הוא לאבד צורת האומה שהיא דתם לבטל דתם ולהכריחם לשמור דתות של יתר העמים, או יותר ענינים כלה שיעשו שהשלות שיבכה עמן בעם הזה וחוקיהם ומנהגיהם, ולא כוון אחשורוש כלל אל הריגה

ואבוד

גִּנְזֵי הַמֶּלֶךְ׃ י וַיָּסַר הַמֶּלֶךְ אֶת־טַבַּעְתּוֹ מֵעַל יָדוֹ וַיִּתְּנָהּ
לְהָמָן בֶּן־הַמְּדָתָא הָאֲגָגִי צֹרֵר הַיְּהוּדִים׃ יא וַיֹּאמֶר הַמֶּלֶךְ
לְהָמָן הַכֶּסֶף נָתוּן לָךְ וְהָעָם לַעֲשׂוֹת בּוֹ כַּטּוֹב בְּעֵינֶיךָ׃
יב וַיִּקָּרְאוּ סֹפְרֵי הַמֶּלֶךְ בַּחֹדֶשׁ הָרִאשׁוֹן בִּשְׁלוֹשָׁה עָשָׂר
יוֹם בּוֹ וַיִּכָּתֵב כְּכָל־אֲשֶׁר־צִוָּה הָמָן אֶל אֲחַשְׁדַּרְפְּנֵי־
הַמֶּלֶךְ וְאֶל־הַפַּחוֹת אֲשֶׁר ׀ עַל־מְדִינָה וּמְדִינָה וְאֶל־שָׂרֵי
עַם וָעָם מְדִינָה וּמְדִינָה כִּכְתָבָהּ וְעַם וָעָם כִּלְשׁוֹנוֹ בְּשֵׁם
הַמֶּלֶךְ אֲחַשְׁוֵרֹשׁ נִכְתָּב וְנֶחְתָּם בְּטַבַּעַת הַמֶּלֶךְ׃
יג וְנִשְׁלוֹחַ סְפָרִים בְּיַד הָרָצִים אֶל־כָּל־מְדִינוֹת הַמֶּלֶךְ

להשמיד

שפתי חכמים

הלא לכ״פ אחר שנכרחת רשותה כו׳: ד דק״ל הוא נקט לאבד את היהודים והמלך נתן לו הטבעת מה שלא שאל ולא נקט

רש״י

(י) ויסר המלך את טבעתו. הוא מתן כל דבר גדול שישאל מאת המלך להיות מי שהטבעת בידו שליט בכל דבר המלך: (יג) ונשלוח ספרים. ויהיו נשלחים

פירוש

ולאבד נפשות, ועשרת אלפים אמר כי מחשוב כי המלך להוציא ע״ז הוצאה רבה ולהחזיק פקידים הממונים על כך, ונכוני לב אשר יהרגו במלאכה הזאת להעבירם מדתם, כי עושי המלאכה הזאת שהם המדיחים אותם יעשוהו כ״כ בשמחה עד שהם עוד ישקלו כסף עבור זה שיעבר בהוג על ידי עושי המלאכה הזאת. (אהיה אנכי ביכולת) לשקול עשרת אלפים ככר כסף אל גנזי המלך, כי הם ישקלו כסף כדי שיעשו מלאכה זאת, שיהיה בעיניהם לשכר ואוצר, ובזה רמה את המלך שכל העמים ישמחו בזה להשיב תועים אל דרך:

(י) ויסר, עתה מספר כי המלך לא אשם בדבר זה מאומה, כי אחר שגנב לבו ולא הגיד לו מי העם, ולא שדעתו להשמידם, אם היה המלך עצמו חותם האגרות היה רואה כי מרמה בדבר ולא היה מסכים עמו, אבל המלך מבטחהו בו מסר הטבעת לידו לחתום בשמו, והוא שנה וכתב להרג וכריתות, וע״כ אמר שלא המלך היה החייב בדבר רק שהמן היה הצורר היהודים, והוא כתב הכל מדעתו, ע״פ משטמת אבותיו השמורה אתו עד כלה יען שהוא אגגי:

(יא) ויאמר, מגלה שנית תומת המלך כי יהפוך אדם שעשה זה בעבור הכסף, כי אדרבה לפי מחשבתו ברוצה ליסר העם ולאבד רוע דתם ומדותיהם אמר לו שהוא יתן לו הכסף הצריך להוצאה על זה מאוצרותיו, ויתן בידו הכסף עם העם לעשות בו הטוב בעיניו כפי שימצא דרך היותר להסיר המכשול היוצא מרוע דתם והנהגתם לכוף להם:

(יב) ויקראו, עתה מספר ערמת המן, איך חשב מחשבות להוציא רשעו אל הפועל. שאחר ברמה את המלך והשיג הטבעת, ירא פן אחר ימים יודע למלך מי הם העם, ומה הוא רוצה לעשות בהם ויפר עצתו, ע״כ מהר לכתוב הספרים בו ביום, ומספר כי סופרי המלך כתבו ככל אשר צוה המן לא כאשר צוה המלך, כי המלך לא ידע מזאת כלל. והנה בכל מדינה נמצאו כמה עמים, ולכן כתב לכל מדינה שתי אגרות, א) לאחשדרפן, ב) להפחה, ולכל עם אשר במדינה כתב לשר אשר הוא לראש אל העם, וגם כרגיל שכל מדינה יש לה כתב מיוחד ולכל עם ועם יש להם לשון מיוחד, אבל לרוב כל בני המדינות מהיהודים בכתבם, לכן אמר שכתב לכל מדינה ככתבה ולכל עם כלשונו:

(יג) ונשלוח, זאת שנית שלא השפרים שלח הספרים תיכף ביום ההוא ביד הרצים, כדי שאף שירצה המלך לחזור בדבר

לא

השאלות

י למה מספר שנתן הטבעת ביד המן, ולמה קוראו פה ביחוד בשם יחוסו ובכנוי צורר היהודים:

יא מ״ש הכסף נתון לך הל״ל יהיה לך כי לא נתנו לו רק מחל לו:

יב אחר שהעת לקיים דבר הדת להרוג היהודים היה בי״ג אדר הבא. מדוע זה מהר לקרא תיכף לסופרי המלך בו ביום, והלא עוד חזון למועד:

לְהַשְׁמִיד לַהֲרֹג וּלְאַבֵּד אֶת־כָּל־הַיְּהוּדִים מִנַּעַר וְעַד־זָקֵן
טַף וְנָשִׁים בְּיוֹם אֶחָד בִּשְׁלוֹשָׁה עָשָׂר לְחֹדֶשׁ שְׁנֵים־
עָשָׂר הוּא־חֹדֶשׁ אֲדָר וּשְׁלָלָם לָבוֹז׃ יד פַּתְשֶׁגֶן הַכְּתָב
לְהִנָּתֵן דָּת בְּכָל־מְדִינָה וּמְדִינָה גָּלוּי לְכָל־הָעַמִּים לִהְיוֹת
עֲתִדִים לַיּוֹם הַזֶּה׃ טו הָרָצִים יָצְאוּ דְחוּפִים בִּדְבַר הַמֶּלֶךְ
וְהַדָּת נִתְּנָה בְּשׁוּשַׁן הַבִּירָה וְהַמֶּלֶךְ וְהָמָן יָשְׁבוּ לִשְׁתּוֹת
וְהָעִיר שׁוּשָׁן נָבוֹכָה׃ ס

ומרדכי

רש"י

ונשלוח ספרים איפסר"א פרמי"ש בלעז והוא מגזרת (שופטים יא כה) אם נלחום נלחם (שמואל א ב טו) הנגלה נגליתי (הושע י כו) נדמה נדמיתי: בשלשה עשר לחדש שנים עשר. ביום י"ג לאותו חדש שהוא י"ב לחדשי השנה: (יד) פתשגן. לשון ארמי ספור הכתב דריסממנ"ט בלעז: להנתן דת. מה הכתב שהיה אומר להנתן חוק גזרת המלך: גלוי לכל העמים. דבר זה: (טו) והדת נתנה בשושן. מקום שהיה המלך שם ניתן ו החוק בו ביום להיות עתידים ליום י"ג לחדש אדר לכך: והעיר שושן נבוכה

שפתי חכמים

כקף ממנו. לכ"פ הוא מתן כו': ה לאפוקי שאינו ע"ן שאיתן ומביא ראיה מגזרת אם נלחום כו': ו דק"ל הרי בכל מדינה ניתן הדת ולמה אמר בשושן לכ"פ מקום שהמלך כו': דק"ל

השאלות

יד מה היה הפתשגן הכתב, וכי הכתב הראשון לא נודע באורו רק ע"י השני, והלא הפתשגן היה סתום וממ"ש גלוי לכל העמים משמע שהראשון היה חתום וסתום ומדוע היה זה, ומה היה הכונה שיהיו עתידים, ולא אמר למה ועל מה:

טו למה לא נתנה הדת בשושן עד שיצאו הרצים והלא שושן קודם לכ"ם, איך ישב המלך לשתות אחר שמכר עם גדול להשמיד ולאבד, אין זה כי אם לב אכזר, ומה זה מ"ש והעיר שושן נבוכה שלא נודע באורו:

פירוש

לא יוכל להשיב את הספרים כי כתב אשר נכתב בשם המלך אין להשיב, וגם בחר שהשמד הכללי יהיה בכל המדינות ביום אחד כדי שלא יהיה להם שארית ופלטה, וגם לא בחר בכתבו שהגזרה כוללת כל המדינות, כמו שבחר מרדכי בכתביו, כדי שכל שר ופחה יחשוב שרק במדינתו נגזר זאת, ויירא יותר לשנות דבר [ועיין לקמן ח' בארתי יתר השנוים שבין מכתבי המן למכתבי מרדכי]:

(יד) פתשגן, לדעתי עשה בזה ערמה כפולה, כי הספרים ששלח לשרי המדינות היו חתומים בחותם המלך, וכתוב עליהם מלמעלה שלא יפתחו רק עד שיבא יום י"ג אדר, כמו שהמנהג עוד היום אצל המלכיות, וע"ז אמר ונחתום בטבעת המלך שהיו החתומים למעלה באופן שלא ידע איש מה היה כתוב בהם, רק עם הספרים האלה החתומים שלח עוד אגרות פתוחות פתשגן הכתבים החתומים, וזה היה בגלוי לכל העמים, שיהיו עתידים ליום י"ג אדר למלחמה, שבאותו יום יפתחו האגרות החתומות וידעו על מי ילחמו, ובזה התכל עצה עמוקה, א) כי רצה שעד אותו זמן לא תודע הגזרה הזאת לשום אדם כי האגרות יהיו חתומים, ועי"כ לא יוכלו היהודים לבקש עזר והצלה, ולא להעמיד מליצים בבית המלך, וגם המלך לא ידע הדבר עד אחר מעשה, ב) שע"י עצה זו היה בטוח שלא יברחו היהודים למדינות אחרות ולא יסתירו את עצמם כי אחר שלא יודע עד אותו זמן למה יהיו עתידים, ממילא גם היהודים יהיו עתידים ליום ההוא בכל עיר ועיר עם יתר העמים, ובפתוח האגרת ויודע כי עליהם נגזר השמד יקומו עליהם ויהרגום:

(טו) הרצים, גם הפציר למהר על הרצים שילכו תיכף כדי שלא יוכל המלך לחזור, ולא עוד אלא הדת לא נתנה בשושן עד צאת הרצים כדי שלא יודע להמלך תחלה, כי חשש פן ישלח המלך אחר כתב הדת וירצה להחזירו, וספר עוד נראה, שהמלך לא ידע מכל זאת מאומה כי ישב עם המן לשתות, ואם היה זה בידיעתו ליתן דת לאבד אומה שלמה ואיך ישב אז לשתות הלא גם בין הדמים דיני נפשות הנמוס שלא לשתות יין ביום שנגזרו על איש עונש מיתה אף כי בעת נמכרה אומה שלמה להשמיד, וספר שהעיר שושן היו נבוכים בדבר כי לא ידע שום איש מה נכתב בספרים החתומים, והפתשגן אין מבואר על מה יהיו עתידים

ד א וּמָרְדֳּכַי יָדַע אֶת־כָּל־אֲשֶׁר נַעֲשָׂה וַיִּקְרַע מָרְדֳּכַי
אֶת־בְּגָדָיו וַיִּלְבַּשׁ שַׂק וָאֵפֶר וַיֵּצֵא בְּתוֹךְ
הָעִיר וַיִּזְעַק זְעָקָה גְדוֹלָה וּמָרָה׃ ב וַיָּבוֹא עַד לִפְנֵי
שַׁעַר־הַמֶּלֶךְ כִּי אֵין לָבוֹא אֶל־שַׁעַר הַמֶּלֶךְ בִּלְבוּשׁ שָׂק׃
ג וּבְכָל־מְדִינָה וּמְדִינָה מְקוֹם אֲשֶׁר דְּבַר־הַמֶּלֶךְ וְדָתוֹ
מַגִּיעַ אֵבֶל גָּדוֹל לַיְּהוּדִים וְצוֹם וּבְכִי וּמִסְפֵּד שַׂק וָאֵפֶר
יֻצַּע לָרַבִּים׃ ד וַתָּבוֹאנָה נַעֲרוֹת אֶסְתֵּר וְסָרִיסֶיהָ וַיַּגִּידוּ
לָהּ וַתִּתְחַלְחַל הַמַּלְכָּה מְאֹד וַתִּשְׁלַח בְּגָדִים לְהַלְבִּישׁ

את

°יתיר יו״ד

שפתי חכמים

ז דק״ל היאך העיר שהיא עלים והכנים נבוכה. לכ״פ היהודים שבה: ח אע״ג דתרי דעות ניניהו בס״ק דמגילה ובמדרש ילקוט. כתב רש״י שניהם יחד דס״ל דהא והא גרם כי זולת חטא הצלם לא נגזרה עליהם כליה כ״כ וזולת חטא בסעודה היה עדיין הש״י מאריך אפו ובזה נחתם גזר דינם נמלא אופן הגזרה היה בעבור הצלם וחתימת הגז״ד היה בעבור הסעודה וכן הוכיח מהר״ר שלמה אלקבן בהקדמת ספרו

רש״י

נבוכה. ז היהודים שבה: (א) ומרדכי ידע. בעל החלום אמר לו שהסכימו העליונים לכך לפי שהשתחוו לצלם בימי נבוכדנצר ושנהנו ח מסעודת אחשורוש: (ב) כי אין לבוא. אין דרך ארץ לבוא אל שער המלך בלבוש שק: (ג) דבר המלך ודתו. כשהשלוחים עמאי הספרים עוברים שם נתנה הדת בעיר פרשת

פירוש

מתידים, באופן שעלתה עלתו, אם במה שנעלם דבר מן המלך, אם במה שנפאר דבר סתר בכל עיר, רק ה׳ הפיר עלתו ע״י מרדכי כמו שיבואר:

ד (א) ומרדכי, יושב בשמים ישחק, ועם כל המחשבות שחשב שישאר הדבר בסוד, נודע הדבר למרדכי ע״י השגחת ה׳ וידע כל הדברים שעברו בינו ובין המלך, וכן איך רמה את המלך וכל עלילותיו ותחבולותיו, ובזה הכין א״ע לשני דברים, א) שקרע את בגדיו וילבש שק ואפר לתשובה ותפלה, להפיק רצון מאשר בידו לב מלכים, ואח״כ לאמצעיים טבעיים, והיתה עצתו הראשונה שלא יהיה הדבר בסוד, רק שיודע בין לגויי הארצות ובין להמלך, כי עי״כ יעמדו מליצים להשבית הדבר ולכן יצא ברחובות קריה חעק לאסוף אליו המונים שיתפרסם הדבר:

(ב) ויבא, אח״כ בא לפני שער המלך כדי שיודע הדבר בחצר המלך אם לאסתר אם להמלך עצמו, כי אין לבא, יש בזה ב׳ כוונות, א) שמצד זה לא נכנס פנימה, ב) שמצד זה היה דבר מחודש במה שעמד בשק לפני השער שאין רגילים ללכת בשק גם באותו המקום ויתפרסם בחצר המלך:

(ג) ובכל, הנה קודם שפרסם מרדכי הדבר לא ידע מזה איש, אבל אחר שהרעיש מרדכי עיר ומלואה, נתפשט הדבר איש מפי איש למקומות פנימיים בכל מדינה, כי לא נודע הדבר לשום אדם זולת ע״י לעקת מרדכי (כי האגרות הנשלחים היו חתומים) ועז״א דבר המלך ודתו מגיע, ר״ל במקום אשר נודע גם הדת שהוא מה שהיה כתוב בהאגרות החתומים. וע״כ לא נאמר פה בכל עיר ועיר כי לא הגיע הדבר לכל המקומות רק לעיר אחת במדינה אבל גדול ליהודים תשובה ותפלה ואבלות:

(ד) ותבואנה, ע״י שבא מרדכי בשער המלך, ותשלח רצתה לשמוע הדבר מפי מרדכי מה זאת ושלחה בגדים שילבש על השק באופן שיסיר שקו מעליו שלא יהיה על בגדיו רק תחת בגדיו ויוכל לבוא בשער המלך, ולא קבל כי לא רצה להפסיק רגע מתחנונים, שזה כעוזב בטחון מה׳ וסומך על עזרת בשר ושקרא

השאלות

א מהו הרבותא שמרדכי ידע, הלא היה הדת גלוי לכל העמים, ואם שידע מן פרשת הכסף זה אין נ״מ לגוף הענין אחר שראה שנתרצה הגזרה, למה יצא לצעוק ברחובות קריה, וזה מדרך הסכלים הלא היה לו לבקש עצות בחכמה, לא להרעיש עיר ומלואה:

ב למה בא עד שער המלך:

ג פסוק זה הלא מקומו למעלה אחר הרצים יצאו דחופים, כי ע״י הרצים נודע לכל, למה לא אמר פה ובכל עיר ועיר כמ״ש להלן (ח׳ י״ז) ולמה כפל דבר המלך ודתו:

ד אחר ששלחה שילבש בגדים פשיטא שיסיר שקו:

את־מרדכי ולהסיר שקו מעליו ולא קבל׃ ה ותקרא
אסתר להתך מסריסי המלך אשר העמיד לפניה
ותצוהו על־מרדכי לדעת מה־זה ועל־מה־זה׃ ו ויצא
התך אל־מרדכי אל־רחוב העיר אשר לפני שער־
המלך׃ ז ויגד־לו מרדכי את כל־אשר קרהו ואת
פרשת הכסף אשר אמר המן לשקול על־גנזי המלך
ביהודיים° לאבדם׃ ח ואת־פתשגן כתב־הדת אשר־
נתן בשושן להשמידם נתן לו להראות את־אסתר
ולהגיד לה ולצוות עליה לבוא אל־המלך להתחנן־לו
ולבקש מלפניו על־עמה׃ ט ויבוא התך ויגד לאסתר
את דברי מרדכי׃ י ותאמר אסתר להתך ותצוהו אל־

°יתיר יו"ד

מרדכי

רש"י

(ז) פרשת הכסף. פרוש הכסף:

אל

השאלות

ה למה בחרה בהתך ואשר העמיד לפניה מיותר לשון ותצוהו על מרדכי אינו מדוקדק, כי צווי תקשר עם על מורה שאיש אחד ישגיח או יהיה ממונה על דבר אחר והיל"ל ותשלחהו אל מרדכי, ומהו הכפל מה זה ועל מה זה:

ז מהו את כל אשר קרהו, הלא הוא מקרה הכלל כולו ומה ענין פרשת הכסף היל"ל הכסף:

ח אם היה זה פתשגן הכתב שהיה גלוי לכל העמים, הלא שם לא נזכר להשמידם, ואם היה מן הספרים שהגיעו ליד שרי המדינות איך הגיע כתב זה למרדכי. אחר שאומר להראות את אסתר למה אומר להגיד הלא אחר שתראה אין צריך להגיד עוד:

י ותאמר ותצוהו, כפל ללא צורך:

פירוש

(ה) ותקרא, אחר שהבינה שיש בזה סוד כמוס, שלחה להתך שהיה אצלה נאמן רוח מכסה דבר, כי הוא מסריסי המלך אשר העמיד לפניה ביחוד ואיש סודה, ויען שלא ידעה אם יאמין לו מרדכי לחשוף מסתוריו לפניו, לכן ותצוהו על מרדכי, היינו שיחקור מן הצד סבת הדבר, ונוסף ג"כ שיחקור מה זה ועל מה זה, כדרך הרופא האומן הבא לרפאות החולי שחוקר מהות החולי, וגם הסבה שבעבורה בא החולי, ר"ל הרעה בעצמה וגם סבתה, כי א"א להסיר המסובב אם לא בהסתלק הסבה תחלה. וכ"פ מהר"א אשכנזי:

(ו) רחוב העיר, לחקור הדבר:

(ז) את כל אשר קרהו, תחלה הגיד לו הסבה, שהוא היה המסבב לזה ע"י שלא השתחוה להמן, וגם הגיד פרשת הכסף, ר"ל שבהכסף הזה שאמר לשקול, היו בו שני פרושים, כי לפני אחשורוש אמר שעושי המלאכה יתנו העשרת אלפים ככר כסף, והיה אחשורוש מדמה שהוא בעבור השמחה שיהיה להם בדבר הזה יתנדבו רכוש לאוצר המלך. והמן כוון באמת שמן השלל והמלקוח שמגיע ממנו מכס למלך, יהיה עשרת אלפים סך המכס, באופן שרמה את אחשורוש:

(ח) ואת פתשגן, הדת היא הספרים החתומים שבם היה כתוב להשמיד, וספרי הדת האלה לא היו ביד מרדכי כי היו מונחים חתומים תחת יד פחת שושן, רק הפתשגן היה בידו שניתן בגלוי להיות עתידים, ומלת להשמידם מוסב אל הדת, ר"ל מן הדת אשר נתן בשושן להשמידם, שהוא הספרים החתומים, נתן לו פתשגן הכתב להראות את אסתר שכבר נעשה בהכרח איזה דבר אחר שכתוב בפתשגן שיהיו עתידים למלחמה ליום נכון, ולהגיד לה ר"ל ע"פ הסימן הזה יוכל להגיד לה בעל פה, כי כוונת הפתשגן הוא שיהיו עתידים להשמיד את היהודים, וע"כ לצוות עליה לבא אל המלך להציל שארית ישראל:

(י) ותאמר, אסתר יראה לשלוח התך שנית אל מרדכי פן יכירו בו אנשי המן שהולך ושב בשליחות מן מרדכי

מרדכי

מָרְדֳּכָֽי׃ יא כׇּל־עַבְדֵ֣י הַמֶּ֡לֶךְ וְעַם֩ מְדִינ֨וֹת הַמֶּ֜לֶךְ יֹֽדְעִ֗ים
אֲשֶׁ֣ר כׇּל־אִ֣ישׁ וְאִשָּׁ֡ה אֲשֶׁ֣ר יָבֽוֹא־אֶל־הַמֶּלֶךְ֩ אֶל־הֶחָצֵ֨ר
הַפְּנִימִ֜ית אֲשֶׁ֣ר לֹֽא־יִקָּרֵ֗א אַחַ֤ת דָּתוֹ֙ לְהָמִ֔ית לְ֠בַד
מֵאֲשֶׁ֨ר יֽוֹשִׁיט־ל֥וֹ הַמֶּ֛לֶךְ אֶת־שַׁרְבִ֥יט הַזָּהָ֖ב וְחָיָ֑ה וַאֲנִ֗י
לֹ֤א נִקְרֵ֙אתִי֙ לָב֣וֹא אֶל־הַמֶּ֔לֶךְ זֶ֖ה שְׁלוֹשִׁ֥ים יֽוֹם׃ יב וַיַּגִּ֣ידוּ
לְמׇרְדֳּכָ֔י אֵ֖ת דִּבְרֵ֥י אֶסְתֵּֽר׃ יג וַיֹּ֥אמֶר מׇרְדֳּכַ֖י לְהָשִׁ֣יב אֶל־
אֶסְתֵּ֑ר אַל־תְּדַמִּ֣י בְנַפְשֵׁ֔ךְ לְהִמָּלֵ֥ט בֵּית־הַמֶּ֖לֶךְ מִכׇּל־

היהודים

רש"י

(יג) אל תדמי בנפשך. אל תחשבי כמו (במדבר לג כו) יהיה כאשר דמיתי. אל תדמי בנפשך אל תהי סבורה להמלט ביום ההרגה בבית המלך שאין את רוצה לסכן עצמך עכשיו על הספק לבא אל המלך שלא ברשות ·

ומי

פירוש

מרדכי להסתר, וע"כ אמרה להתך וצוהו שיראה להגיע הדברים אל מרדכי ע"י שליח אחר:

(יא) כל עבדי, השיבה לו שתי טענות, טענה אחת כי אם תכנס עתה תהיה בספק סכנה, וגם לא תגיע למחוז חפצה לבקש בעד עמה, א) כי כל עבדי המלך יודעים, ולא יהיה חירוץ שלא ידעה דת המלך שהנכנס שלא ברשות חייב מיתה, ב) כי כל עם מדינות המלך יודעים, ובזה אף שירצה למחול על חטאה לא יוכל, אחר שהוא הבא פרהסיא כמו שהיה בושתי, ולא תאמר שהגזרה אינה כוללת את כל הנכנסים לז"א אשר כל איש ואשה מבלי הבדל יהיה מה שיהיה, וכן בל תאמר שהגזרה אינה רק על הנכנס שלא לצורך, אבל הנכנס לצורך דבר גדול כדבר הזה להציל עם לקוחים למות, לא יומת: לז"א אשר יבא אל המלך אשר רק לא יקרא כל שלא יקרא אין הבדל בדינו, רק אחת דתו להמית, ר"ל בין שיהיה הנכנס ראוי לנשיאת פניו או לא, ובין שיהיה עסקו נחוץ או לא, אין הבדל בדתם וכולם חייבים מיתה, ממילא הנכנס שלא ברשות הנהו בן מות תיכף, לבד מאשר יושיט לו המלך את שרביט הזהב מכפר שגגתו והיה, ובכל זאת הלא כבר נתחייב מיתה רק המלך עשה עמו חסד, ומעתה אם אכנוס שלא ברשות אף שימחול לי המלך, די שאציל את נפשי ולא אוכל לבקש עוד בעד אחרים, ואת הטענה האחת. טענה הב', כי להציל לקוחים למות צריך לנסות כל האמצעים אף היותר רחוקים אולי ישלח ה' ע"י עזרו מקדש, אבל כל זה אם אין דרך היותר קרוב להצלה, אבל כשיש דרך היותר בטוח שלא צריך לתפוס הדרך היותר נכון, ועז"א אמר שאני לא נקראתי לבא אל המלך זה שלשים יום, שלא זאת בימים אחדים יקרא אותי, ואז יהיה יותר בקל לבקש בעד העם, וטוב יותר להמתין עד שאקרא:

(יב) ויגידו, השלוחים שלא התך:

(יג) אל תדמי, הודיע לה בשליחות הזה כמה פנות יקרות: א) כל שאנו רואים דבר היוצא מן הרגילות והטבעי צריכים אנו לשית על לב כי ה' עשהו להיות זה אמצעי הצלה לאיזה תכלית השגחיי, וסבה לאיזה מסובב, ועפ"ז אחר שהצלחת אסתר שהעלה מבפל מגבה אל בית המלכות הוא רחוק מן הענין הרגיל, בהכרח היה בדבר ה' לאיזו תכלית, ואחר שרואים שאז קרה לישראל הצרה הכוללת, מבואר כי הזמינה ה' לרפאות על ידה שבר עמו, ב) לכל צרה הבאה על ישראל יש עת מוגבל וזמן ויום הכסה מוכן לתשועה ע"י ההכנות והסבות שהכין לישועה, ואם לא יושעו ע"י סבה אחת בהכרח יעמיד להם ה' סבה אחרת להצלתם כי לא יטוש ה' את עמו, ג) כל דבר שאין מציאותו בעבור עצמו רק בעבור דבר אחר, מציאותו וקיומו תלוי בדבר ההוא אשר בעבורו הוא נמצא, כמשל הבונה בנה החורף לגדל נטעים ולמהים שיתנו פרים בחורף כבקיץ, הנה לא יהיה מציאת הבנין שהוא רק בעבור הגידול של החורף, ואם יסכים בדעתו שיניח לגדל צמחים האלה בקיץ, אז ממילא יהרוס את הבנין, כי בקיץ יש סבות אחרות המועילות אל הגידול ע"י תוס

כבמם

השאלות

יא למה פרטה ביחוד עבדי המלך ועם המלך מהו אחת דתו, היל"ל יומת, השאלה היותר נפלאה איך לא חרפה נפשה למות בשמעה אבד כלל ישראל, מ"ש ואני לא נקראתי הוא תפל מבלי מלח ודברי מותר:

יב ויגידו מי הם המגידים ודברי חז"ל ידועים:

יג בנפשך מיותר:

הַיְּהוּדִים׃ יד כִּי אִם־הַחֲרֵשׁ תַּחֲרִישִׁי בָּעֵת הַזֹּאת רֶוַח
וְהַצָּלָה יַעֲמוֹד לַיְּהוּדִים מִמָּקוֹם אַחֵר וְאַתְּ וּבֵית־אָבִיךְ
תֹּאבֵדוּ וּמִי יוֹדֵעַ אִם־לְעֵת כָּזֹאת הִגַּעַתְּ לַמַּלְכוּת׃
טו וַתֹּאמֶר אֶסְתֵּר לְהָשִׁיב אֶל־מָרְדֳּכָי׃ טז לֵךְ כְּנוֹס אֶת־
כָּל־הַיְּהוּדִים הַנִּמְצְאִים בְּשׁוּשָׁן וְצוּמוּ עָלַי וְאַל־תֹּאכְלוּ
וְאַל־תִּשְׁתּוּ שְׁלֹשֶׁת יָמִים לַיְלָה וָיוֹם גַּם־אֲנִי וְנַעֲרֹתַי
אָצוּם כֵּן וּבְכֵן אָבוֹא אֶל־הַמֶּלֶךְ אֲשֶׁר לֹא־כַדָּת וְכַאֲשֶׁר

אבדתי

רש"י

(יד) ומי יודע אם נעת כזאת לגעת. ומי יודע אם יחפוץ בך המלך לשנה הבאה שהוא זמן ההריגה: לעת כזאת. שהוא היה שמד בניסן וזמן ההריגה באדר לשנה הבאה: הגעת למלכות. אם הגיעי לגדולה שאת בה עכשיו: (טז) אשר לא כדת. שאין דת ליכנס אשר לא יקרא. ומדרש אגדה אשר לא כדת שעד עתה באונס ועכשיו ברצון: וכאשר אבדתי אבדתי. וכאשר התחלתי לילך. לאבוד אלך ואמות. ומ"א כאשר אבדתי מבית אבא אובד ממך שמעכשיו שאני ברצון נבעלת אני אסורה לך:

שפתי חכמים

בשה מעם שלוי שכן דעת רש"י בפ"ק דמגילה: ט פי' על

ויעבר

השאלות

יד מהו בעת הזאת וביחוד מה מהר עליה הלא עוד חזון למועד ובתוך כך תקרא אל המלך.
ומ"ש אם לעת כזאת אין לו באור:

טז מהו וצומו עלי וכי עליה יצומו, ומה זה כאשר אבדתי אבדתי, איך נאבדה עד הנה:

פירוש

השמש והאויר וא"ל לאכול ולשתות לשי', ע"ס זאת הוה להסתר דעת, כי אחר שכל מציאותה במעלה הצו להיות בבית מלכות, אינה בעבור עצמה רק בעבור הצלת היהודים, ובע"כ הזמין ה' גם סבות אחרות רחוקות שבאם תפשע אסתר ותחבוך מלהציל עם ה' ינצלם ע"י הסבות האחרות, ממילא צריך לה להשוב כי מציאותה בגדולה וכבוד הוא רק בעבור שיהיה על ידה ההצלה בעת ההיא המוגבל שהיא עתה, ואם תעבור העת ההיא ולא תתאזר חיל להציל בין כך יגיעו הסבות האחרות, כי לא יעזוב ה' נחלתו ביד אשה אחת שי"ל בחירה לטוב ורע, ובהכרח יש עוד סבות ואז לא יצטרך לך אחר שכבר הגיעה התשועה ממקום אחר, וז"ש אל תדמי בנפשך להמלט בית המלך, ור"ל אל תחשבי כי מה שאת בית המלך הוא דבר תלוי בנפשך ושמציאות גדולתך היא בשביל עצמך, לא בשביל היהודים והצלתם, עד שתחשבי שאת היא העקר והצלת היהודים ימשך ממך במקרה, כי נהפך הוא, שעיקר היא הצלת היהודים ומן הצלתם נמשך גדולתך כמ"ש בהקדמה א', ועז"א בנפשך:

(יד) כי אם, ומזה תמשך אחר שמציאותה בבית המלך הוא רק שתהיה סבה לתשועת ישראל, ובהכרח לא עליה לבד תמך כל הצלתם, רק אם תתרשל בהכרח יקומו ויגיעו הסבות האחרות להשועה, ועז"א כי אם החרש תחרישי בעת הזאת רוח והצלה יעמוד ליהודים ממקום אחר, כמ"ש בהקדמה ב', וממילא את ובית אביך תאבדו, אחר שמציאותך במעלה הזאת יהיה אז לבטלה כמ"ש בהקדמה ג', ואחר הדבר ומי יודע אם לעת כזאת הגעת למלכות, ר"ל בל תחשבי כי תהיי להם עזר לתשועתם אחר ימים אחדים, שתהיי קרואה מן המלך, כי יוכל להיות שאותך לא הזמין ה' רק לעת הזאת שעל ידך תהיה תשועתם היום, ואם תמתיני עד למחר עבר זמנך, כי על מחר הזמין ה' סבות אחרות, כמשל של בית האורף שאינו צריך בזמן הקיץ, שכבר הוכנו סבות אחרות לגידול הצמחים, ותאבדי אחר שפסים מציאותך בגדולה לבטלה:

(טז) לך כנוס, אחר שהבטיחה מרדכי שבין כך יבוא ישראל יושע בה', ולא ירויחו ממנה רק שעל ידה תוקדם התשועה, נתרצית ללכת אחר שבטחה לבה שגם. אם תהרג לא תאבד תקוה ויושעו ע"י סבות אחרות, ע"ז בקשה שעכ"פ יצומו עליה ויבקשו עליה רחמים, ובזה תבא אל המלך גם נגד דת המלך, וכאשר אבדתי ויהרגני המלך ע"י שאעבור מצותיו, הלא לא יהיה מזה כולל רק אבדתי אני לבדי ורוח והצלה יעמוד ליהודים ממקום אחר:

ויעבר

אָבַדְתִּי׃ יז וַיַּעֲבֹר מָרְדֳּכָי וַיַּעַשׂ כְּכֹל אֲשֶׁר־
צִוְּתָה עָלָיו אֶסְתֵּר׃
ה א וַיְהִי ׀ בַּיּוֹם הַשְּׁלִישִׁי וַתִּלְבַּשׁ אֶסְתֵּר מַלְכוּת
וַתַּעֲמֹד בַּחֲצַר בֵּית־הַמֶּלֶךְ הַפְּנִימִית נֹכַח
בֵּית הַמֶּלֶךְ וְהַמֶּלֶךְ יוֹשֵׁב עַל־כִּסֵּא מַלְכוּתוֹ בְּבֵית
הַמַּלְכוּת נֹכַח פֶּתַח הַבָּיִת׃ ב וַיְהִי כִרְאוֹת הַמֶּלֶךְ אֶת־
אֶסְתֵּר הַמַּלְכָּה עֹמֶדֶת בֶּחָצֵר נָשְׂאָה חֵן בְּעֵינָיו וַיּוֹשֶׁט
הַמֶּלֶךְ לְאֶסְתֵּר אֶת־שַׁרְבִיט הַזָּהָב אֲשֶׁר בְּיָדוֹ וַתִּקְרַב
אֶסְתֵּר וַתִּגַּע בְּרֹאשׁ הַשַּׁרְבִיט׃ ג וַיֹּאמֶר לָהּ הַמֶּלֶךְ מַה־
לָּךְ אֶסְתֵּר הַמַּלְכָּה וּמַה־בַּקָּשָׁתֵךְ עַד־חֲצִי הַמַּלְכוּת

וינתן

שפתי חכמים

עד עכשיו נבעלתי באונס ועכשיו אלך מדעתי: י דק"ל סל"ל ויעש מרדכי כל אשר צותה מהו ויעבור לכ"פ שעבר על דת ט': כ דאל"כ בגדי מלכות מבע"ל. פ"ק דמגילה: דק"ל

רש"י

(יז) ויעבר מרדכי. על דת להתענות י ביום טוב ראשון של פסח שהתענה י"ד בניסן וט"ו וט"ז שהרי ביום י"ג נכתבו הספרים: (א) מלכות. בגדי מלכות, ורבותינו אמרו שלבשתה כ רוח הקדש כמה דאת אמר (דברי הימים א יב יח) ורוח לבשה את עמשי: (ג) עד חצי המלכות. דבר שהוא באמצע ובחצי המלכות הוא בית המקדש שהתחילו לבנותו בימי כורש והזר בו ועמד לבטל המלאכה ואחשורוש שעמד אחריו גם הוא ביטל המלאכה, ופשוטו של מקרא אף אם תשאלי ממני חצי המלכות אתן לך:

יבוא

פירוש

(יז) ויעבור בכל רחובות היהודים וגזר תענית כציווי אסתר:

(א) ותלבש אסתר מלכות, המלכות לבשתה ויהי כמדה, עד שכל רואיה הכירו כי לה יאות המלוכה

השאלות

א היל"ל בגדי מלכות. מהו ההבדל בין בית המלך ובית המלכות:

ג הכפל מה לך ומה בקשתך, מה אמר ויתן לך, ובכ"מ אמר אצל הבקשה ותעש:

מ"ד (היוב כב) לדק לבשתי וילבשני: ותעמוד והמלך יושב, בית המלכות היה קרוב אל החצר ששם ישב על כסאו לשפוט את העם ולפנים ממנו היה בית המלך, שהם החדרים המזומנים לצרכו לשבת שם, ושם היה יושב תמיד בעת שלא היה עוסק בצרכי הנהגת העם, ולכן עמדה הסתר נוכח בית המלך המיוחד לו. אבל בהשגחת ה' הזדמן שהמלך ישב עתה בבית המלכות שהוא קרוב אל החצר, וגם הזדמן שהעמיד את הכסא נכח פתח הבית, באופן שראה אותה תיכף ומיד:

(ב) ויהי מספר כי באהבת המלך את אסתר לא עלה בלבו מעולם שהגזירה הזאת שלא יכנס איש לחצר המלך הפנימית בלא רשות יכלול גם את אסתר, כי ביאתה הלא אף לבית מלכותו היה חביב ויקר ע ולא חשב עליה כלל שתצטרך לעמוד בחצר ולהמתין עד שיושיט לה השרביט, וע"כ כראות המלך את אסתר, הגם שהיא אסתר המלכה ולא עליה תחול הגזירה זאת, מ"מ בטעותה עומדת בחצר ואינה נכנסת לפנים, מזה נשאה חן בעיניו, כי ראה שזה אך מענות לדק אשר בלבה. עתה רצה ויושט לה את שרביט הזהב, ומספר כי הזדמן שהשרביט היה בידו בעת ההיא שזה ג"כ דבר שאין רגיל, ובהשגחת האל המשגיח:

(ג) מה לך, אחר שהבין כי ודאי איזה דבר גדול הניעה לבא אל המלך ובהחלט שדבר ההוא, הוא, או להסיר ממנו איזה היזק, או בעבור שתשיג איזה תועלת. ולכן אמר מה לך אסתר המלכה, היינו מה הגיע לך מן ההיזק שבעבורו באת, או מה בקשתך להשיג איזה ריוח ותועלת. והנה תחלה לא אמר ותעש, כי לא רצה להת לה רק אם תבקש דבר לצרכה, לז"א וינתן לך, לא אם תבקש שיעשה דבר לערך אחרים בעניני המלוכה, שזה נכלל בלשון ותעש:

יבא

וְיִנָּתֵן לָךְ׃ ד וַתֹּאמֶר אֶסְתֵּר אִם־עַל־הַמֶּלֶךְ טוֹב יָבוֹא
הַמֶּלֶךְ וְהָמָן הַיּוֹם אֶל־הַמִּשְׁתֶּה אֲשֶׁר־עָשִׂיתִי לוֹ׃
ה וַיֹּאמֶר הַמֶּלֶךְ מַהֲרוּ אֶת־הָמָן לַעֲשׂוֹת אֶת־דְּבַר
אֶסְתֵּר וַיָּבֹא הַמֶּלֶךְ וְהָמָן אֶל־הַמִּשְׁתֶּה אֲשֶׁר־עָשְׂתָה
אֶסְתֵּר׃ ו וַיֹּאמֶר הַמֶּלֶךְ לְאֶסְתֵּר בְּמִשְׁתֵּה הַיַּיִן מַה־
שְּׁאֵלָתֵךְ וְיִנָּתֵן לָךְ וּמַה־בַּקָּשָׁתֵךְ עַד־חֲצִי הַמַּלְכוּת
וְתֵעָשׂ׃ ז וַתַּעַן אֶסְתֵּר וַתֹּאמַר שְׁאֵלָתִי וּבַקָּשָׁתִי׃

אם

רש"י

(ד) יבוא המלך והמן. רבותינו אמרו טעמים הרבה בדבר מה ראתה אסתר שזימנה את המן כדי לקנאו במלך ובשרים שהמלך יחשוב שהוא חושק אליה ויהרגהו, ועוד טעמים רבים: אל המשתה, כל

סעודה

השאלות

ד פה אמרת אם על המלך טוב ולקמן (פסוק ח' וסי' ד' ג') אם מצאתי חן· מה היה כונתה שזמנת את המן לבית המשתה:

ה מהו לעשות את דבר אסתר:

ו מה רצה בכפל שאלתך ובקשתך ואצל שאלתך אמר וינתן לך ואצל בקשתך אמר ותעש, וכן דייק (בפסוק ח') לתת את שאלתי ולעשות את בקשתי וכן בסימן ז' (פסוק ב'):

פירוש

(ד) יבא המלך. הטעמים שזמנה את המן רבים במפרש', והיותר קרובים אצלי, הם שלשה, א) בלי תחשוב לשלום כי משנאה עצמיית שיש לה עליו מבקשת את נפשו, לכן הראית כי היא אין לה עליו שום משטמה רק הצלת נפשה ועמה מבקשת, ב) כדי שתעמיד טענותיה נגדו פתאום שלא יהיה לו פנאי לסדר טענותיו, ולעת מצוא שתוכל להעלות בקל חמת המלך עליו במשתה היין, שבעת ההיא יהיה המלך נכון עת לכעוס ולעשות משפט חרוץ, ג) כי הצלחת המזל כשעולה עד תכלית נקודת הרום, שוב מתחיל לירד כידוע, ואחר שראתה מזל הרשע מצליח עד, קצה המעלה ולא חסר לו אך המלוכה העלה אותו גם בזה שיהיה בעיניו תכלית הצלחתו כמו שיתבאר בפסוק י"ב, שמעתה תתחיל המסבה להתהפך בהכרח להורידו אל עמקי בור. והנה פה לא אמרה אם מצאתי חן, כי לדבר כזה שיבא אצלה שהוא א"צ למציאת חן, רק אם על המלך טוב לבוא ולאכול, ואמרה אשר עשיתי. לאמר שהכל נכון באופן שימהר ביאתו ולא ידאגו ליום מחר:

(ה) לעשות את דבר אסתר, ר"ל בל יחשוב כי אסתר תתכבד בביאת המן, רק המן יבא מצד ציווי אסתר ופקודתה, כעבד המחוייב לעשות רצון אדוניו:

(ו) מה שאלתך, המפרשים הבדילו בין שאלה ובקשה, כי בכל מבוקש מה שישאל תקרא שאלה, והתכלית הנרצה אל השואל תקרא בקשה, כמשל המבקש אלף זהובים כדי לקנות בעדם נחלת שדה וכרם, יהיה האלף זהובים השאלה, והשדה והכרם הבקשה. וע"ז השיבה כי שאלתה ובקשתה אינם שני דברים רק דבר אחד, שיבא המלך והמן אל המשתה, כי זה תשאל וזה הכליה המבוקש שלה. ולדעתי, שאלה הקטנה אשר ישיגה השואל בקל תקרא שאלה, והדבר הגדול שצריך לבקשו ע"י תחנונים נקרא בקשה, וכבר באורתי זה במק"א. ועפ"ז כל שתשאל המלכה לצרכה נקרא שאלה, כי ע"ז אינה צריכה להתחנן ולבקש כי ודאי לא ישיב את פניה, ואשר תבקש לצורך אחרים נקרא בקשה, כי ע"ז צריכה לבקש ולהתחנן. ואחר שהשאלה אמר ומה בקשתך עד חצי המלכות וינתן לך, שקרא גם הדבר שתבקש לצרכה, שיתן לה בשם בקשה יען שיהיה דבר גדול הנוגע עד חצי המלכות, אבל עתה אחר שעל מה שתבקש לצרכה כבר הובטחה מן המלך וע"ז אין צריכה להתחנן, קרא כל מה שתבקש לצרכה בשם שאלה ואשר תבקש לצורך אחרים כמ"ש וטעם קרא בשם בקשה, כי ע"ז לא הובטחה עדיין וצריכה להתחנן:

(ז) שאלתי ובקשתי. אסתר השיבה לו בהשכל ודעת, שהלא אמרה כי אין לה לשאול מן המלך שום דבר רק שתמצא חן בעיניו לעשות שאלתה, כי מציאת חן ונדיבת רוחו למלאות שאלתה זאת היקר בעיניה מן השאלה עצמה אשר תשיג, וזה שאמרה שאלתי ובקשתי העקרית היא אם מצאתי חן בעיני המלך לתת את שאלתי:

אם

ח אם־מצאתי חן בעיני המלך ואם־על־המלך טוב
לתת את־שאלתי ולעשות את־בקשתי יבוא המלך
והמן אל־המשתה אשר אעשה להם ומחר אעשה
כדבר המלך׃ ט ויצא המן ביום ההוא שמח וטוב לב
וכראות המן את־מרדכי בשער המלך ולא־קם ולא־
זע ממנו וימלא המן על־מרדכי חמה׃ י ויתאפק המן
ויבוא אל־ביתו וישלח ויבא את־אהביו ואת־זרש
אשתו׃ יא ויספר להם המן את־כבוד עשרו ורב בניו
ואת כל־אשר גדלו המלך ואת אשר נשאו על־השרים

ועבדי

רש"י

סעודה נקראת על שם היין שהוא עיקר: (ח) ומחר אעשה כדבר המלך. מה שבקשת ממני כל הימים לגלות לך את עמי ואת מולדתי: (י) ויתאפק. נתחזק לעמוד על כעסו כי היה ירא להנקם בלא רשות

השאלות

ח מהו הכפל מצאתי חן ואם על המלך טוב, ולמה התחיל שנית שאלתי ובקשתי, מה תעשה מחר כדבר המלך שהמפרשים מחולקים בבאורו:

ט ביום ההוא מיותר, ולא קם ולא זע כפל ענין. פה אמר על מרדכי חמה ולמעלה (ג' ה') וימלא המן חמה:

י מ"ש ויתאפק ויבא אל ביתו, המשמעות שהית בדעתו ללכת אל מקום אחר:

יא למה ספר עתה כבוד עשרו:

פירוש

(ח) **אם מצאתי חן**, ר"ל התחילה בזה שני תנאים, א] שתהיה היא רצוי אליו לתת שאלתה מצד חן השואל, ב] שיהיה המבוקש עצמו דבר שטוב לפני המלך ואינו נגד רצונו, כי מה שנגד רצונו אינה מבקשת שיתן לה, כי מבטלת רצונה מפני רצונו, ואז **יבא המלך והמן אל המשתה** שאעשה למחר, **ומחר אעשה כדבר המלך** לאמר את הבקשה שאני מבקשת, וגם בזאת השכילה לאמר כי היא אינה כדאי לבקש דבר מן המלך אבל אחר שהמלך פקד עליה שתבקש ממנו דבר הנה תבקש בקשתה כדי לקיים דבר המלך ופקודתו שרוצה בזה שתבקש:

(ט) **ויצא המן**, מספר גאות הרשע הזה ורוע תכונתו, שעד עתה בכל המעלות אשר עלה לא שמח מימיו, כי כל מעלה שהשיג היה מבקש מה שאחריה, והיתה המעלה הקודמת קטנה בעיניו, רק היום ההוא שהגיע לקצה הגדולה והכבוד להיות שוה עם המלך אז היה היום הראשון שיצא שמח וטוב לב, אולם גם זאת לא נמשך הרבה, כי אך כאשר ראה מרדכי התהפכו מחשבותיו ליגון ואנחה, **ולא זע**, ראה שתוך מה שלא קם מלפניו, אין לו שום יראה ופחד כמה שיודע כי בנפשו הוא, שאם נמנע להשתחוות לו מצד דתו, עכ"פ ראוי שיפחד ביודעו כי עתה יעתם ולכן עתה התמלא על מרדכי עצמו חמה, (כי בראשונה היה החמה כוללת כל עם מרדכי ודתם, וע"ז למעלה כתב שהם וימלא המן חמה:

(י) **ויתאפק**, מבואר שעלה על לבו לשוב אל המלך ולהלשין את מרדכי להמיתו, אבל שוב התאפק ולא שב אל המלך. **רק ויבא אל ביתו** וישלח אחר אוהביו להתיעץ על הדבר:

(יא) **ויספר**, הנה מה שנמנע המן עד הנה לשלוח יד במרדכי לבדו, היה מפני שנחשב לו להעדר כבוד שיהיה לו ריב ומשפט נגד איש יהודי השפל בעיניו על שבלתי משתחוה לו, שלפי גדולת המן ראוי שלא יקפיד כלל על כבוד איש כמוהו או בזיונו, לפ"ז גדולת המן היה סבה שיגדל חטא מרדכי על שמקל בכבודו, והוא עצמו היה סבה שלא יכול לשלוח בו יד כי בזה יופחת כבודו, ולכן הקדים לספר גדולתו הרב כי הוא היסוד שבעבורו נצרך להתיעץ. ויען שהצלחת הזמן יהיה בשלשה ענינים, ריבוי הקנינים והבנים והגדולה, לכן השתבח בשלשת אלה כי בכולן הצליח, וע"ז כבוד עשרו ורוב בניו ואשר גדלו המלך:

ויאמר

וְעַבְדֵי הַמֶּלֶךְ׃ יב וַיֹּאמֶר הָמָן אַף לֹא־הֵבִיאָה אֶסְתֵּר
הַמַּלְכָּה עִם־הַמֶּלֶךְ אֶל־הַמִּשְׁתֶּה אֲשֶׁר־עָשָׂתָה כִּי אִם־
אוֹתִי וְגַם־לְמָחָר אֲנִי קָרוּא־לָהּ עִם־הַמֶּלֶךְ׃ יג וְכָל־זֶה
אֵינֶנּוּ שֹׁוֶה לִי בְּכָל־עֵת אֲשֶׁר אֲנִי רֹאֶה אֶת־מָרְדֳּכַי
הַיְּהוּדִי יוֹשֵׁב בְּשַׁעַר הַמֶּלֶךְ׃ יד וַתֹּאמֶר לוֹ זֶרֶשׁ אִשְׁתּוֹ
וְכָל־אֹהֲבָיו יַעֲשׂוּ־עֵץ גָּבֹהַּ חֲמִשִּׁים אַמָּה וּבַבֹּקֶר ׀ אֱמֹר
לַמֶּלֶךְ וְיִתְלוּ אֶת־מָרְדֳּכַי עָלָיו וּבֹא עִם־הַמֶּלֶךְ אֶל־
הַמִּשְׁתֶּה שָׂמֵחַ וַיִּיטַב הַדָּבָר לִפְנֵי הָמָן וַיַּעַשׂ הָעֵץ׃ ס
ו א בַּלַּיְלָה הַהוּא נָדְדָה שְׁנַת הַמֶּלֶךְ וַיֹּאמֶר לְהָבִיא
אֶת־סֵפֶר הַזִּכְרֹנוֹת דִּבְרֵי הַיָּמִים וַיִּהְיוּ
נקראים

רש"י

רשום. ויתאפק אישפורצ"ר בלעז: (יג) איננו שוה לי. איני חש לכל הכבוד אשר לי: בכל עת וגו'. אמרו רבותינו שהיה מראה לו שטר שמכר עצמו לעבד על חוסר מעות כשנתמנו ראשי גייסות מרדכי והמן במלחמה אחת: (א) נדדה שנת המלך. ל נס היה

שפתי חכמים

ל דק"ל למה זה נדדה שנת המלך בלילה ההוא ולא היה יכול לישן בהיותו שמח וטוב לב בשמחה כמשתה אסתר וכדרך הטבע

השאלות

יב מ"ש לא תביאה כי אם אותי, וכי היה מן ההכרח שתביאה עוד אחרים והלא עקר הרבותא שהביאה אותו, והיל"ל ואף הביאה אסתר אותי אל המשתה בהיוב ולא בשלילה:

יד מה חכמתם בעצה זאת שיעשה העץ, ולמה יהיה גבוה חמשים אמה ולמה יבא בבוקר דוקא:

א מה היא סבת נדידת השינה, מדוע כפל ספר הזכרונות דברי הימים:

פירוש

(יב) ויאמר הוסיף לאמר כי הגיע לקצה האחרון מן המעלה, כי המשתה שעשתה המלכה ראוי שתקרא אליה כל שרי המלך, שלא נשמע מעולם לעשות משתה לאיש אחד או שנים, כמו שנאמר ויעש המלך משתה גדול לכל שריו ועבדיו, אבל אני גדול כ"כ בעיני המלכה עד שאני שקול בעיניה ככל שרי המלך בכלל, ובמה שזמנה אותי נחשב כאילו היתה משתה כוללת לכל שרי המלך, וע"ז אמר לא קראה כי אם אותי, והוסיף עוד וגם למחר אני קרוא לה, ר"ל ראו גדולתי, המלכה יש לה לבקש דבר מן המלך, ויראה שלא ימלא בקשתה וקראה אותי ג"כ שאני אבקש בעדה למלאות שאלתה, שזה מבואר שאני גדול יותר מן המלכה והיא צריכה אלי:

(יג) וכל זה איננו שוה לי, ר"ל שלא יוכל להשוות הגדולה הזאת נגד הבוז שמגיע מן מרדכי, כי בעבור גדולתו זאת חטא מרדכי גדול מאד, ונגד זה בעבור זאת בעצמו אינו יכול להתבזות לשלוח בו יד, וע"ז שאל עצה איך יהרוג את מרדכי ולא יחשב לו לבוז וקלון:

(יד) יעשו עץ. הנה יעצוהו בחכמה, שיוכל לנקום במרדכי ובכ"ז לא יוחשב לו להעדר כבוד, כי אם יתלה את מרדכי רק מצד חטאו בעצמו שלא השתחוה לו, הוא לו פחיתות כבוד שהיה לו ריב עם איש יהודי בעבור שהקל בכבודו, אבל לפעמים יצוה המלך לתלות איש אחד מן המורדים בו להטיל מורא על העם, לאמר כל מי שיעשה כזה כן יהיה משפטו להתלות, ובזה בוחרים תמיד היותר שפל מן העם, ותולים אותו על עץ גבוה שיראוהו כל העם למען יראו וייראו, ואם יתלה מרדכי על אופן הזה לא יהיה זה לו להעדר כבוד, כמה שתלה איש שפל ובזוי, כי לא בעבור חטאו נגד המן שלא השתחוה לו נתלה רק להיות לנס עמים, ובזה יעצוהו בערמה, שיעשה העץ גבוה חמשים אמה, שזה הסימן שנתלה למען יהיה לאות ומופת אשר הנשארים ישמעו וייראו, ב] שיתלה בבקר השכם כי כן היה הדרך לתלות הנתלים על הכוונה הזאת, כדי שתמיד בצאת העם מביתם יראו ולא יזידון עוד, לא כן הנתלה עבור חטאו שהיה נתלה אחר עבור עת המשפט בנמשך עד הצהרים, ונתלה על עץ נמוך, ובזה תבא אל המשתה שמח:

(א) בלילה, אין ספק כי המלך בראותו את כל המרדים שמרדה אסתר לבא אליו, ידע כי בקשה גדולה

יא

נִקְרָאִים לִפְנֵי הַמֶּלֶךְ׃ ב וַיִּמָּצֵא כָתוּב אֲשֶׁר הִגִּיד מָרְדֳּכַי
עַל־בִּגְתָנָא וָתֶרֶשׁ שְׁנֵי סָרִיסֵי הַמֶּלֶךְ מִשֹּׁמְרֵי הַסַּף אֲשֶׁר
בִּקְשׁוּ לִשְׁלֹחַ יָד בַּמֶּלֶךְ אֲחַשְׁוֵרוֹשׁ׃ ג וַיֹּאמֶר הַמֶּלֶךְ
מַה־נַּעֲשָׂה יְקָר וּגְדוּלָּה לְמָרְדֳּכַי עַל־זֶה וַיֹּאמְרוּ נַעֲרֵי
הַמֶּלֶךְ מְשָׁרְתָיו לֹא־נַעֲשָׂה עִמּוֹ דָּבָר׃ ד וַיֹּאמֶר הַמֶּלֶךְ
מִי בֶחָצֵר וְהָמָן בָּא לַחֲצַר בֵּית־הַמֶּלֶךְ הַחִיצוֹנָה לֵאמֹר
לַמֶּלֶךְ לִתְלוֹת אֶת־מָרְדֳּכַי עַל־הָעֵץ אֲשֶׁר־הֵכִין לוֹ׃
ה וַיֹּאמְרוּ נַעֲרֵי הַמֶּלֶךְ אֵלָיו הִנֵּה הָמָן עֹמֵד בֶּחָצֵר

°פתח באתנח °דגש אחר מלאפ"ם

ויאמר

רש"י

היה. ויש אומרים שם את לבו על שזמנה אסתר את המן שמא נתנה עיניה בו ויהרגהו: להביא את ספר הזכרונות. דרך המלכים כששינתן נודדת אומרים לפניהם משלים וחידות עד ששינתם חוזרת עליהם. ורבותינו אמרו מתוך שנתן לבו על המן ואסתר אמר אפשר שלא ידע אדם שהוא אוהבי עלתם ויגלה לי וחזר ואמר שמא עשה לי אדם טובה ולא גמלתיו ואין הודיעין עוד לי לפיכך ויאמר להביא את ספר הזכרונות

פירוש

ים לה לבקש, כי בעבור זה אמר עד חצי המלכות, ויען שכפלה בדבריה אם מצאתי חן, ואם על המלך טוב, הבין שבתחלה שמבקשת הוא דבר הטוב לפני המלך בעצמו, והראוי אליו מגד יפרו באשר הוא טוב עמים והוכן בחסד כסאו, ובזה עלה בלבו כי אין ספק מתחייב לשלם איזה גמול למטיב עמו, ולא שלם פעלו, ועל כן צוה להביא ספר הזכרונות. והנה המפרשים כתבו כי דברי הימים היה הד"ה הגדול שבו כתוב הכל בארוך, והיה עוד לוח המפתחות שהיה כתוב בו ראשי דברים וע"י היו מחפשים בד"ה הגדול. ולי נראה כי היו שני דברי הימים, א) דברי הימים שנכתב לזכרון לדור אחרון קורות המלך ומעשיו ופעולותיו הן טוב והן רע, וד"ה הזה לא היה ביד המלך רק ביד המשנה, ב) דברי הימים שנכתב לפני המלך שיהיה לזכרון אל המלך עצמו, וזה נקרא ספר הזכרונות דברי הימים שהיה תכליתו למזכרת דברים, וכבר כתבתי כי מן המלך נשכח מי היה המגיד על בגתנא ותרש, ועל כן גדל את המן, כי לא ידע למי ישלם גמול בעד הטובה הגדולה הזאת, אם לא למי שסבב שישא את הכתר שעל ידה ניצל ממות, וגם שאח"כ השתדל המן שידמה להמלך שהוא היה המגיד, ועל כן גדלו ורוממו, ובודאי מספר דברי הימים שהיה ביד המן נמחק שם מרדכי ונכתב שם המן במקומו שהמן היה המגיד, אבל בספר הזכרונות שהוא הדברי הימים אשר היה תחת יד המלך שם היה כתוב האמת, שמרדכי היה המגיד, ועז"א,

(ב) וימצא כתוב, כי משם לא נמחק שם מרדכי רק נמצא כתוב כי לא המן היה המגיד רק אשר הגיד מרדכי, ומזה נודע למלך כי כל מה שגדל את המן בחשבו שהוא היה סבה להצלתו היה בטעות, ועקר הגדולה הזאת מגיע למרדכי. ובזה ספר השגחת ה', איך בתוקף הרגע שהסב המן לבקש נפש הצדיק להלותו, נהפך הדבר כי נודע למלך שגדולת המן מגיע למרדכי:

(ג) מה נעשה יקר וגדולה, המלך שאל שלא מגיע לו ע"י שני דברים, א) יקר בשעתו להודיע אשר הציל ועשה שהציל את המלך ממות, ב) גדולה לעתיד לגדלו על כל השרים, והנה שידע שנעשה גדולה למרדכי שישב בשער המלך, שאל מה נעשה לו גדולה על זה, כי מה שישב בשער המלך היה בעבור שהיה אומן את אסתר לא בעבור זה:

(ד) מי בחצר, מודיע תוקף הנס שלא היה טבעי רק השגחה, כי בתוקף הרגע בא המן לתלות את מרדכי ומכבר הכטות כבר הכין לו כלי מות:

השאלות

ב מלשון וימצא כתוב משמע שהיה חידוש שנמצא כתוב ולא נמחק:

ג מהו הכפל יקר וגדולה. ולהמן לא אמר רק אשר המלך חפץ ביקרו. מלות על זה מיותר:

וַיֹּאמֶר הַמֶּלֶךְ יָבוֹא: ו וַיָּבוֹא הָמָן וַיֹּאמֶר לוֹ הַמֶּלֶךְ מַה
לַּעֲשׂוֹת בָּאִישׁ אֲשֶׁר הַמֶּלֶךְ חָפֵץ בִּיקָרוֹ וַיֹּאמֶר הָמָן
בְּלִבּוֹ לְמִי יַחְפֹּץ הַמֶּלֶךְ לַעֲשׂוֹת יְקָר יוֹתֵר מִמֶּנִּי:
ז וַיֹּאמֶר הָמָן אֶל־הַמֶּלֶךְ אִישׁ אֲשֶׁר הַמֶּלֶךְ חָפֵץ בִּיקָרוֹ:
ח יָבִיאוּ לְבוּשׁ מַלְכוּת אֲשֶׁר לָבַשׁ־בּוֹ הַמֶּלֶךְ וְסוּס אֲשֶׁר
רָכַב עָלָיו הַמֶּלֶךְ וַאֲשֶׁר נִתַּן כֶּתֶר מַלְכוּת בְּרֹאשׁוֹ:
ט וְנָתוֹן הַלְּבוּשׁ וְהַסּוּס עַל־יַד־אִישׁ מִשָּׂרֵי הַמֶּלֶךְ
הַפַּרְתְּמִים וְהִלְבִּישׁוּ אֶת־הָאִישׁ אֲשֶׁר הַמֶּלֶךְ חָפֵץ בִּיקָרוֹ
וְהִרְכִּיבֻהוּ עַל־הַסּוּס בִּרְחוֹב הָעִיר וְקָרְאוּ לְפָנָיו כָּכָה
יֵעָשֶׂה לָאִישׁ אֲשֶׁר הַמֶּלֶךְ חָפֵץ בִּיקָרוֹ: י וַיֹּאמֶר הַמֶּלֶךְ
לְהָמָן מַהֵר קַח אֶת־הַלְּבוּשׁ וְאֶת־הַסּוּס כַּאֲשֶׁר דִּבַּרְתָּ
וַעֲשֵׂה־כֵן לְמָרְדֳּכַי הַיְּהוּדִי הַיּוֹשֵׁב בְּשַׁעַר הַמֶּלֶךְ אַל־

תפל

רש"י

הזכרונות: (ט) ונתון הלבוש והסוס על יד איש. ואת הכתר לא הזכיר שראה עינו של מלך רעש על

השאלות

ו מדוע מהר לשלם למרדכי תיכף בבקר השכם:

ז מדוע חזר המן איש אשר המלך חפץ ביקרו:

י המן אמר והלבישו והרכיבהו, והמלך צוה שיעשה הכל בעצמו:

פירוש

(ו) מה לעשות, אחשורוש ידע שהמן יטעה שאלין הדברים נוגעים, ורצה בזה כדי שהיקר שיבקש המן לעצמו יעשה למרדכי אחר שבאמת אין היקר מגיע להמן רק למרדכי, ומטעם זה לא שאל לו מה לעשות באיש אשר המלך חפץ ביקרו וגדולתו, כי אז יבין המן שלא עליו חושב המלך, כי הוא כבר הגיע לתכלית הגדולה שהגדילו מכל השרים, ולכן לא אמר רק ביקרו שבזה יטעה המן שאליו רוצה לעשות יקר ויפריז על המדה, ויעשה כן למרדכי, ובל"ז על הגדולה לא הוצרך לשאול, כי כבר חשב לתת גדולת המן למרדכי אחר שאליו מגיע עיקר הגדולה:

(ז) איש, השיב לו במועצות ודעת, לאמר איך יתכן לשאול מה לעשות באיש אשר המלך חפץ ביקרו, הלא זה עצמו מה שהמלך חפץ ביקרו, זה הוא הכבוד והיקר היותר גדול, עד שאין יקר יותר ממנו, ומ"ש על מה שאתה שואל מה לעשות, אני משיב לך זאת עצמו יעשה לו שיודיעו שהוא איש אשר המלך חפץ ביקרו, כי הוא היקר היותר גדול, רק יביאו לבוש מלכות לפרסם הדבר:

(ח) ואשר נתן, י"מ שהיו נותנים כתר מלכות בראש הסוס, וי"מ אשר רכב עליו המלך בעת שניתן כתר מלכות בראשו, היינו ביום שנכתר למלוכה:

(ט) והלבישו והרכיבהו, המן רצה להרבות כבודו ע"י שרים רבים ומכריזים כבירים כדי שיתפרסם הדבר, ע"כ אמר בלשון רבים שיעשה הדבר ע"י רבים ונכבדים:

(י) מהר קח, המלך ראה שגדולת המן הוא שלא במשפט, ובאמת למרדכי יאות הכבוד הזה, וראה עד היכן הגיע גאותו עד שרוצה להשתמש בשרביטו של מלך. ועוד לו אך המלוכה, כמו שאמר שלמה בדבר אדוניהו ששאל שרביטו של מלך שדינו כמורד במלך, לכן אמר בחמתו שימהר לעשות כן למרדכי, כי אליו מגיע הכבוד הזה, וגם מגיע לו שיעשה לו זאת ע"י המן עצמו אחר שהוא לקח גדולתו בערמה ראוי שירוץ לפניו כעבד, ואל תפל דבר, כי הכל ביושר ובצדק, וע"כ צוה שהוא עצמו יעשה הכל בלי עזר להלבשה והרכבה משרים אחרים, ועז"א מכל אשר דברת, שגם ההלבשה תעשה בעצמך:

וישב

תִּפֵּל דָּבָר מִכֹּל אֲשֶׁר דִּבַּרְתָּ׃ יא וַיִּקַּח הָמָן אֶת־הַלְּבוּשׁ
וְאֶת־הַסּוּס וַיַּלְבֵּשׁ אֶת־מָרְדֳּכָי וַיַּרְכִּיבֵהוּ בִּרְחוֹב הָעִיר
וַיִּקְרָא לְפָנָיו כָּכָה יֵעָשֶׂה לָאִישׁ אֲשֶׁר הַמֶּלֶךְ חָפֵץ
בִּיקָרוֹ׃ יב וַיָּשָׁב מָרְדֳּכַי אֶל־שַׁעַר הַמֶּלֶךְ וְהָמָן נִדְחַף
אֶל־בֵּיתוֹ אָבֵל וַחֲפוּי רֹאשׁ׃ יג וַיְסַפֵּר הָמָן לְזֶרֶשׁ אִשְׁתּוֹ
וּלְכָל־אֹהֲבָיו אֵת כָּל־אֲשֶׁר קָרָהוּ וַיֹּאמְרוּ לוֹ חֲכָמָיו וְזֶרֶשׁ
אִשְׁתּוֹ אִם מִזֶּרַע הַיְּהוּדִים מָרְדֳּכַי אֲשֶׁר הַחִלּוֹתָ לִנְפֹּל
לְפָנָיו לֹא־תוּכַל לוֹ כִּי־נָפוֹל תִּפּוֹל לְפָנָיו׃ יד עוֹדָם
מְדַבְּרִים עִמּוֹ וְסָרִיסֵי הַמֶּלֶךְ הִגִּיעוּ וַיַּבְהִלוּ לְהָבִיא אֶת־
הָמָן אֶל־הַמִּשְׁתֶּה אֲשֶׁר־עָשְׂתָה אֶסְתֵּר׃

°הל׳ דגושה

ריבא

שפתי חכמים

בשבת המתים נמצאים ביום שהם ישנים שינה שקועה בלילה הנמשכת אחר המתים. לכ״פ גם היה: ם דק״ל נל״ל דשב מרדכי שלא כל עצמו של הכתוב אינו אלא לספר כמעלהו של המן. לכ״פ לשקו ולתעניתו ויום ג׳ לתעניתו היה שהתחיל להתענות ביום י״ד בניסן ומה שקרא המקרא ליום התמול שלישי והוא ביום השלישי והלבש אסתר מלכות יום שלישי לשילוח הרצים היה: נ דק״ל מה אבילות שייך כזה לזה אמר ר״פ וכו׳ דדרש כפ״ק דמגילה ע״ז: ם בגמרא כפ״ק דמגילה דייק מסיפיה דקרא כי נפול תפול לפניו שתי נפילות

רש״י

על שאמר שיתנו הכתר בראש אדם: (יב) וישב מרדכי. לשקו ם ולתעניתו: אבל וחפוי ראש. רבותינו נ פירשו הדבר במסכת מגילה: (יג) אשר החלות לנפל וגו׳. אמרה אומה זו נמשלו לכוכבים ם ולעפר כשהם יורדים עד לעפר וכשהם עולים

פירוש

(יב) וישב, מספר איך מרדכי שב לעבודתו, והמן נדחה לבאר שחת, כאומר ראו מעשה ה׳ כי פלא הוא, מהפכת אדם הכל, ועצת מסבב הסבות לעולם תעמוד:

(יג) ויספר, פי׳ מהרא״ח שהמן השיג שבני ביתו בשמעם את הבשורה, יחרדו ויפחדו פן בקש המן מן המלך לתלות את מרדכי, וע״י הויכוח והבירור נודע למלך כי שקר דבר עליו, ומתוך כך יצא הפסק הזה, ובזה אין תרופה למכתו, ועי״ז בא לבשרם בשורה טובה, כי זה היה רק מקרה בעלמא ועדן לא בקש שאלתו ועוד יש תקוה שאח״כ יבקש לתלותו וימלא המלך בקשתו אחר שכבר קבל מרדכי את שכרו, אמנם חכמיו ויועציו יעצוהו לסוב בל יתגרה עוד עם מרדכי ואל יבקש את נפשו כי לא יצליח עכ״ד. וגם ספר כי על דברת המן שחשב זאת למקרה בעלמא, הודיעוהו היועצים החכמים האלה, שאם מרדכי הוא מזרע היהודים, שהם העם שעליהם תחופף השגחת ה׳ הפרטיית, אז ידע כי לא היה הדבר במקרה רק בהשגחת אלהי קדושים, ואחר אשר החלות לנפול לפניו, מורה כי ה׳ רצה גם הפך פניו עליהם לטובה לא תוכל לו עוד, ולראיה אמרו אשר החלות לנפול לפניו, שהוא בזה שתי פנים, א] שאתה החלות לנפול שאתה היית המתחיל בנפילה הזאת מבלי שעשה שום אדם איזה השתדלות בזה רק אתה בעצמך היית המתחיל והגורם ע״י שהשכמת לשער המלך ויעצת זאת העצה, ב] שהחלות לנפול לפניו, שהוא לא נפל עדיין רק אתה נפלת קודם לו, וזה מורה מלת לפניו, ר״ל לפני נפילתו, וזה סימן שהיה בהשגחה ע״י תפלתו ותעניתו שמתעסק בו עתה, ואח״כ לא תוכל לו רק אם נפל תפול לפניו, ר״ל רק באופן הזה תוכל לו אם תפול ותכניע עצמך לפניו, עד שתתגאה דעתו ויפסיק מתפלתו ותשוכהו אז תגבר ידך לעשות חיל, אבל כל עוד שתלחם לו כן ירים ידו בתפלה, והיה כאשר ירים מרדכי ידו וגבר ישראל:

(יד) עודם, גם זה היה בהשגחה שהסריסים באו באמצע הויכוח ושמעו את הדבר ביניהם שהמן אמר שבוגש

עוד

השאלות

יג צ״ל למה ספר זאת לאנשי ביתו והלא בשורה רעה כזאת טוב להעלימה לא לפרסמה, ולשון אשר קרהו כאילו מקרה היה אינו מובן, ויפלא מה זאת הנאמר במ״ש כי נפל תפול וקראם חכמיו, ומה כסילות להפיל מורך ופחד בלבבו:

יד למה מספר כי סריסי המלך הגיעו בעודם מדברים:

ז א וַיָּבֹא הַמֶּלֶךְ וְהָמָן לִשְׁתּוֹת עִם־אֶסְתֵּר הַמַּלְכָּה׃
ב וַיֹּאמֶר הַמֶּלֶךְ לְאֶסְתֵּר גַּם בַּיּוֹם הַשֵּׁנִי
בְּמִשְׁתֵּה הַיַּיִן מַה־שְּׁאֵלָתֵךְ אֶסְתֵּר הַמַּלְכָּה וְתִנָּתֵן לָךְ
וּמַה־בַּקָּשָׁתֵךְ עַד־חֲצִי הַמַּלְכוּת וְתֵעָשׂ׃ ג וַתַּעַן אֶסְתֵּר
הַמַּלְכָּה וַתֹּאמַר אִם־מָצָאתִי חֵן בְּעֵינֶיךָ הַמֶּלֶךְ וְאִם־
עַל־הַמֶּלֶךְ טוֹב תִּנָּתֶן־לִי נַפְשִׁי בִּשְׁאֵלָתִי וְעַמִּי
בְּבַקָּשָׁתִי׃ ד כִּי נִמְכַּרְנוּ אֲנִי וְעַמִּי לְהַשְׁמִיד לַהֲרוֹג
וּלְאַבֵּד וְאִלּוּ לַעֲבָדִים וְלִשְׁפָחוֹת נִמְכַּרְנוּ הֶחֱרַשְׁתִּי כִּי

אין

רש"י

עולים עד לרקיע ועד הכוכבים: (ג) תנתן לי נפשי. שלא אהרג בשאלה אשר באחד שנגזרת גזירת הריגה על עמי ומולדתי: ועמי. ינתן לי בבקשתי שלא יהרגו, וא"ת מה איכפת לך כי איככה אוכל וראיתי וגו': (ד) כי אין הצר שוה בנזק המלך, אינו חושש בנזק המלך שאילו רדף אחר הנאתו

היה

השאלות

ב מדוע קראת פה אסתר המלכה:
ג למה יחסה השאלה אל נפשה והבקשה על עמה:
ד מדוע היתה מחרשת אם לעבדים היו נמכרים, ומהו כי אין הצר שוה, שנדחקו המפ' בבאורו:

פירוש

עוד להשתדל אצל המלך לפתותו, והם יעצוהו כל יועציו עמו, ומזה ידע חרבונה שהיה אחד מן הסריסים האלה שבנה המן את העץ, (מהרא"ה)·

(ב) מה שאלתך אסתר המלכה, עתה הוסיף לה באהבתו שגם אם תשאל בשאלה דבר גדול הראוי לה מצד שהיא מלכה יתן לה, וע"ז הוסיף אסתר המלכה:

(ג) נפשי, למה שבארתי למעלה כי השאלה היא מה שמבקש לצורך עצמו, והבקשה היא מה שמבקש לצורך אחרים, אמרה אשר אבקש לצורך עצמי אינו דבר זולתי, רק את נפשי, ומה שאבקש לצורך עמי אינו דבר זולתם מהעושר והכבוד רק שלום ונפש ממות, ולדעת המפרשים שזכרתי למעלה, שהשאלה היא גוף השאלה והבקשה היא התכלית הנרצה אצלו מן השאלה, והמה המבקש להציל נפש חבירו ממות, השאלה יהיה הצלת נפש חבירו אבל התכלית הנרצה אצלו הוא מפני שאינו יכול לראות ברעת חבירו, קורא נפשו לראות באבדן רעהו, וא"כ הבקשה היא, הוא בעבור עצמו, והיה יכול להורות לחשוב כי אסתר בבקשה על עמה ואמרה כי איככה אוכל וראיתי ברעה אשר ימצא את עמי, ממילא עקר הבקשה היא בעבור עצמה שאינה יכולה לראות באבדן עמה ומולדתה, לז"א כי לא כן הוא רק כ"כ יקר בעיניה הצלת עמה עד שהיתה מסכמת שתאבד היא בלבד שעמה ינצלו, כאלו שהשאלה אל המלך היה בעבור עצמה כמ"ש כי איככה אוכל וראיתי, אבל עקר הבקשה ותכליתה הוא עמה:

(ד) כי נמכרנו שנים שני טעות, א) שעקר המכירה היתה בעבורה שעיקר מחשבת המן היה לאבד אותה ועי"ז הלא עלילה על עמה כדי שאח"כ יוכל להתגולל עליה לאמר שהיא מבני האומה ויהרוג גם אותה, וז"ש כי נמכרנו אני ועמי, ר"ל אני הייתי העקרית והסבה אל המכירה ועל ידי נמכרו גם עמי, ב) גוף המכירה שלא נמכרו לעבדות רק להשמיד ולאבד [ולכן כפלה תמיד בדבריה אם מצאתי חן ואם על המלך טוב, כי המציאות חן מגביל נגד השאלה שהיא בעבור עצמה וצריכה מציאות חן שתגל, ואם על המלך טוב מגביל נגד הבקשה בעבור עמה, כי למלאות הבקשה הזאת אין צריך למציאות חן רק הדבר טוב מצד עצמו כי לא לתפארת יהיה אל המלך לאבד הגוי כולו בלי פשע], וגם נרמז בדבריה איך המן רמה את המלך בשני דברים, א) במה שאמר אליו ישנו עם אחד, שהוא עם בלתי מפורסם, והלא זה אני ועמי, זה סבה אשר אנכי בקרבו, והיה צריך להודיע זאת להמלך, ב) במ"ש יכתב לאבדם שהיה כוונת המלך לאבד שם האומה ודתה לא להשמידם כנ"ל, והוא תכסם להשמיד להרוג ולאבד, וז"א ואלו לעבדים ולשפחות נמכרנו וגו', ר"ל אם עכ"ז לא היה מרמה את המלך רק בדבר אחד במה שלא גלה את עמו מי הוא עם, אז החרשתי, ולא הייתי מגלה המרמה והמחאה אחר שכבר יצא הדבר בשוגג מאת המלך, לא כן עתה שהדבר כולו מוטעה וכדי בזיון וקצף למלך, שהראוי שהמלך נרמה בגופו יקבל את עונו,

וגם

אֵין הַצָּר שֹׁוֶה בְּנֵזֶק הַמֶּלֶךְ׃ ס ה וַיֹּאמֶר הַמֶּלֶךְ אֲחַשְׁוֵרוֹשׁ
וַיֹּאמֶר לְאֶסְתֵּר הַמַּלְכָּה מִי הוּא זֶה וְאֵי־זֶה הוּא אֲשֶׁר־
מְלָאוֹ לִבּוֹ לַעֲשׂוֹת כֵּן׃ ו וַתֹּאמֶר אֶסְתֵּר אִישׁ צַר
וְאוֹיֵב הָמָן הָרָע הַזֶּה וְהָמָן נִבְעָת מִלִּפְנֵי הַמֶּלֶךְ וְהַמַּלְכָּה׃
ז וְהַמֶּלֶךְ קָם בַּחֲמָתוֹ מִמִּשְׁתֵּה הַיַּיִן אֶל־גִּנַּת הַבִּיתָן
וְהָמָן עָמַד לְבַקֵּשׁ עַל־נַפְשׁוֹ מֵאֶסְתֵּר הַמַּלְכָּה כִּי רָאָה
כִּי־כָלְתָה אֵלָיו הָרָעָה מֵאֵת הַמֶּלֶךְ׃ ח וְהַמֶּלֶךְ שָׁב
מִגִּנַּת הַבִּיתָן אֶל־בֵּית ׀ מִשְׁתֵּה הַיַּיִן וְהָמָן נֹפֵל עַל־

המטה

שפתי חכמים

השילות אלו למה מלמד שאמרה לו אותם אי נמכרנו לעבדים ולשפחות וכו', גם רש"י עיקר דיוקו מסיפיה דקרא לכן כתב וגו' להורות שדיוקו ממה שכתב אח"כ: ע פירוש של כלתה נגמרה ואח"כ ק"ל מה רעה עשו לו שאומר כלתה הרעה ועוד במה ידע שנגמרה הרעה דלמא ירע לו עוד כאשר אירע באמת לכ"פ השנאה והנקמה כלומר נגמר השנאה שישנאהו ונעשה בו נקמה: פ והמן נופל נפל מבע"ל לכ"פ המלאך דחפו. והכי איתא בפ"ק דמגילה ופירש"י נופל משמע לשון עושה והולך נופל תמיד רוצה לזקוף ומלאך מפילו:

דקשה

רש"י

היה לו לומר מכור אותם לעבדים ולשפחות וקבל הממון או ההיה אותם להיות לך לעבדים הם וזרעם: (ה) ויאמר המלך אחשורוש ויאמר לאסתר המלכה. כל מקום שנאמר ויאמר ויאמר שני פעמים אינו אלא למדרש, ומדרשו של זה בתחלה היה מדבר עמה ע"י שליח עכשיו שידע שממשפחת מלכים היא דבר עמה הוא בעצמו: (ז) כי כלתה. נגמרה הרעה ע והשנאה והנקמה: (ח) והמן נפל. פ המלאך דחפו: על

המטה

פירוש

וגם נגד מ"ש המן במלשינותו ולמלך אין שוה להניחם, שבעם הזה מזיקים את המלך, השיבה אדרבה אין הצר שוה בנזק המלך, המן אינו שוה היות המלך אותו בחיים מפני ההיזק שהמלך מוצא ממנו שמהרס את מלכותו:

(ה) ויאמר, אחרי ששאל המלך לכל אנשי הבית והמן בכללם כמתמיה מי הוא זה, ואחר שאין משיבו שאל לאסתר המלכה, מי הוא זה, שאל שני דברים, א) מי הוא האיש הזה שעשה נבלה כזאת, ב) ואי זה הוא, הסבה אשר עוררתו לזה, ועז"א אשר מלאו מוסב על הסבה מה היא הסבה אשר מלאה את לב האיש הזה לעשות כן:

(ו) איש צר, נגד מה ששאל מה היא הסבה שמלאה לב האיש אל הנבלה הזאת, אמרה הסבה היא יען שהוא איש צר ואויב, וכפלה צר ואויב, כי צר הוא המציר לחברו בפועל ואויב המבקש רעת חבירו ומ"מ אינו מציר לו בפועל. והנה מי שאינו אכזרי כ"כ לא יהיה אויב רק טרם היותו צר, אבל אחר שיהיה צר לא יהיה אויב, רצוני, שאחר שיצר לחבירו וינקום ממנו תסתלק האיבה, אבל המן באכזריותו, הנה שהציר והרע עדיין הוא אויב, והסבה זאת, הניעה לבו להצר לישראל באיבתו, ונגד השאלה מי הוא זה השיבה המן הרע הזה. והמן נבעת, פי' מהרא"ה כי אל המלך עצמו היה יכול להתאמץ להחזיק דבריו, כי מה שהלשין על עם היהודים כולו אמת ולא מאיבה עשה זאת, אבל הלא אז תגדל יותר חמת אסתר, ולפני אסתר בפני עצמה היה יכול להתחנן, שעשה זאת טרם שידע שהיהודים עמה ומולדתה, ועתה מבטיחה שיוסיף לדבר טוב על היהודים להשיב את הספרים, אבל אז תגדל חמת המלך, כי יאמר הלא בזה נגלה כי לא מאהבת האמת רצה להשמידם, כי אם אמת כדבריך שהם ראוים להשמידם, איך תהפך עליהם עתה מיראת המלכה, וע"כ נבעת מלפני המלך והמלכה בהיותם ביחד:

(ז) וע"כ בעת יצאת המלך אל גנת הביתן מצא עת רצון לבקש על נפשו מאסתר בפ"ע:

(ח) הגם, אחר שכבר היה בדעתו כי המן חשב להרוג את אסתר עם אבדן כללות היהודים, ועתה גם עתה נדמה לו ג"כ שרוצה להרגה, אמר וכי גם תבבוש את המלכה, אם את עמה מכרת להרוג,

הגם

השאלות

ה מהו ויאמר ויאמר. כפל מי הוא זה ואי זה הוא, כבר העירותי הלא אחשורוש עצמו הסכים ע"ז ומה שאל עתה:

ו כפל צר ואויב:

ז מדוע לא בקש מאת המלך והמלכה ביחד:

המטה אשר אסתר עליה ויאמר המלך הגם לכבוש
את־המלכה עמי בבית הדבר יצא מפי המלך ופני
המן חפו: ט ויאמר חרבונה אחד מן־הסריסים לפני
המלך גם הנה־העץ אשר־עשה המן למרדכי אשר
דבר־טוב על־המלך עמד בבית המן גבה חמשים
אמה ויאמר המלך תלהו עליו: י ויתלו את־המן על־
העץ אשר־הכין למרדכי וחמת המלך שככה: ס
ח א ביום ההוא נתן המלך אחשורוש לאסתר המלכה
את־בית המן צרר היהודיים ומרדכי בא
לפני המלך כי־הגידה אסתר מה הוא־לה: ב ויסר המלך
את־טבעתו אשר העביר מהמן ויתנה למרדכי ותשם

°יתיר י'ד · אסתר

רש"י

המטה אשר אסתר עליה. דרך היה ליסב בסעודה על לדן על גבי המטות כמו שנאמר בראש הספר מטות זהב וכסף לבני המשתה: הגם לכבוש. לשון תימה הוא, לכבש לאנוס בחזקה כמו (במדבר לב כב) ונכבשה הארץ: (ט) גם הנה העץ. גם רעה אחרת עשה שהכין העץ לתלות אוהבו של מלך שהציל את המלך ממות: (א) מה הוא לה. איך הוא קרוב לה:

להעביר

השאלות

ט מאין ידע הסריס מענין העץ, מדוע הזכיר אשר דבר טוב על המלך, ומה נ"מ אם עומד בבית המן או אינו עומד עתה, ואם גבוה חמשים אמה או לא:

א למה נתן בית המן לאסתר, ומהו הרבותא שמרדכי בא לפני המלך שאין בזה גדולה כ"כ כי כל אדם היה יכול לבא בעת הצורך ולמה קראו להמן פה צורר היהודים:

ב אשר העביר מהמן מיותר, ולמה מספר מה ששמה אסתר את מרדכי על בית המן:

פירוש

כבש המלכה בכללם, זאת שאת הכי גם עמי בבית, והלא גם החייב מיתה וברח לבית המלך לא יהרג, ואף כי להרוג המלכה בבית. ופני המן חפו, היה דרך הפרסיים לחפות פני מי שהמלך כועס עליו, למען ישוכך קצף המלך (ראב"ע):

(ט) אחד מן הסריסים, שהלכו לקרוא את המן אל המשתה ועי"כ ידעו מן העץ כנ"ל. גם הנה העץ ר"ל הנה יש עוד ראיות ברורות, שזה האיש המן אך רעת המלך הוא מבקש, כי הלא עשה עץ לתלות את מרדכי, ולא מצא בו שום עון רק אשר דבר טוב על המלך, שבעבור שמרדכי הציל נפש המלך ממות, זאת היה להמן סבה לתלותו, כי גם המן היה בקושרים על המלך, וזאת שנית עומד בבית המן גבוה וכו', הלא העץ עומד עדיין וגבוה חמשים אמה, למען יתראה לעיני הכל, וזה חרפה גדולה להמלך, שבעת שלבש מרדכי לבוש מלכות וקראו לפניו שהמלך חפץ ביקרו, בכל זאת העץ המוכן לו לתלותו עליו עומד בגלוי לעיני כל, לאמר שהאיש אשר המלך חפץ ביקרו מזומן להתלות, ואין לך מרד גדול מזה, ועפ"ז כדין פסק המלך וחרץ משפטו לתלותו. כן יאבדו כל אויבי ה':

(א) ביום ההוא, כבר היה החק מימי קדם, כי הרוגי מלך נכסיהם למלך, ואם היה המן נהרג בשביל שמרד במלך היה ביתו ונכסיו מגיעים אל המלך, אבל המלך רצה להראות שלא עבור מרדו במלך נתלה רק עבור מה שמרד בהמלכה ובעמה היהודים, לכן נתן בית המן לאסתר, כי אחר שנהרג בשבילה נכסיו מגיעים אל המלכה, ולכן קראו פה צורר היהודים לאות הטעם שלכן נתן בית המן לאסתר יען וסבתו היה על שהיה צורר היהודים, ומרדכי מלבד שהוסיף גדלו המלך ונתן לו רשות לבא לפני המלך כל עת שירצה ובל יצטרך להמתין עד שיקרא לו ויושיט לו השרביט:

(ב) ויסר. שבאמת היה טפח כונת המלך מעת שנתן המלך הטבעת להמן, ומסבר כי הוקף נתן הטבעת

למרדכי

אסתר את־מרדכי על־בית המן׃ ס ג ותוסף אסתר
ותדבר לפני המלך ותפל לפני רגליו ותבך ותתחנן
לו להעביר את־רעת המן האגגי ואת מחשבתו אשר
חשב על־היהודים׃ ד ויושט המלך לאסתר את שרבט
הזהב ותקם אסתר ותעמד לפני המלך׃ ה ותאמר אם־
על־המלך טוב ואם־מצאתי חן לפניו וכשר הדבר לפני

המלך

רש"י

(ג) להעביר את רעת המן. שלא תתקיים עצתו הרעה:

כנס

פירוש

למרדכי מבלי הפסק, ולא נתנה על ידו, רק מיד המן ליד מרדכי, ותשם אומר הנה שני דברים שבהם התהלל אותו רשע כבוד עשרו ואת אשר גדלו המלך, פתע כרגע השיבו למרדכי הצדיק יכין רשע וצדיק ילבש, עד גדולתו ויסר את טבעתו אשר העביר מהמן, ונגד עשרו ותשם את מרדכי על בית המן:

השאלות

ג למה הוסיפה עתה לחנן יותר מאשר חננה קודם, ומה הכפל שכפל במלות שונות, ומה הכפל רעת המן ומחשבתו:

ה הכפל בדברי אסתר מבואר, מלות מחשבות המן מיותר:

(ג) ותוסף אסתר, פי' המפרשים כי אסתר אחרי ראותה שנתן לה המלך ענינים אחרים ועל גוף הבקשה לא ענה לה מאומה, אז עלה מורא על ראשה, כי כבר התיאש המלך מאת לה שאלתה זאת, וע"כ רוצה לדחותה במתנות אחרות, כדרך מי שאינו רוצה למלאות שאלת אוהבו שמבטיח לו ענינים אחרים, כי אם היה רוצה למלאות שאלתה הלא היה צריך להבטיח לה תחלה על גוף בקשתה שזאת העיקר אח"כ היה יתן לה דברים אחרים, ולכן עתה דוקא פחד ורהב לבבה להפציר בתחנונים, והנה לא הניחה מלעשות כל הפעולות אשר יסבבו שימלא המבקש את בקשתו, כי לפעמים ימלא את בקשתו ע"י שירבה דברים ומליצות להראות כי המבוקש ראוי להעשות מצד היושר והצדק, וע"ז ותדבר לפני המלך בדברי טעם ודעת, ולפעמים ימלאו שאלת השואל מצד שיעורר בכי ותחנונים וירחמו על השואל, וע"ז ותפול לפני רגליו ותבך ותתחנן לו להעביר את רעת המן. הנה אסתר בקשה שהמלך ישלח רצים לקחת את הספרים בחזרה ולבטל את הגזרה, כי אם ימתין עד זמן המוגבל, והמלך ירצה לשלוח ספרים אחרים החתומים שיגיעו ג"כ עד זמן המוגבל, שיהיה כתוב בהם הפך הספרים הראשונים, כמו שעשה המלך אח"כ באמת, יראה מצד שני דברים, א) כי עד בוא הזמן המוגבל שיפתחו הספרים ויראו שבטל את הגזרה, בתוך כך יעברו על היהודים צרות רבות, וכל אותו הזמן יתעוללו בם מוניהם באמר כבר נתפרסם כי נמכרו להשמיד. וע"ז א' להעביר את רעת המן, הוא הרע שהוא בהווה עתה. ב) כי גם בבוא הזמן הלא בהספרים שלח המן הרשה להנקם דין היהודים וגם בבוא ספרים אחרים, לא יאמינו לקול האות האחרון רק לקול האות הראשון, וע"ז א' ואת מחשבתו אשר חשב, גם כללה בדבריה שני טענות לעומת שידעה כי חק מלכי פרס שכתב אשר נכתב בשם המלך אין להשיב, ע"ז א' פיה פתחה בחכמה, שאין להמלך לשים לבו על זאת, אם מצד המלך, אם מצד הספרים, אם שהמלך בעצמו אין לו לחוש שעובר על דת המלוכה להשיב פקודתו, אחר שבאמת לא מאתו יצאו הדברים האלה, והמלך יודע האמת כי לא חשב כזאת על עם ה', רק זאת היתה מחשבת המן לא מחשבת המלך, ואם מצד הספרים שאין להמלך להתירא שימרדו בו בני מלכותו אם יראה שמשנה דת המדינה להשיב את פקודת המלך, ע"ז טענה הלא הספרים עדיין חתומים ולא נפתחו, כמו שבארתי למעלה שהיו ספרים חתומים שלא נפתחו, ובהם היה כתוב מחשבת המן בפרטות להשמיד את כל היהודים, אבל בפתשגן שהיה גלוי לכל העמים לא נכתב תוכן מחשבתו רק שיהיו עתידים ולא נתבאר על מה ולמה, ולכן יעצה שישיב רק הספרים שבהם כתוב מחשבת המן שהם הספרים החתומים, שמצד הספרים האלה אין לו לסתירה אחר שהם רק מחשבת המן, שנשארו במחשבה ולא נתפרסמו עדיין לבני אדם, ואם ישיבה וישלח אחרים תמורתם לא יודע לאיש כי השיב פקודתו·

(ד) ויושט, הוא רשות שתקום ותדבר דבריה בפרטות:

(ה) אם על המלך טוב, ר"ל כי הממלא בקשת חבירו, יהיה או מפני המבקש או מפני המבוקש וכל אחד יסיב בא' משני פנים, אם מפני שהמבקש או המבוקש מצא חן בעיניו, או מפני שהד

להביא

הַמֶּלֶךְ וְטוֹבָה אֲנִי בְּעֵינָיו יִכָּתֵב לְהָשִׁיב אֶת־הַסְּפָרִים
מַחֲשֶׁבֶת הָמָן בֶּן־הַמְּדָתָא הָאֲגָגִי אֲשֶׁר כָּתַב לְאַבֵּד
אֶת־הַיְּהוּדִים אֲשֶׁר בְּכָל־מְדִינוֹת הַמֶּלֶךְ׃ ו כִּי אֵיכָכָה
אוּכַל וְרָאִיתִי בָּרָעָה אֲשֶׁר־יִמְצָא אֶת־עַמִּי וְאֵיכָכָה אוּכַל
וְרָאִיתִי בְּאָבְדַן מוֹלַדְתִּי׃ ס ז וַיֹּאמֶר הַמֶּלֶךְ אֲחַשְׁוֵרשׁ
לְאֶסְתֵּר הַמַּלְכָּה וּלְמָרְדֳּכַי הַיְּהוּדִי הִנֵּה בֵית־הָמָן נָתַתִּי
לְאֶסְתֵּר וְאֹתוֹ תָּלוּ עַל־הָעֵץ עַל אֲשֶׁר־שָׁלַח יָדוֹ
בַּיְּהוּדִים׃ ח וְאַתֶּם כִּתְבוּ עַל־הַיְּהוּדִים כַּטּוֹב בְּעֵינֵיכֶם
בְּשֵׁם הַמֶּלֶךְ וְחִתְמוּ בְּטַבַּעַת הַמֶּלֶךְ כִּי־כְתָב אֲשֶׁר־
נִכְתָּב בְּשֵׁם־הַמֶּלֶךְ וְנַחְתּוֹם בְּטַבַּעַת הַמֶּלֶךְ אֵין לְהָשִׁיב׃

°יתיר יוד

ויקרא

רש"י

(ז) הנה בית המן וגו'. ומעתה בא הכל רואים שאני חפץ בכם וכל מה שתאמרו יאמינו הכל שמאתי הוא לפיכך אין צריכין אתם להשיבם אלא כתבו ספרים אחרים כטוב בעיניכם: (ח) אין להשיב. אין נאה להשיבו ולעשות כזב:

שפתי חכמים

צ דקשה ליה היא בקשה להשיב מחשבות המן והוא השיב הנה

השאלות

ו הכפל מבואר:

ז תשובת המלך הנה בית המן וכו' אין לו טעם ולא בזה יניח לבה הדואג מאבדן עמה:

ח בעצה הזאת נבוכו כל המפרשים ולא מצאו כל אנשי חיל ידיהם, אחר שכתב אשר נכתב בשם המלך אין להשיב, איך אמר כתבו כטוב בעיניכם, איך ישיבו את הספרים הראשונים הלא אין להשיב ואם לא ישיבו הלא כפשע בינם ובין המות:

פירוש

להשיג איזה תועלת או הנאה מן המבקש בשאלתו, או מן המבוקש עצמו בשיעשהו, ובתחלה אמרה אם רצה למלאות שאלתה מצד שהיא או המבוקש עצמו מצא חן בעיניו, וז"ש אם על המלך טוב הוא שהמבוקש טוב וישר בעיניו, ואם מצאתי חן לפניו הוא שהמבקש נשא חן, והוסיפה אופן השני אם רוצה למלאות שאלתה מצד שישיג הנאה ותועלת מן המבקש או המבוקש, וז"א וכשר הדבר לפני המלך היינו שישיג תועלת מן הדבר בעצמו כי היושב על כסא עמים ימצא תועלת בשיעשה צדק ויושר, וטובה אני בעיניו הוא שמוצא תועלת ממנו, ובזה ימצא שאלתי מצדי לבל אמות בראותי רעת עמי, וכוונה בזה שצריך הוא למלאות שאלתה מצד ארבעת הפנים האלה יחד שכולם כאן נמצאו וכאן היו, יכתב להשיב, שזה הבקשה עלתה הנ"ל בפרטות שיצוה המלך רצים לקחת את הספרים החתומים שבהם כתוב מחשבת המן בחזרה, כי השרים אין יודעים עדיין מה כתוב בהן, ולא יהיה בזה בזיון אל המלך:

(ו) כי איככה, נתנה טעם על שא"א לכתוב ספרים אחרים חתומים שיונחו ג"כ ביד השרים עד בוא מועד, ויהיו כתוב בהן הפך הראשונים, כי בזה יש שני ריעותות: א) כי איככה אוכל וראיתי ברעה אשר ימצא את עמי תיכף עד שיגיע הזמן המוגבל, כי בתוך הזמן הזה יהיו נכונים למשסה ותלאות, ב) עקר הדבר כי בהגיע הזמן לא ישמעו לקול הספרים האחרונים, ואיככה אוכל וראיתי באבדן מולדתי, הם ממש הדברים שדברה בפסוק ג':

(ז-ח) הנה בית המן, ואתם כתבו. הנה המלך לא הסכים לעשה להשיב את הספרים החתומים בחזרה, כי כתב אשר נכתב בשם המלך אין להשיב, אולם יען להם עצה נכונה בהשכל ודעת, שישארו הספרים הראשונים ביד השרים, ובכל זאת יבטל כחם מכל וכל. והנה היה בענין זה שתי עצות: א) כי בכתבים הראשונים היה כתוב להשמיד להרוג ולאבד את כל היהודים, ובזה יש לבאר שהם היהודים נושא המאמר להשמיד להרוג ולאבד את כל, ומי יהיה המשמיד, היהודים, הם יהיו המשמידים, ובזה חסר הפעול, כי לא פורש באגרת הראשונים את מי ישמידו, ואם יבארו האגרות האחרונות,

שהוסיף

ט ויקראו ספרי־המלך בעת־ההיא בחדש השלישי הוא־חדש סיון בשלושה ועשרים בו ויכתב ככל־אשר־צוה מרדכי אל־היהודים ואל האחשדרפנים והפחות ושרי המדינות אשר ׀ מהדו ועד־כוש שבע ועשרים ומאה מדינה מדינה ומדינה ככתבה ועם ועם כלשנו ואל

רש"י

כתב המלך בזיוף: (ט) ככתבה. באותיות שלה: כלשונו

פירוש / השאלות

ט למה המתין עד כ"ג סיון:

שהוסיף בהם מלת עם ומדינה הצרים אותם להשמיד להרוג את כל חיל עם ומדינה הצרים, ומי ישמיד, היהודים ישמידו את כל חיל עם ומדינה, ומשהם שהאגרות האחרונות לא ישיבו ויבטלו את הראשונות רק יבארו אותם, וכל שהכתב השני אינו מגרע מן הראשון רק מוסיף בו דברים לבארו אין זה נקרא שמשיב דברי המלך, וזאת כוונה אסתר בעצת המלך, וע"ז א' ואתם כתבו על היהודים כטוב בעיניכם, ר"ל על מות היהודים תוכלו לכתוב הבאור כטוב בעיניכם, לבארו בשיהודים יהיו המשמידים לא הנשמדים:

ואת שנית כי הנס שזה רק באור רחוק, ובפרט אחר שהאגרות הראשונות נכתבו בכמה לשונות הלא ימצאו הרבה לשונות שלא יסבלו הבאור הזה, ומ"מ הטיב עצתו להסיר כל הספקות, כי זאת מבואר שאם יאמר האומר ראובן יתן מעות לשמעון, ראובן לא יתן מעות לשמעון, ראובן יכה את שמעון, ראובן לא יכה את שמעון, הם משפטים סותרים אחד את חבירו, אבל אם יאמר ראובן יתן מעות לשמעון ושמעון יתן מעות לראובן, ראובן יכה את שמעון ושמעון יכה את ראובן, אין זה בגדר הסתירה, כי שניהם יוכלו להתקיים, וכן אם היה האשורוש חוזר וכתב שהעמים לא ישמידו את היהודים היו האגרות האחרונים סותרים את הראשונות, אבל אחר שכתב שנית שהיהודים ישמידו את הצרים אותם, אין זה סתירה כי שניהם יוכלו להתקיים, שנתן לשתי הכתות רשות להלחם זה בזה, אולם הלא בזה עדיין היהודים בסכנה, דאחר שיש גם לצורריהם רשות להרוג בם, ומי יודע מי מהם תגבר ידו, ע"ז הקדים לאמר הנה בית המן נתתי לאסתר וכו', ר"ל הנה בזאת האגרות האחרונות יש שני השנות: א) מן העמים בקבלו כתב הפתשגן הגלוי להיות עתידים ליום הזה, ושמעו קול השמועה בעל פה, כי הגזרה היא על היהודים, ואף שיגיעו אגרות להפך הלא ילחמו עם היהודים וירעו להם, אך זה תקן בקל דאחר שהפתשגן הגלוי לכל העמים לא נכתב בו רק להיות עתידים ליום הזה וגם נכתב לא מי יהיה עתיד, ולא על מה יהיו עתידים, ועתה בפתשגן השני נכתב בבאור, (א) מי יהיו עתידים, להיות היהודים עתידים, ב) על מה יהיו עתידים, להנקם מאויביהם, ממילא הפתשגן השני הוא רק באור להראשון, ואין להם להרים ידם ורגלם לעשות רע ליהודים, כי גם הפקודה הראשונה מפורשת ע"י השניה, שאדרבה היהודים ינקמו מאויביהם, ובזה תקן השנות אסתר שירא שעד שיגיע יום המוגבל יעשו רע עם יהודים, כמ"ש איככה אוכל וראיתי ברעה אשר ימצא את עמי, והשנות השני שיש להם לירוא מן הסכנה שיעבור עליהם בהגיע היום המוגבל שאז יפתחו האגרות הראשונות והאחרונות התמומים, ויראו מבואר בהאגרות הראשונות שניתן דת לאבד היהודים, ואף שבהאחרונות נכתב שרשות גם ליהודים להנקם מאויביהם, הלא יש השש, אם מצד הצוררים, שיגבר ידם על היהודים, אם מצד השרים פן יעזרו להצוררים, אחר שרשות בידם לעשות כאחד משתי האגרות, ע"ז הקדים לאמר, הנה מה שבית המן נתתי לאסתר ומה שתלו אותו על העץ היה מפני ששלח ידו ביהודים, וזה דבר ידוע ומפורסם, כי מטעם זה נתתי ביתו לאסתר על שמרד במה שרצה לאבד עמה ומולדתה, וממילא ככר ידעו השרים כי האגרות הראשונות נכתבו נגד רצון המלך, ובודאי בבוא יום המוגבל ויפתחו שתי האגרות יסתירו את האגרות הראשונות מפני האחרונות, כי יראו לנפשם בל יגיע להם כמו שהגיע להמן, ובודאי יעזרו אל היהודים, והעמים לא ידעו כלל מה היה כתוב באגרות הראשונות, כי השרים יסתירו אותם, ובזה אין שום השש וסכנה:

(ט) ויקראו, פי' מהרא"א שהמתין עד כ"ג סיון מפני שרצה שהרצים בעצמם שהובילו אגרות המן יובילו גם אגרות האלה ובזה יאמינו את דבריהם, והם לא שבו עד כ"ג סיון, ובעם נכון הוא. והנה מרדכי הוסיף לכתוב גם אל היהודים, ובזה נתן תוקף אל האגרות האחרונות כי השרים אשר הגיש אליהם שני הספרים, ממילא נתן להם רשות לעשות כמו שירצו, כי שתי הפקודות שאלו: בהקפם, אבל אחר שהגיעו הספרים

וְאֶל־הַיְּהוּדִים כִּכְתָבָם וְכִלְשׁוֹנָם׃ י וַיִּכְתֹּב בְּשֵׁם הַמֶּלֶךְ
אֲחַשְׁוֵרֹשׁ וַיַּחְתֹּם בְּטַבַּעַת הַמֶּלֶךְ וַיִּשְׁלַח סְפָרִים בְּיַד
הָרָצִים °בַּסּוּסִים רֹכְבֵי הָרֶכֶשׁ הָאֲחַשְׁתְּרָנִים בְּנֵי הָרַמָּכִים׃
יא אֲשֶׁר נָתַן הַמֶּלֶךְ לַיְּהוּדִים ׀ אֲשֶׁר בְּכָל־עִיר־וָעִיר
לְהִקָּהֵל וְלַעֲמֹד עַל־נַפְשָׁם לְהַשְׁמִיד °לַהֲרֹג וּלְאַבֵּד אֶת־
כָּל־חֵיל עַם וּמְדִינָה הַצָּרִים אֹתָם טַף וְנָשִׁים וּשְׁלָלָם
לָבוֹז׃ יב בְּיוֹם אֶחָד בְּכָל־מְדִינוֹת הַמֶּלֶךְ אֲחַשְׁוֵרוֹשׁ
בִּשְׁלוֹשָׁה עָשָׂר לְחֹדֶשׁ שְׁנֵים־עָשָׂר הוּא־חֹדֶשׁ אֲדָר׃
יג פַּתְשֶׁגֶן הַכְּתָב לְהִנָּתֵן דָּת בְּכָל־מְדִינָה וּמְדִינָה גָּלוּי
לְכָל־הָעַמִּים °וְלִהְיוֹת הַיְּהוּדִים °עֲתִידִים לַיּוֹם הַזֶּה לְהִנָּקֵם
מֵאֹיְבֵיהֶם׃ יד הָרָצִים רֹכְבֵי הָרֶכֶשׁ הָאֲחַשְׁתְּרָנִים יָצְאוּ
מְבֹהָלִים וּדְחוּפִים בִּדְבַר הַמֶּלֶךְ וְהַדָּת נִתְּנָה בְּשׁוּשַׁן

°בסוסים כ"ו ולהרג בו"ו: °יתיר יו"ד °עתודים כתיב

הבירה

רש"י

בלשונו. הוא הדבור: (י) ביד הרצים. רוכבי סוסים שטוה להם לרוץ: האחשתרנים. מין גמלים הממהרים לרוץ: (יא) ושללם לבוז. כאשר נכתב בראשונה, והם בבזה לא שלחו את ידם שהראו לכל שלא נעשה לשם ממון: (יג) פתשגן. אגרת מפורש: (יד) מבהלים. ממהרים אותם לעשות מהרה לפי שלא

השאלות

י למה שלח רצים בסוסים, והמן שלח רגלים:
יא המן אמר להשמיד ביום אחד ושללם לבוז, משמע הבזה תהיה אח"כ, ומרדכי אמר ושללם לבוז ביום אחד שגם הבזה תהיה בו ביום:
יב מרדכי אמר בכל מדינות, והמן לא הזכיר זה:
יד למה הוסיף פה מבוהלים:

פירוש

הספרים האחרונים אל אנשים אשר לא הגיעו אליהם הספרים הראשונים, גלה דעתו שלא נתן ברירה לעשות כמו שירצו, כי האנשים שלא הגיעו הספרים הראשונים אין בידם רק הפקודה השנית ובזה ממילא הפקודה השנית קיימת ומבטלת הראשונה: (י) והנה שלחה בסוסים, או מפני שהיו עיפים מן הדרך, או מפני כי בתוך כך היו שהיהודים בצרה גדולה ומהר לחלצם מצר ומציק:

(יא) והנה מה שהמן אמר בפקודתו להשמיד להרוג ביום אחד ושללם לבוז, ומרדכי אמר ושללם לבז ביום אחד, כי באמת מרדכי רצה שהיהודים לא יקחו מן השלל, כי לא לתפארת יהיו להם שיראה כאלו עקר מגמתם היה לשלול שלל ולבוז בז, אבל אחר שהאגרות האחרונות נכתבו באופן שיהיו כבאור והוספה אל מה שחסר בהראשונות, בהכרח לא יכלו לגרוע דבר ממה שכתוב בהראשונות רק להוסיף עליהם, כי כתב המלך אין להשיב, וע"כ הוכרח לכתוב באגרותיו ושללם לבוז בל יתן מגרעת בפקודת המלך, והתחכם בזה שטנה לכתוב שההשמדה והבזה תהיה ביום אחד, וזאת ידע שאחר שלא נתן להם רשות לשלול רק ביום אחד יום י"ג שהוא יום המיוחד אל הנקמה בשונאיהם, בודאי לא יעזבו ישראל את העקר לעשות נקמה באויבי ה' בשביל השלל, ובזה יבינו שהזהרו מקחת מן השלל מאומה, אבל המן אם היה פוקד שהשלל יהיה רק ביום אחד ידע שיעטו כולם אל השלל ולא ישמידו, ולכן צוה שביום י"ג לא יבוזו רק יהרגו והשלל יהיה אח"כ: (יב) וגם מרדכי, הודיע שההשמדה והבזה תהיה בכללות מדינות המלך, והמן העלים זה, כי חשש פן בהודע להשרים שהיא גזרה כוללת תתום עינם מלאבד אומה שלימה, ולכן רצה שכ"א יסבור שרק במדינתו היא הגזרה. ומרדכי רצה בהפך שידעו כי נהפך הפור ליהודים לששון ושמחה בכל המדינות: (יג) פתשגן כבר מבואר למעלה: (יד) הרצים רוכבי הרכש האחשתרנים יצאו מבוהלים, כי לא ידעו מדוע נבהלים פעם שנית, וגם

מרדכי

הַבִּירָה׃ ס טו וּמָרְדֳּכַי יָצָא ׀ מִלִּפְנֵי הַמֶּלֶךְ בִּלְבוּשׁ
מַלְכוּת תְּכֵלֶת וָחוּר וַעֲטֶרֶת זָהָב גְּדוֹלָה וְתַכְרִיךְ בּוּץ
וְאַרְגָּמָן וְהָעִיר שׁוּשָׁן צָהֲלָה וְשָׂמֵחָה׃ טז לַיְּהוּדִים הָיְתָה
אוֹרָה וְשִׂמְחָה וְשָׂשֹׂן וִיקָר׃ יז וּבְכָל־מְדִינָה וּמְדִינָה
וּבְכָל־עִיר וָעִיר מְקוֹם אֲשֶׁר דְּבַר־הַמֶּלֶךְ וְדָתוֹ מַגִּיעַ
שִׂמְחָה וְשָׂשׂוֹן לַיְּהוּדִים מִשְׁתֶּה וְיוֹם טוֹב וְרַבִּים מֵעַמֵּי
הָאָרֶץ מִתְיַהֲדִים כִּי־נָפַל פַּחַד־הַיְּהוּדִים עֲלֵיהֶם׃
ט א וּבִשְׁנֵים עָשָׂר חֹדֶשׁ הוּא־חֹדֶשׁ אֲדָר בִּשְׁלוֹשָׁה
עָשָׂר יוֹם בּוֹ אֲשֶׁר הִגִּיעַ דְּבַר־הַמֶּלֶךְ
וְדָתוֹ לְהֵעָשׂוֹת בַּיּוֹם אֲשֶׁר שִׂבְּרוּ אֹיְבֵי הַיְּהוּדִים לִשְׁלוֹט
בָּהֶם וְנַהֲפוֹךְ הוּא אֲשֶׁר יִשְׁלְטוּ הַיְּהוּדִים הֵמָּה בְּשֹׂנְאֵיהֶם׃

נקהלו

רש"י

שלא היה להם פנאי שהיה להם להקדים רצים באחשתרנים להעבירם: (טו) ותכריך בוץ. מעטה בוץ טלית העשוי להתעטף: (יז) מתיהדים. מתגיירים:

ועמי

פירוש

מרדכי התאחר שלא לתת הדת בשושן עד לאחר הרצים, שאותו הפעם שהפשט גם המן פן בהודע זאת לאויבי היהודים יעמידו מליצים אל המלך לשנות את הדת:
(טו) וספר שמרדכי יצא להודיע לדעת מרדכי שלא קבל על עצמו שום גדולה עד שנכון לבו בפועל שהיתה אורה ותשועה לאחיו האומללים שאז יצא בלבוש מלכות לא קודם, וספר שהעיר שושן שמחה, לקיים דברי החכם (משלי כט) ברבות צדיקים ישמח העם, שגם העמים כולם שמחו ברבות מרדכי הצדיק:
(טז) וביחוד ליהודים היתה שמחה כפולה וששון נפשי וכבוד גדול:
(יז) ואמר פה ובכל עיר ועיר, כי הפתשגן הכתב היו מבואר על מה יהיו עתידים, משא"כ אצל המן לא נודע מהו, רק מפי השמועה ולא נודע בערים הפרשיים כנ"ל:

ט (א) ובשנים, עד עתה ספר איך ניצלו ישראל מן הרעה עד בוא זמן המוגבל שאלה האגרות האחרונות היו נכונים למשסה וע"י האגרות האחרונות נפל פחדם על כל העמים, כי עד בוא יום המוגבל לא היה שום פקודה מהעגדת אליהם, כי הפתשגן הגלוי שנכתב על ידי המן לא אמר בו שום דבר, ופתשגן הגלוי של מרדכי אמר בבאור שיד היהודים רמה, ועתה מספר איך היו ענינם בעת הגיע תור המוגבל שאז נפתחו שני ספרים החתומים, וע"ז אמר אשר הגיע דבר המלך ודתו להעשות, שאז נגלה גם הדת שהוא הכתוב בהספרים החתומים, וזאת שנית שהיה הזמן להעשות, שלא היה אפשר להיות באותו היום בשב ואל תעשה, שיתפשרו שני הצדדים ולא יגרונו לא זה בזה ולא זה בזה, כי דבר המלך היה מוכרח להעשות ללחום ולהלחם. אבל בכל זאת מזל אותו יום לתשועת ישראל ונראה בו ההשגחה הנפלאת הדבקה בעם קדושו, כי ע"פ המזל היה כוכב ישראל אז בתכלית השפלות, ונגד זה כוכב עמלק בתכלית המעלה, ולכן בחר המן באותו יום, וע"ז אמר ביום אשר שברו איבי היהודים לשלוט בהם שהיום היה גורם אשר שבר לתפוס ממשלה על ישראל ועתה נראה ה' מה יד ההשגחה עשה, כי לא לבד שלא התגברו הצוררים עליהם, נהפך הדבר מהפך אל הפך שירדו הצוררים מתכלית גדולתם אל עמקי שפל, וישראל עלו משאול תחתית אל רום המעלה, וזה גם האחד הכולל שע"ז אמר ונהפוך הוא שנתהפך הדבר מהפך אל הפך, וגם השני, שלא היה הדבר בדרך הטבע, שבדבר יקרה שמי שמאז נשגבים

בטבעם

השאלות

טו והעיר שושן משמע ת"ץ היהודים:
יז אצל המן לא כתיב בכל עיר ועיר ופה הוסיף בכל עיר ועיר:
א מלת המה מיותר:

ב נִקְהֲלוּ הַיְּהוּדִים בְּעָרֵיהֶם בְּכָל־מְדִינוֹת הַמֶּלֶךְ
אֲחַשְׁוֵרוֹשׁ לִשְׁלֹחַ יָד בִּמְבַקְשֵׁי רָעָתָם וְאִישׁ לֹא־עָמַד
בִּפְנֵיהֶם כִּי־נָפַל פַּחְדָּם עַל־כָּל־הָעַמִּים׃ ג וְכָל־שָׂרֵי
הַמְּדִינוֹת וְהָאֲחַשְׁדַּרְפְּנִים וְהַפַּחוֹת וְעֹשֵׂי הַמְּלָאכָה אֲשֶׁר
לַמֶּלֶךְ מְנַשְּׂאִים אֶת־הַיְּהוּדִים כִּי־נָפַל פַּחַד־מָרְדֳּכַי
עֲלֵיהֶם׃ ד כִּי־גָדוֹל מָרְדֳּכַי בְּבֵית הַמֶּלֶךְ וְשָׁמְעוֹ הוֹלֵךְ
בְּכָל־הַמְּדִינוֹת כִּי־הָאִישׁ מָרְדֳּכַי הוֹלֵךְ וְגָדוֹל׃ ה וַיַּכּוּ
הַיְּהוּדִים בְּכָל־אֹיְבֵיהֶם מַכַּת־חֶרֶב וְהֶרֶג וְאַבְדָן וַיַּעֲשׂוּ
בְשֹׂנְאֵיהֶם כִּרְצוֹנָם׃ ו וּבְשׁוּשַׁן הַבִּירָה הָרְגוּ הַיְּהוּדִים
וְאַבֵּד חֲמֵשׁ מֵאוֹת °אִישׁ׃ ז וְאֵת ׀ פַּרְשַׁנְדָּתָא וְאֵת ׀

°איש גרלא כדף ועשרת כסופה ולריך לכותבם כשין שירה לאוית וכדף אחד לבדו. °תי׳ זעירא דלפון

רש״י

(ג) ועשי המלאכה. הפקידים שהיו ממונים לעשות צרכי המלך.

שפתי חכמים

בנה בית המן ואין זו תשובה לשאלתם. לכך פירש ומפרש בכל רואים וכו׳: ק דק״ל וכי עושי מלאכה לבד הם למלך בכתב ועשי המלאכה אשר למלך והלא כל העמים שלה הם למלך. לכ״פ אותם שהם ממונים לעשות צרכי המלך כלומר אבד

השאלות

ב אשר יל״ד בפסוקים אלה תמצא בפסוק פ״ז, מדוע אצל העמים אומר שנפל פחד היהודים עליהם ואצל השרים אומר שנפל פחד מרדכי עליהם:

ד מהו כי האיש מרדכי הולך וגדול:

ה מה ההבדל בין אויביהם לשונאיהם, ועיין לקמן פט״ז:

פירוש

המפלות יתגבר אם יעזרהו ויפתחו עמו איש שמלא מלאכיה והצלחה בוחטו מכריע רוע מזלו לטוב על ידי שהוא משותף עמו, אבל פה לא היה זה רק אשר ישלטו היהודים המה בעצמם בלי שום עזר וסיוע:

(ב) נקהלו, פה דבר איך היו עומדים בהערים הגדולות שבהם נמצאו השרים והסגנים וחיל צבא המלך והם היו למגן בעדם ועוזרים בפועל באופן שעזריהם הסירה מקרוב אליהם או לעמוד כנגדם, כי געזרו משרי המלך וחיל הצבא, ח״ם שנקהלו בעריהם שהם הערים הגדולות אשר במדינות המלך אבל איש לא עמד בפניהם, והנה היה הבדל בין העמים ובין השרים, כי העמים שלא ידעו מן הספרים החתומים לא נודע להם כלל אם יש רשות מן המלך להרוג ביהודים ולהרגם ג״כ ושגם האגרות הראשונות לא נבטלו, והם פחדו מן היהודים בעצמם אחר שידם רמה מצד פקודת המלך, אבל,

(ג) וכל שרי המדינות, שהם ידעו מן הספרים החתומים, והם לא פחדו מן היהודים כלל כי ידעו שגם הם נתונים ליהרג ויכולים לשלוח יד גם מצד הפקודה הראשונה, היו יכולים לעמוד לעזרת צוררי היהודים ולאחוז הספרים הראשונים, או עכ״פ לעמוד מנגד ולא לעזור לשום אחד מן הכתות, אבל הם לא כן עשו רק היו מנשאים את היהודים לעזרם נגד צורריהם והעלימו האגרות הראשונות, וזה לא היה מפחד היהודים. רק כי נפל פחד מרדכי עליהם, וירא שמרדכי ינקום בם:

(ד) כי גדול, יש שרים המיוחדים להנהגת בית המלך, ויש המיוחדים להנהגת המדינה, ויש המיוחדים ללחום עם אויבי המלך מבחוץ ולכבוש מדינות, והשרים האלה אם מצליחים הם הולכים וגדולים תמיד כל עוד שירבו לכבוש מדינות ולעשות חיל, אומר כי מרדכי היה כולל שלשה המספרות האלה. א) כי היה גדול בבית המלך עצמו ורב ביתו, ב) ושמעו הולך בכל המדינות. כי היה משנה למלך להנהיג המדינות, ג) כי האיש מרדכי הולך וגדול, ע״י שהכניע מדינות רבות תחת מלכות אחשורוש כמ״ש (בסימן י׳ פסוק א׳):

(ה) ויכו, הנה ודאי לא היה הרשות נתונה ליהודים להרוג את כל מי שירצו, כי לא היה כתוב בהספרים רק לנקום מצורריהם, ולגבר כי עתה איש לא עמד בפניהם בהכרכים הגדולים, לא היו הורגים רק האויבים

דַּלְפ֥וֹן ׀ וְאֵ֖ת ׀ אַסְפָּֽתָא׃ ח וְאֵ֥ת ׀ פּוֹרָ֖תָא וְאֵ֥ת ׀ אֲדַלְיָ֖א
וְאֵ֥ת ׀ אֲרִידָֽתָא׃ ט וְאֵ֤ת ׀ פַּרְמַ֙שְׁתָּא֙ וְאֵ֣ת אֲרִיסַ֔י וְאֵ֖ת ׀
אֲרִידַ֥י וְאֵ֖ת ׀ וַיְזָֽתָא׃ י עֲ֠שֶׂרֶת בְּנֵ֨י הָמָ֧ן בֶּֽן־הַמְּדָ֛תָא
צֹרֵ֥ר הַיְּהוּדִ֖ים הָרָ֑גוּ וּבַּבִּזָּ֕ה לֹ֥א שָֽׁלְח֖וּ אֶת־יָדָֽם׃ יא בַּיּ֣וֹם
הַה֗וּא בָּ֣א מִסְפַּ֧ר הַהֲרוּגִ֛ים בְּשׁוּשַׁ֥ן הַבִּירָ֖ה לִפְנֵ֥י הַמֶּֽלֶךְ׃
יב וַיֹּ֨אמֶר הַמֶּ֜לֶךְ לְאֶסְתֵּ֣ר הַמַּלְכָּ֗ה בְּשׁוּשַׁ֣ן הַבִּירָה֩ הָרְג֨וּ
הַיְּהוּדִ֜ים וְאַבֵּ֗ד חֲמֵ֨שׁ מֵא֥וֹת אִישׁ֙ וְאֵת֙ עֲשֶׂ֣רֶת בְּנֵי־הָמָ֔ן
בִּשְׁאָ֛ר מְדִינ֥וֹת הַמֶּ֖לֶךְ מֶ֣ה עָשׂ֑וּ וּמַה־שְּׁאֵֽלָתֵךְ֙ וְיִנָּ֣תֵֽן לָ֔ךְ
וּמַה־בַּקָּשָׁתֵ֥ךְ ע֖וֹד וְתֵעָֽשׂ׃ יג וַתֹּ֤אמֶר אֶסְתֵּר֙ אִם־עַל־
הַמֶּ֣לֶךְ ט֔וֹב יִנָּתֵ֣ן גַּם־מָחָ֗ר לַיְּהוּדִים֙ אֲשֶׁ֣ר בְּשׁוּשָׁ֔ן לַעֲשׂ֖וֹת
כְּדָ֣ת הַיּ֑וֹם וְאֵ֛ת עֲשֶׂ֥רֶת בְּנֵֽי־הָמָ֖ן יִתְל֥וּ עַל־הָעֵֽץ׃

ש״ן זעירא ת׳ רבתי ז׳ זעירא

ויאמר

רש״י

צררי המלך: (י) עשרת בני המן. ראיתי בסדר עולם אלו עשרה שכתבו שטנה על יהודה וירושלים כמש״כ בספר עזרא (עזרא ד) ובמלכות אחשורוש בתחלת מלכותו כתבו שטנה על יושבי יהודה וירושלים ומה היא השטנה לבטל העולים מן הגולה בימי כורש שהתחילו לבנות את הבית והשיאו עליהם השומרים והבדילום וכשמת כורש ומלך אחשורוש והתנשא המן דאג: שלא יעסקו אותן שבירושלים בבנין ושלחו בשם אחשורוש לשרי עבר הנהר לבטלן: ובבזה לא שלחו את ידם. שלא יתן המלך עין צרה בממון: (יג) והם עשרת

השאלות

יב אם המלך התרעם על שהרבו מספר ההרוגים, מדוע אמר לאסתר שתבקש עוד, הלנצח תאכל חרב, וגם גזרתו זאת ליתן רשות ליהודים להרוג באנשי מדינתו סכלות מבוארת ולא נשמע כזאת:

יג ואיך מלאה אסתר את לבבה אחרי הרגישה תלונת המלך לבקש לעשות גם יום מחר יום הרג רב. מדוע בכל המגלה קראה שושן הבירה ופה בספור מה שהרגו ביום ט״ו קראה שושן סתם:

פירוש

שאויביהם שאיבתם אל היהודים היה מפורסם שהיו מזומנים להרע להם, אבל לא את השונאים (כי ההבדל בין אויב ושונא שהאויב איבתו גלויה, והשונא אין שנאתו גלויה) רק ויעשו בשונאיהם כרצונם, שהיו יכולים לענות אותם ולהשפילם:

(יא) ביום ההוא, אחר שלא היה להם רשות להרוג רק את אויביהם אשר היה איבתם גלוי לכרע עמהם, כנ״ל, ממילא לפי רוב ההרוגים שהרגו נודע כי רבו צורריהם הקמים עליהם, וע״כ הביאו תיכף מספר ההרוגים לפני המלך, להראות איך רבו הצוררים הקמים נגדם עד שגם שאחר פקודת המלך מ״מ נמצא עדיין חמש מאות איש שהרימו ראש נגד ישראל והרגנו:

(יב) ויאמר המלך, מה ראה אחשורוש איך רבו צוררי היהודים ואיך צריך הוא להרבות השתדלות להצילם, וז״ש אל אסתר אם בשושן הבירה שהיא עיר המלוכה ואימת המלכות עליהם מ״מ רבו צוררי היהודים כ״כ עד שהרגו ת״ק איש, מי יודע בשאר מדינות המלך מה עשו, ואם גם שם הגיעו עד הצוררים הרבים האלה, כי שם בודאי קמו עליהם ביתר שאת אחר שאין פחד המלך עליהם, ומה שאלתך לעשות עוד להציל היהודים להצילם מן הסכנה המרחפת על ראשם וינתן לך:

(יג) ותאמר אסתר, עפ״ז מצאה אסתר מקום לבקש מהמלך, והיתה עצתה שיהרגו בשושן גם מחר, כי בזה תפול אימה ופחד על צוררי היהודים, אם יראו שעדיין יד המלך נטויה עליהם. אמנם לפי דעתי היה בקשתה על שושן העיר לא שושן הבירה, כי שושן נחלקת לשני חלקים, מקום הבירה ששם ישב המלך והשרים, והיא היתה נקראת שושן הבירה, והעיר בפ״ע היתה נקראת שושן סתם, וביום י״ג הרגו בשושן הבירה

יד ויאמר המלך להעשות כן ותנתן דת בשושן ואת
עשרת בני־המן תלו: טו ויקהלו היהודיים אשר־בשושן
גם ביום ארבעה עשר לחדש אדר ויהרגו בשושן
שלש מאות איש ובבזה לא שלחו את־ידם: טז ושאר
היהודים אשר במדינות המלך נקהלו ועמד על־נפשם
ונוח מאיביהם והרוג בשנאיהם חמשה ושבעים אלף
ובבזה לא שלחו את־ידם: יז ביום־שלושה עשר לחדש
אדר ונוח בארבעה עשר בו ועשה אתו יום משתה
ושמחה: יח והיהודיים אשר־בשושן נקהלו בשלושה
עשר בו ובארבעה עשר בו ונוח בחמשה עשר בו
ועשה אתו יום משתה ושמחה: יט על־כן היהודים
הפרזים הישבים בערי הפרזות עשים את יום ארבעה
עשר לחדש אדר שמחה ומשתה ויום טוב ומשלוח

יתיר יו"ד °הפרוזים כתיב

מנות

רש"י

עשרת בני המן יתלו על העץ. אותן שנהרגו:
(יד) ותנתן דת. נגזר חוק מאת המלך:
(יט) הפרזים. שאינם יושבים בערי חומה בארבעה עשר ומוקפין חומה בט"ו כשושן והיקף ר זה צריך

שפתי חכמים

אשר למלך שב על המלאכה לא על עושי המלאכה: ר פי' מדקאמר פרזים בי"ד ש"מ מוקפין אינם בי"ד ומדלא רמז לך בכתוב אימת כוה ואשכחן בשושן שעשו בט"ו מסתברא שאותו ביום שייך למוקפים וזהו שאמר כשושן, וכדי שלא תבין במה שכתוב כשושן

השאלות

טז פסוק זה כולו מיותר אחר שכבר הזכיר בפסוק ב' ג' ה' איך הרגו היהודים ואבדו צורריהם, גם סותר לפסוק ב' ששם אמר כי איש לא עמד בפניהם, ופה אמר שנקהלו ועמוד על נפשם מש"ע שלחתו. מדוע פה אמר ונוח מאויביהם והרוג בשונאיהם, ולמעלה פ"ה אמר שהכו באויביהם ועשו בשונאיהם כרצונם:
יט בפסוק הזה נראה שרק הפרזים קבלו עליהם לעשות משתה ושמחה ולא המוקפים ולמה, ולמה תחלה לא קבלו עליהם רק יום י"ד ומרדכי שלח שיעשו י"ד וט"ו. הם קבלו עליהם יו"ט ומרדכי לא גזר שיעשו יו"ט:

פירוש

הבירה, ובקשה אסתר שיתן רשות להרוג ביום י"ד האויבים שנשארו בשושן העיר, גם לתלות עשרת בני המן להפיל אימה ופחד, כדי שלא יוסיפו להזיד על ישראל:

(טז) והנה בפסוק ג' דבר מן הערים המוקפים חומה, ששם היה מושב השרים ושם עמדו חיל המלך והיו למגן בעד היהודים, ושם איש לא עמד בפניהם, ולא הצטרכו לעמוד על נפשם ולהלחם, אבל פה מספר איך היו ענינם בהפרזים, כי בערים הפרזות הקטנים ובהכפרים ששם לא היו לא השרים אשר נשאו את היהודים ולא חיל המלך, ושם באמת הרימו אויביהם יד נהלחם בם, ולכן ספר כי שאר היהודים אשר במדינות המלך, שהם אותם שאינם יושבים בערים המוקפים נקהלו ועמוד על נפשם ולחמו בחרבם וכלי מלחמה עד שנחו מאויביהם, והגבר ידם עליהם, וע"כ ספר כי הם הרגו בשונאיהם כי הם כללו ההריגה לכל זרע עמלק אחר שנלתה המלחמה, משא"כ בהמוקפים ספר שעשו בשונאיהם כרצונם ולא הרגום, אחר שלא היה מלחמה ביניהם:

(יט) על כן היהודים הפרזים, מבואר כי בשנה הראשונה לא קבלו עליהם לעשות משתה ושמחה רק הפרזים, לא המוקפים, והטעם בזה כי הספרים החתומים שנשלחו מאת המן להשמיד את היהודים
לא

מָנוֹת אִישׁ לְרֵעֵהוּ׃ כ וַיִּכְתֹּב מָרְדֳּכַי אֶת־הַדְּבָרִים הָאֵלֶּה
וַיִּשְׁלַח סְפָרִים אֶל־כָּל־הַיְּהוּדִים אֲשֶׁר בְּכָל־מְדִינוֹת
הַמֶּלֶךְ אֲחַשְׁוֵרוֹשׁ הַקְּרוֹבִים וְהָרְחוֹקִים׃ כא לְקַיֵּם עֲלֵיהֶם
לִהְיוֹת עֹשִׂים אֵת יוֹם אַרְבָּעָה עָשָׂר לְחֹדֶשׁ אֲדָר וְאֵת
יום

רש"י

שהיה מימות יהושע בן נון כך דרשו ולמדו רבותינו: ומשלוח. שם דבר כמו מִשְׁמַר מִשְׁמָע לפיכך השי"ן נקודה רפי: (כ) ויכתב מרדכי. היא המגילה הזאת כמות

פירוש

לא נתפרסמו כי השרים העלימו אותם כנ"ל, ולא נודע לאיש כלל כי היה רשות גם לאויבי היהודים להרוג ביהודים, והשבו היהודים אחת משתי אלה, או שהקול הראשון שנשמע שנתן דת להשמיד היהודים היה שקר לגמרי, ולא יצאו כלל מן המלך רק מהמן, או שהיה אמת רק שהמלך השיב את הדת הראשון ובטלו לגמרי ונתן דת אחר, עכ"פ לא היה נס מיוחד ביום י"ד אדר, אחר שמצד פקודת המלך ישלטו המה בשונאיהם, וגם לא היו בהסכנה מצד שהעמים בעצמם יפרעו בם פרץ, אחר שבערים המוקפים עמדו חיל המלך לעזרתם וע"כ לא עשו אותם לימי משתה, רק היהודים הפרזים שהם היו בסכנה מצד שפרעו אויביהם לעלות בם וחיל המלך לא היה שם והיו בסכנה, ע"כ רק הפרזים קבלו אותם לימי משתה ושמחה, וע"כ קבלו עליהם לעשותם גם יו"ט, כי באמת כלל ישראל אסור להם לקבל עליהם ימים טובים חדשים ולאסרם בעשיית מלאכה שעוברים על בל תוסיף, אבל אחר שרק הפרזים קבלוהו נדונים כיחידים, שיכולים לקבל יו"ט על עצמם:
(כ) ויכתוב, אחר שראה מרדכי שהמוקפים לא קבלו עליהם ימי הפורים יען שלא ידעו תקפו של הנס, שגם הם היו באמת באותו היום בסכנה, כי פקודת המן עדיין לא נתבטלה והיתה עדיין בתקפה רק שהיה הנס שנפל פחד מרדכי על השרים והעלימו את האגרות הראשונות, לכן הוכרח לכתוב אליהם כל הדברים באריכה, והם הדברים שיבוארו בפסוק כ"ד כ"ה, וספר להם שהאגרות הראשונות לא נתבטלו, וגם הם היו בסכנה, והודיע הדברים האלה אל כלל היהודים:
(כא) לקים, וע"פ המבואר למעלה ראה מרדכי לחלק בין הפרזים להמוקפים, שהפרזים יעשו בי"ד והמוקפים בט"ו, ויש בזה טעם נכון, כי הגזרה של המן שהיה להשמיד ולאבד את כל היהודים ביום אחד, בודאי לא היתה מוגבלה לאמר שאין להם רשות להרוג רק ביום י"ג ואם יוותרו יהודים אשר לא יהרגו ביום י"ג יהיו לפליטה, כי מחשבת המן היה להכחידם מגוי עד שלא יזכר שם ישראל עוד, ובודאי היה הכונה שביום י"ג יתחילו להשמידם בכל מדינות המלך, וכ"ש אם ישארו אח"כ יהודי אשר יסתר ביום י"ג יהרגוהו גם אח"כ, וכן אם עיר אחת ישגבו בה היהודים ביום י"ג ולא יוכלו להאבידם בו ביום שהיתה הפקודה שיהרגום אח"כ. עפ"ז אחר שבאו האגרות האחרונות אשר כתוב בם שיש רשות לישראל להרוג את צורריהם ביום י"ג, והרשות הזה היה נגבל רק על יום י"ג, כי לא היתה הפקודה שישמידו את כולם, והראיה שלא אסתר ברצותה שהיהודים אשר בשושן יהרגו גם ביום י"ד, הוצרך המלך ליתן ע"ז דת החדש כמ"ש ותנתן דת בשושן, כי הדת הראשון לא היה רק על יום אחד, וממילא כשהגיע יום י"ד היו היהודים בסכנה גדולה, כי אחר שהפקודה הראשונה של המן לא נבטלה, ובה ניתן הרשות להרוג את היהודים גם אחר יום י"ג, ואם היו האויבים קמים עליהם להרגם, לא היו השרים יכולים להצילם וליתן להם תוקף ללחום באויביהם כי התוקף שלהם נפלם ביום י"ד ושמעתה פקודת המלך מגוב רק שאויבי היהודים ישלטו בם, לא המה בשונאיהם. ורק אחר שעבר יום י"ד וראו כי השרים העלימו הפקידה הראשונה לגמרי ואויביהם לא הרימו יד אז נודע עיקר הנס, מעתה אחר שעשו הפורים ביום שנחו מאויביהם הנה כל המוקפים לא נחו עד יום ט"ו, ולכן נוה שיעשו פורים ביום ט"ו, אבל הפרזים ששם לא היו השרים ולא שלט כלל, והם בעצמם גברה ידם על שונאיהם היה נודע להם שעבר הסכנה מאתם תיכף ביום י"ד, כי אחר שהתגברו בי"ג לא היו מפחדים עוד, ולכן תקן להם הפורים ביום י"ד:

השאלות

כ מהו ויכתוב את הדברים, מה היו הדברים:
כא ולמה צוה לעשות יום י"ד וט"ו, וביחוד זה נפלא מאד, וכי מפני שבשושן לא נחו עד יום ט"ו, צוה שבכל הערים המוקפות חומה יעשה פורים בט"ו, ומה טעם יש בזה מה להן ולשושן, ואם עשה זאת לכבוד עיר המלוכה היה לו לתקן שיהיה פורים בט"ו, וגם לא נודע מה כבוד יהיה בזה לשושן:

ביטים

יוֹם־חֲמִשָּׁה עָשָׂר בּוֹ בְּכָל־שָׁנָה וְשָׁנָה׃ כב כַּיָּמִים אֲשֶׁר־
נָחוּ בָהֶם הַיְּהוּדִים מֵאֹיְבֵיהֶם וְהַחֹדֶשׁ אֲשֶׁר נֶהְפַּךְ לָהֶם
מִיָּגוֹן לְשִׂמְחָה וּמֵאֵבֶל לְיוֹם טוֹב לַעֲשׂוֹת אוֹתָם יְמֵי
מִשְׁתֶּה וְשִׂמְחָה וּמִשְׁלֹחַ מָנוֹת אִישׁ לְרֵעֵהוּ וּמַתָּנוֹת
לָאֶבְיֹנִים׃ כג וְקִבֵּל הַיְּהוּדִים אֵת אֲשֶׁר־הֵחֵלּוּ לַעֲשׂוֹת
וְאֵת אֲשֶׁר־כָּתַב מָרְדֳּכַי אֲלֵיהֶם׃ כד כִּי הָמָן בֶּן־הַמְּדָתָא
הָאֲגָגִי צֹרֵר כָּל־הַיְּהוּדִים חָשַׁב עַל־הַיְּהוּדִים לְאַבְּדָם
וְהִפִּל פּוּר הוּא הַגּוֹרָל לְהֻמָּם וּלְאַבְּדָם׃ כה וּבְבֹאָהּ לִפְנֵי
הַמֶּלֶךְ אָמַר עִם־הַסֵּפֶר יָשׁוּב מַחֲשַׁבְתּוֹ הָרָעָה אֲשֶׁר־
חָשַׁב עַל־הַיְּהוּדִים עַל־רֹאשׁוֹ וְתָלוּ אֹתוֹ וְאֶת־בָּנָיו עַל־
הָעֵץ

רש"י

כמות שהיא: (כד) כי המן בן המדתא. חשב להומם ולאבדם: (כה) ובבאה. אסתר אל המלך להתחנן לו: אמר עם הספר. אמר המלך בפיו וצוה לכתוב ספרים שתשוב מחשבתו הרעה בראשו:

על

השאלות

כב משמע שקבלו שני דברים מה שהחלו לעשות ומה שכתב מרדכי והלא שניהם היו דבר אחד שיעשו ימי משתה ושמחה:

כד מדוע ספר פה כי המן בן המדתא כו' וזה כבר נודע וידוע, ולמה אמר חשב לאבדם, והפיל פור להומם ולאבדם מוסיף להומם, ולמה הזכיר הפור:

כה המפ' נדחקו על מלת ובבאה שחסר מי הבא ומהו עם הספר שאין לו ביאור:

פירוש

(כב) כימים אשר נחו, ר"ל כ"א יעשה הפורים ביום שנח מאויביו, הפרזים בי"ד והמוקפים בט"ו, כנ"ל. ועתה מבאר למה צוה לעשות משתה ומשלוח מנות, לומר והחדש אשר נהפך להם, כי שני דברים נהפך להם בחדש הזה, א' מיגון לשמחה, וב' מאבל ליום טוב, ונגד השמחה יעשו ימי משתה ושמחה, ונגד היו"ט, שעתה לא יכול מרדכי לתקן שיעשו יו"ט, כי אסור לגזור על כלל ישראל יו"ט חדש, תקן מתנות לאביונים, שזאת לא קבלו הפרזים מעולם, כי תכלית היו"ט היה לפרוש ג"כ מהבלי העולם לעבודת ה' ותורתו, ועל צד זה שיתנו צדקה שהוא ג"כ מצוה:

(כג) וקבל, עפ"ז מספר כל ישראל קבלו בין מה שהחלו לעשות, דהיינו הפרזים קבלו עליהם יום י"ד שהחלו לעשות בעצמם. ובין מה שכתב מרדכי אליהם שהמוקפים יעשו בט"ו שהם לא עשו בעצמם:

(כד) כי המן, עתה ספר מה שכתב מרדכי ונוסב עמ"ש בפסוק כ' ויכתוב מרדכי, הודיע להם תוקף הנס וענינו, א) בל ידעו שהיה השנאה רק עבור שמרדכי לא השתחוה להמן ולא היתה מגמת לכלל האומה, לז"א כי המן מצד שהוא אגגי מזרע עמלק נטר איבת אבותיו, ומצד זה היה צורר כל היהודים, ורצה להכריתם בכלל, ב) כי גם המערכה היתה אז מתנגדת אל היהודים ועוזרת לרעתם, כי הוא לא חשב מתחלה רק לאבדם שהוא לאבד צורת האומה והדת כנ"ל, אבל בעת שהפיל פור יצא הגורל מצד המזל והמערכה של אותו החדש והיום להומם ג"כ ולהכחידם בהרג ואבדן:

(כה) ובבאה, עתה ספר איך מלבד שכבר היה הנס גדול מצד עצמו שהיה נגד המערכה והמזל, היה נס גדול ביום ההוא, כי בבואה מוסב על המחשבה שהזכיר בפסוק הקודם עת באה מחשבת המן לפני המלך, היינו עת שנודע להמלך מחשבתו כי יעץ רעה, ולא השיב את הספרים הראשונים, רק אמר עם הספר שגם הספר בעצמו ישוב מחשבתו על ראשו, שע"י שהמלך לא יכול להשיב הספר הקודם, רק השאיר הספרים הראשונים וכתב ספרים אחרים, וע"כ היה מוכרח לתלות את המן למען יבינו השרים פן יעשו גם המה, ולא יחושו להספרים הראשונים רק להאחרונים, ועפ"ז נודע להם כי הספרים הראשונים לא נבטלו, וממילא היה הנס בתקפו גם ביום י"ג אדר, כנ"ל:

על

הָעֵץ: כו עַל־כֵּן קָרְאוּ לַיָּמִים הָאֵלֶּה פוּרִים עַל־שֵׁם
הַפּוּר עַל־כֵּן עַל־כָּל־דִּבְרֵי הָאִגֶּרֶת הַזֹּאת וּמָה־רָאוּ עַל־
כָּכָה וּמָה הִגִּיעַ אֲלֵיהֶם: כז קִיְּמוּ וְקִבְּלוּ הַיְּהוּדִים עֲלֵיהֶם ׀
וְעַל־זַרְעָם וְעַל כָּל־הַנִּלְוִים עֲלֵיהֶם וְלֹא יַעֲבוֹר לִהְיוֹת
עֹשִׂים אֵת־שְׁנֵי הַיָּמִים הָאֵלֶּה כִּכְתָבָם וְכִזְמַנָּם בְּכָל־
שָׁנָה וְשָׁנָה: כח וְהַיָּמִים הָאֵלֶּה נִזְכָּרִים וְנַעֲשִׂים בְּכָל־
דּוֹר וָדוֹר מִשְׁפָּחָה וּמִשְׁפָּחָה מְדִינָה וּמְדִינָה וְעִיר וָעִיר
וִימֵי הַפּוּרִים הָאֵלֶּה לֹא יַעַבְרוּ מִתּוֹךְ הַיְּהוּדִים וְזִכְרָם
לֹא־יָסוּף מִזַּרְעָם: ס כט וַתִּכְתֹּב אֶסְתֵּר הַמַּלְכָּה בַת־
אֲבִיחַיִל וּמָרְדֳּכַי הַיְּהוּדִי אֶת־כָּל־תֹּקֶף לְקַיֵּם אֵת אִגֶּרֶת

°וקבל כתיב °ת' רבתי

הפרים

רש"י

(כו) על כן על כל דברי האגרת הזאת. נקבעו הימים האלה ולכך נכתבה לדעת דורות הבאים: ומה ראו. עושי המעשים האלה שעשאום: ומה הגיע אליהם. מה ראה אחשורוש שנשתמש בכלי הקודש ומה הגיע אליהם שבא שטן ורקד ביניהם והרג את ושתי. מה ראה המן שנתקנא במרדכי ומה הגיע אליו שתלו אותו ואת בניו. מה ראה מרדכי שלא יכרע ולא ישתחוה ומה ראתה אסתר שזימנה להמן: (כז) הנלוים עליהם. גרים העתידים להתגייר: ככתבם. שתהא המגילה כתובה כתב אשורית: (כח) נזכרים. בקריאת מגילה: ונעשים. משתה ושמחה ויום טוב לתת מנות ומתנות: משפחה ומשפחה. מתאספין יחד ואוכלים ושותין יחד וכך קבלו עליהם שימי הפורים לא יעברו: וזכרם. קריאת מגילה: לא יסוף. תרגום שלא ש יסוף דמתרגם עד תום עד דסף, וא"א לומר להיות מגזרת (בראשית יט) פן תספה ומגזרת (ש"א כז) עשה ספה יום אחד שא"כ הי"ל לכתוב לא יִסָּפֶה מזרעם: (כט) את כל תקף. תקפו של ת נס של אחשורוש ושל

שפתי חכמים

בשושן קאי ג"כ אמוקפין חומה דהיינו שיהיו מוקפין חומה מימות אחשורוש כשושן לכ"ש והיקף זה צריך שיהיה מימות יהושע בן נון כך דרשו ולמדו רז"ל כג"ש בפ"ק דמגילה ע"ש:
ש וקשה הרי תרגומו לא ישתיצי וטעות הוא ברש"י, וה"ג לא יסוף תרגום עד תום עד דסף ודברי רש"י הוא שמפרש לא יסוף לא יתום וכ"ה בספרים מדוייקים, ויותר נראה לגרוס לא יסוף לא יתום דמתרגם עד תום עד דסף:
ת דק"ל אם תוקף מבע"ל מאי כל תוקף תקפו של כולם:

חסלת מגלת אסתר

פירוש

(כו) על כן באר שהשם שקראו לימים האלה פורים, היה על שם הפור להיות לזכר לתקפו של נס שהשם פורים מורה עליו שפור המן נהפך לפורע כי המזל היה אז נגד ישראל ונהפך בהשגחת ה' המשדד המערכות: על כן מוסב למטה ור"ל ועל כל דברי האגרת הזאת שהודיע להם הכל בפרטות איך היה הנס בתקפו גם באותו יום כי ע"י האגרת נודע להם מה ראו על ככה וכל הענין בפרטות:
(כז) קימו, לכן קימו וקבלו, א) שיהיה קבלת הפורים כולל גם לדורות הבאים אחריהם, ועז"א עליהם ועל זרעם, ב) ולא יעבור שלא ידמה לשאר גזרות שגזרו חכמים שב"ד אחר הגדול בחכמה ובמנין יכול לבטל דברי ב"ד חברו, אבל בזה התנו שלא יעבור ויתבטל בשום אופן, ג) להיות עושין שני הימים פרזים בי"ד ומוקפים בט"ו, ד) וככתבם בקריאת המגילה:
(כח) והימים נזכרים ע"י קריאת המגילה, ונעשים ע"י משתה ושמחה ומשלוח מנות בכל דור ודור:
(כט) ותכתוב, המבואר מזה כי אסתר רצתה שהמגלה הזאת תכתב בין הכתובים ועמדה ע"ז מחלוקת

השאלות

כו ומה הכונה בקריאת השם, וכפל ע"כ על כל דברי האגרת וכו' שאין לו באור:
כז מהו ולא יעבור, ומהו ככתבם וכזמנם:
כט למה כתבה אסתר שנית, ומהו כל תוקף, ומה היה האגרת השנית מה הוסיף בשנית על הראשונה:

כע

הַפֻּרִים הַזֹּאת הַשֵּׁנִית׃ ל וַיִּשְׁלַח סְפָרִים אֶל־כָּל־הַיְּהוּדִים
אֶל־שֶׁבַע וְעֶשְׂרִים וּמֵאָה מְדִינָה מַלְכוּת אֲחַשְׁוֵרוֹשׁ
דִּבְרֵי שָׁלוֹם וֶאֱמֶת׃ לא לְקַיֵּם אֶת־יְמֵי הַפֻּרִים הָאֵלֶּה
בִּזְמַנֵּיהֶם כַּאֲשֶׁר קִיַּם עֲלֵיהֶם מָרְדֳּכַי הַיְּהוּדִי וְאֶסְתֵּר
הַמַּלְכָּה וְכַאֲשֶׁר קִיְּמוּ עַל־נַפְשָׁם וְעַל־זַרְעָם דִּבְרֵי
הַצֹּמוֹת וְזַעֲקָתָם׃ לב וּמַאֲמַר אֶסְתֵּר קִיַּם דִּבְרֵי הַפֻּרִים
הָאֵלֶּה וְנִכְתָּב בַּסֵּפֶר׃ ס

א וַיָּשֶׂם הַמֶּלֶךְ אֲחַשְׁוֵרוֹשׁ° מַס עַל־הָאָרֶץ וְאִיֵּי הַיָּם׃
ב וְכָל־מַעֲשֵׂה תָקְפּוֹ וּגְבוּרָתוֹ וּפָרָשַׁת גְּדֻלַּת
מָרְדֳּכַי

°אחשרש כתיב

רש"י

ואל המן ואל מרדכי ואל אסתר: השנית. לשנה הבאה חזרו ושלחו ספרים שיעשו פורים: (לב) ומאמר אסתר קים וגו'. אסתר בקשה מאת חכמי הדור לקבעה ולכתוב ספר זה עם שאר הכתובים. וזהו ונכתב

השאלות

ל מהו דברי שלום ואמת:

לא מהו דברי הצומות וזעקתם לא נודע מה הם הצומות האלה, וביחוד הלא כבר נזכר שקיימו וקבלו ומה היה צריך עוד בזירוז הזה:

לב מהו ומאמר אסתר קיים שאין לו באור:

א למה שם מס, ולמה מספרו פה: ומה ענין להמגלת תקפו וגבורתו של אחשורוש:

פירוש

בין החכמים כי אסור להוסיף על כתבי הקודש. וכמ"ש חז"ל במגלה ששלחה אסתר להחכמים קבעוני לדורות והחכמים לא רצו בתחלה, וכן נפל תלונה על קבלת הימים האלה לחק קבוע, ששברים על כל תוסיף, ומלד זה הולרכה אסתר להשתתף עם מרדכי וכתבה בתוקף המלכות אשר בידה לקיים את אגרת הפורים הזאת השנית, הוא קיום האגרת בעלמו, כי אז שלחה את המגלה כמו שהיא עתה בידינו, מן ויהי בימי אחשורוש עד סופו, וכתבה אל החכמים שיקיימו את אגרת הזאת להיות דינו ככתבי הקדש:

(ל) וישלח ספרים דברי שלום ואמת, שלשמת שעמדה ע"ז מחלוקת כתבה דברים לעשות שלום בין החכמים ולבקש את האמת לפי ההלכה שדבריה נכונים:

(לא) לקיים, ונגד מה שהתלוננו על ימי הפורים שא"א להוסיף מועד מדעתו ולקבעו להק עולם על ישראל, השיבה שאינו עובר על בל תוסיף רק אם מקבלו מלד דין תורה ורולה להשוותם בכל עניניו כדין תורה, לא אם מקבלו מלד הנדר וכדומה (כמ"ש הרמב"ם (הלכות) ממרים), ולכן אמרה שלא יקבלום מלד דין תורה רק כאשר קים עליהם מרדכי ואסתר מלד הנדר לא זולת. והביאו ראיה לזה ממה שקיבלו וקבלו תחלה הארבעה צומות, שהם מדברי קבלה, כמ"ש צום הרביעי וצום החמישי וצום העשירי (זכריה ח') והלא גם זה היא הוספה על דברי תורה, וקבלום עליהם כל ישראל, מבואר שיש רשות להוסיף גזרות כאלה מלד נדר לבד:

(לב) ומאמר ע"פ מאמרי אסתר אלה וטענותיה שכתבה אל חכמי הדור ההוא, נתקיים דברי הפורים האלה, הסכימו אליה להחזיק בהפורים ולעשותו חק עולם, וזאת שנית ונכתב בספר. שהסכימו שיכתב בספר ותהיה המגלה הזאת בכלל כתבי הקדש, שע"ז היה מחלוקת תחלה בין החכמים ועתה נתקיים והסכימו לדברי אסתר:

י (א) וישם, מספר איך הצליח מרדכי בהנהגתו בעניני המלוכה שבכח מדיעת רבות בחיל המלך עד ששם המלך מס על כל הארצות הסמוכים אל מלכותו, וגם על איי הים הרחוקים. וייחסו להמלך מלד כבודו כי באמת היה מרדכי העושה זאת:

(ב) וכל מעשה תקפו, שעשה ע"י הנהגת מרדכי ואיך ע"כ גדלו המלך מבואר בספר דברי הימים:

מָרְדֳּכַי אֲשֶׁר גִּדְּלוֹ הַמֶּלֶךְ הֲלוֹא־הֵם כְּתוּבִים עַל־סֵפֶר
דִּבְרֵי הַיָּמִים לְמַלְכֵי מָדַי וּפָרָס׃ ג כִּי ׀ מָרְדֳּכַי הַיְּהוּדִי
מִשְׁנֶה לַמֶּלֶךְ אֲחַשְׁוֵרוֹשׁ וְגָדוֹל לַיְּהוּדִים וְרָצוּי לְרֹב אֶחָיו
דֹּרֵשׁ טוֹב לְעַמּוֹ וְדֹבֵר שָׁלוֹם לְכָל־זַרְעוֹ׃

סכום פסוקי מגלת אסתר מאה וששים ושבעה. וסימן על כן קראו לימים האלה פורים. וסדריו עשרה. והסימן בא גד. וחציו ותען אסתר ותאמר:

רש"י

ותכתב בספר: (ג) לרב אחיו. ולא לכל אחיו מלמד שפירשו ממנו מקצת סנהדרין לפי שנעשה קרוב למלכות והיה בטל מתלמודו: לכל זרעו. עוכב כל עמו לכל זרע עמו:

חסלת מגלת אסתר

פירוש

(ג) עד שמרדכי נשאר בתקפו ולא נשתנה הצלחתו, צדיקים יירשו ארץ וישכנו לעד עליה (תהלים לז), והנה שהיה משנה על כל המדינה וממונה על היהודים בפרטות, מ"מ היה רצוי לרוב אחיו, כי היה בכל ערכו דורש רק טוב לעמו, ולא התנהג עמם בתוקף וחזקה רק בשלום ובמישור:

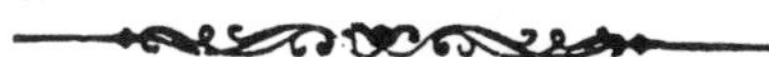